사회복지실천론

이영주 · 이예종 · 이용환 · 이재모 · 이준상 · 장세철 · 황성하

교육과학사

머리말

산업화가 가속화되면서 사회의 구조와 기능은 더욱 세분화되고 복잡해졌다. 우리나라 역시 1960년대부터 시작된 산업화와 도시화에 따라 사회의 가치와 이데올로기가 급격한 변화를 겪게 되고, 사회정의와 삶의 질에 관한 사회적 논의가 활발하게 전개되었다.

전통적으로 사회복지실천은 빈곤에 대한 대응이나 사회적으로 소외된 사람들을 돕는 일에 관심을 가지고 있었다. 그러나 급격한 사회환경의 변화와 불확실성 속에서 클라이언트의 다양한 문제와 욕구가 발생하게 되었고, 사회복지서비스는 더욱 전문적인 지식과 기술을 필요로 하게 되었다.

서구화된 가치 속에서 발생하기 시작한 현대사회의 문제는 생존에 관한 문제뿐만 아니라 교육, 주거, 노동, 고용, 장애, 비행, 정신건강 및 가족문제에 이르기까지 복합적이고 다양한 형태를 띠게 되었다.

과거 사회복지실천은 개별사회사업, 집단사회사업, 지역사회조직이라는 3대방법론으로 교육되고 실천되었으나 전통적인 방법론이 특정문제를 중심으로 개입하기 때문에 다양하고 복잡한 문제에 효과적으로 대처할 수 없다는 비판이 제기되면서 실천대상이나 문제별로 분화되어 있는 사회복지실천방법을 통합하려는 시도들이 나타나게 되었다.

통합적방법론에 의한 일반주의 접근은 사회복지실천영역에 있어 패러다임의 전환을 가져왔다. 인간과 환경의 상호작용이 중요한 초점으로 떠오르면서,

사회복지실천의 개념, 기술, 과업, 활동에는 공통적인 핵심이 있다는 가정 하에 사회복지실천을 하게 된 것이다.

따라서 이 책은 통합적방법론의 관점을 가지고 집필되었다. 사회복지교과목지침서에 근거해 목차를 구성하였으며 사회복지사 1급 시험대비에도 무리가 없도록 내용에 충실성을 기하고자 노력하였다.

이 책은 총 3부 12장으로 구성되어 있다. 제1부는 사회복지실천의 개관으로서 사회복지실천의 이해, 사회복지실천의 가치와 윤리, 사회복지실천의 역사적 발달과정, 사회복지실천의 장과 사회복지사의 역할 및 통합적방법론에 대해서 포괄적으로 살펴보았다.

제2부는 사회복지실천론으로서 사회복지실천의 관계론, 사회복지실천의 면접론, 사회복지실천의 과정론, 사례관리에 대해서 폭넓게 살펴보았다.

제3부는 사회복지실천모델과 개입수준으로서 사회복지실천모델과 대상자별 사회복지실천, 가족치료 등을 소개하면서 실제적인 사회복지실천에 적용하고자 하였다.

이 책은 사회복지실천의 궁극적 목적인 '인간의 삶의 질 향상'과 '사회적 기능증진'에 대한 전반적인 이해와 실천적인 방법론을 연구하는 데서 출발했으며, 교육현장에서 사회복지실천의 이론적 기반과 임상적 지식을 제공하는 데 그 목적을 두고 있는 만큼 사회복지 교육현장이나 임상현장에서 지침서로 널리 활용될 수 있기를 기대한다.

끝으로 이 책을 출간함에 있어 함께 힘을 모았던 여러 교수님들과 교육과학사의 김동규 사장님을 비롯한 관계자 여러분께도 깊은 감사를 드린다.

2010년 2월

저자대표 이영주

차례

제2부 사회복지실천론

제8장 사회복지실천의 과정론_217

제9장 사례관리_239

제3부 사회복지실천모델과 개입수준

제10장 사회복지실천모델_263

제1부

사회복지실천의 개관

제 1 장

사회복지실천의 이해

사회복지실천이란 사회복지사가 도움을 필요로 하는 클라이언트에게 전문적인 책임과 지식을 가지고 돕는 것을 말한다. 전문가는 인간의 삶의 질 향상을 위하여 개인, 집단, 가족, 지역사회가 사회적인 기능들을 향상시킬 수 있도록 능력을 증진시키거나 회복시키며, 자신들의 목표 달성을 위한 사회적 조건들을 스스로 만들어 갈 수 있도록 전문적으로 도울 수 있다.

한국에서 '사회복지실천'이라는 용어는 1998년 사회복지사업법 시행령 및 시행규칙 개정 당시 한국사회복지사협회가 사회복지 교육의 필수과목으로 '사회복지실천론'을 채택하면서 공식적으로 생성되었다.

사회복지실천을 전문적으로 수행하기 위해서는 사회복지의 이념과 철학을 근간으로 해서 구체적인 사회복지실천방법을 이해할 필요가 있다. 사회복지실천의 이념으로는 상부상조의 정신, 자선과 사랑의 종교적 윤리정신, 인도주의와 박애정신, 사회진화론, 민주주의, 개인주의 등이 있다. 본 장에서는 사회복지구현을 위한 실천활동을 함에 있어서 사회복지실천의 정의와 목적 및 기능, 사회복지실천의 이념과 철학을 중심으로 사회복지실천의 기본개념을 알아보고자 한다.

1 사회복지실천의 정의와 목적

1) 사회복지실천의 정의

사회복지실천(social work practice)이란 용어는 그 동안 사회사업(social work), 개별사회사업(social casework), 임상사회사업(clinical social work), 일반적 사회사업(generalist social work) 등으로 불려 왔다. 현재는 사회복지실천이란 용어로 통일되고 표준화되어 사용하고 있다.

사회복지실천의 정의와 목적은 역사적 배경이나 사회적 상황에 따라 서로 다른 개념과 용어로 정의되면서 지속적으로 변화되어 왔다.

사회복지실천에 대한 개념적 근거는 『사회진단(Social diagnosis), 1917』을 저술한 메리 리치몬드(Mary Richmond)에게서 찾을 수 있다. 메리 리치몬드는 『소셜 케이스워크란 무엇인가(What is social case worker), 1922』를 통해 '인간과 그를 둘러싼 사회환경 간의 부적응이나 갈등을 해소하여 개인의 욕구를 충족시켜주고 사회의 규범에 적응하도록 도와주는 것을 목적으로 한다'고 정의하였다. 따라서 메리 리치몬드에 의하면 사회복지실천이란 개개인, 그리고 개인과 사회환경 사이에서 의식적인 조정을 통하여 개개인의 인격발달을 이루어가는 과정이며, 개인의 욕구충족과 인격개발을 목적으로 한 미시적이고 치료적인 과정이다.

핀커스와 미나한(Pincus & Minahan, 1973)은 『통합적 접근방법에 의한 사회복지실천(Social Work Practice Model and Method)』이라는 책에서 사회복지실천에 대한 정의를 '사람들이 그들의 생활과업을 성취하고 고통을 덜며 열망과 가치를 실현할 수 있는 사람들의 능력에 영향을 주는 인간과 사회환경 간의 상호작용에 관여하는 것'이라고 하였다. 그러나 이러한 전문적 방법만으로도 그들의 문제해결능력을 향상시킬 수 없을 경우도 있는데 이러한 경우에는 '사람들을 자원 및 서비스를 제공하는 체계들과 연결시키며, 그런 연결된 체계들의 효과적이며 인도적인 운영을 증진시키도록 관리하는 것까지도 포함하는 것을 사회복지실천이라고 할 수 있다"라고 하였다(권구명 외, 2008). 즉 핀커스와 미나한에 의한 사회복지실천은 사람과 사회적인 환경 사이에 존재하는 체계들 사이의 연결과 상호관계를 의미한다. 따라서 사회복지의 실천은 생활에 필요한 서비스를 받기 위해 체계에 의존하고 있는 개인을 돕는 일이다.

사회복지실천의 정의에 있어서 전미사회복지사협회(NASW)는 시대별로 변화되는 모습을 보였는데, 1958년에는 '인간의 사회환경의 부조화로 인해 나타나는 개인이나 집단의 문제를 해결하거나 최소화하는 데 목적을 두거나, 예방하여 개인, 집단, 지역사회의 잠재력을 최대화하는 것을 목적으로 하는 원조활동'이라 하였다. 이 때 사회환경에 의한 개인이나 집단 문제의 예방을 언급하였다. 1973년에는 '개인, 집단 또는 지역사회가 사회적 기능(social function)을 향상시킬 수 있는 스스로의 능력을 회복시키거나 증진시키며, 자신들의 목표를 이뤄내기 위한 사회조건을 스스로 만들어 갈 수 있도록 돕는 전문적 활동'이라고 정의하여 사회복지실천이 전문직임으로 강조하였다.

미국사회복지교육협의회(CSWE, 1994)는 사회복지실천을 '삶의 질을 향상시키고 빈곤과 억압을 감소시키기 위해 공적인 영역과 사적인 영역으로부터 권한을 위임받아 다양한 분야에서 사회적 서비스를 제공하는 전문직'이라고 하여 삶의 질 향상과 전문직을 강조하였다.

돌거프(Dolgoff, 1997)는 사회복지실천을 인간복지의 향상, 빈곤과 억압의 경감, 최상의 삶의 질 향상을 위해 업무를 수행하는 전문직이라고 정의하였다.

위의 정의들을 종합하여 보면 사회복지실천이란 개인의 사회적인 기능향상과 사회정의를 위한 사회사업의 전통적인 방법론인 개별사회사업, 집단사회사업, 지역사회조직사업의 3대 방법론을 모두 포함하는 통합적인 실천론이라고 볼 수 있다.

다양한 사회복지실천의 정의 가운데서 나타나는 공통적인 개념들은 첫째, 사회복지실천이 인간과 사회환경 간의 상호작용에서 나타나는 욕구와 문제들을 해결하는 구체적인 실천 활동을 강조하고 있으며, 둘째, 사회복지실천의 대상자가 개인, 가족, 조직, 지역사회임을 명시하고, 셋째, 사회 복지실천의 목적으로 개인의 사회적 기능향상과 사회정의의 실현을 규정하는 것이라고 할 수 있다. 따라서 사회복지실천은 사회복지사가 개인, 집단, 가족 그리고 지역사회를 대상으로 하여 이들이 자신들의 문제와 욕구를 스스로 해결할 수 있도록 도와주어서, 이들의 사회적 기능을 향상시키고 배분적 사회정의를 실현하는 것을 목적으로 하는 종합적이며 전문적인 실천 활동이라 할 수 있다.

2) 사회복지실천의 목적

사회복지실천의 궁극적인 목적은 모든 사람의 "삶의 질(Quaility of Life)" 향상이다. 이 목적은 시대나 사회 또는 정치나 역사가 바뀌어도 달라지지 않는다. 그러나 이를 위한 세부적인 실천목적들은 사회나 문화, 시대적 분위기나 기대 등에 따라 바뀔 수 있다. 사회복지실천의 목적은 사회구성원 대부분이 이해하고 동의하는 내용으로 구성되어야 한다. 따라서 시대적 조류가 바뀌고 각 대상들에 대한 성격과 정의가 수정될 때 사회복지실천의 세부 목적도 그에 따라 바뀔 수 있다.

기본적으로 사회복지실천은 개인이 환경에 적응하도록 도움을 주거나 환경적 상황을 수정하여 변화시키는 데 초점을 둔다. 즉 개인, 집단, 가족, 지역사회가 다양한 환경 안에서 보다 효과적으로 기능할 수 있도록 하는 것을 목표로 한다.

전미사회복지사협회(NASW, 1958)가 최초로 제시한 사회사업의 실천목적은 다음과 같다.

첫째, 개인과 집단이 그들의 환경 간에 불균형 상태가 일어날 수 있는 잠재적인 문제를 미리 발견하여 예방한다.

둘째, 개인, 집단, 지역사회가 가지고 있는 잠재력을 최대한 발견하여 이를 강화시키는 것이다.

셋째, 개인, 집단 그리고 그들의 환경 간에 문제가 발생했을 때 그 어려움을 감소시키거나 해결하도록 도와주는 것이다.

미국사회복지교육협의회(CSWE, 1992)는 사회복지실천의 정의를 다음과 같이 말하고 있다.

첫째, 개인, 가족, 집단, 조직, 지역사회가 목적을 달성하고 고통을 완화시키며 자원을 활용할 수 있도록 도와준다. 그럼으로써 이들의 사회기능이 촉진되고 회복되며 유지되고 강화된다.

둘째, 인간의 기본적인 욕구를 충족시키며 인간이 가지고 있는 잠재된 능력과 가능성을 개발하도록 돕기 위해 필요한 사회정책, 서비스, 자원, 프로그램을 계획하고 공식화하며 시행한다.

셋째, 어려움에 처한 집단에게 역량을 강화시키고, 사회적·경제적 정의를 실현시키기 위해 조직적 또는 행정적인 옹호를 하며, 사회적 또는 정치적인 운동을 통해 정책과 서비스, 자원과 프로그램을 추구한다.

이러한 목적들을 종합하여 박세정과 손명희(2008), 엄명용(2001)은 사회복지실천의 목표를 다음의 6가지로 구분하였다.

첫째, 개인의 문제해결능력, 대처능력, 발달능력을 향상시킨다. 사회복지실천의 한 축은 환경과 상호작용하는 인간 즉 개인에 놓여 있으며 이 관점에 따라 사회복지사는 개인의 능력 발달을 위해 도움을 제공해야 한다. 즉, 클라이언트에게 문제에 대한 새로운 시각이나 관점을 제시하는 일, 적절하고 합리적인 대안을 생각할 수 있도록 돕는 일, 클라이언트가 갖고 있는 자신의 장점 또는 자원 또는 잠재적 대처자원을 동원할 수 있는 방법을 제시하는 일, 문제해결전략 또는 절차를 교육시키는 일, 대인관계기술을 개발하도록 돕는 일 등이 이러한 목표에 해당되는 일들이라 볼 수 있다.

둘째, 자원, 서비스 기회를 제공하는 체계와 개인을, 도움이 필요한 클라이언트에게 연결하는 것이다. 이 수준에서의 사회복지실천의 초점은 개인과 환경 간의 관계에 있다. 사회복지사는 중개자, 연계자 등의 역할을 수행해야 한다.

셋째, 자원 및 서비스를 제공하는 체계의 효과적이고도 인간적인 운영을 촉진하여 사회서비스 전달망(network)을 향상시킨다. 이 수준에서의 초점은 인간과 상호작용하는 체계에 놓여 있으며, 사회복지사는 인간, 개인의 욕구에 보다 적합하게 작용하도록 대변자, 옹호자의 역할을 수행한다.

넷째, 사회정책 개발을 위해 사회정의를 향상시킨다. 이 목표는 이용 가능한 자원에 초점이 있지 않고 그러한 자원 활용의 기초가 되는 법령이나 더 큰 사회정책에 초점을 둔다. 이 수준에서는 기획가, 정책개발자로서의 역할이 주가 된다.

다섯째, 위기에 처한 집단을 강화시키고 사회적, 경제적 정의를 촉진한다. 사회적 정의는 모든 사회의 구성원들이 기본적 권리, 보호, 기회, 의무, 사회적 혜택을 갖는 이상적 조건을 나타낸다. 경제적 정의는 사회구성원들이 물질적 재화, 소득을 획득할 동등한 기회를 갖는 이상적 상태를 의미한다.

여섯째, 사회복지실천 지식과 기술을 발달시킨다. 사회복지사들은 그들 자신의 실천, 프로그램, 서비스를 객관적으로 평가할 책임이 있으며, 이를 통해 실천 지식과 기술발달에 기여하게 된다. 분석가 및 평가자의 역할이 필요하다.

3) 사회복지실천의 기능

사회복지실천의 기능은 사회복지실천의 궁극적인 목적을 달성하기 위하여 사회복지사가 개인, 집단, 지역사회를 원조할 때 성취해야 하는 세분화된 목표를 말한다. 사회복지사들은 사람들로 하여금 스스로 자신의 능력을 확장시키고 증진시켜 문제를 해결하고 대처할 수 있도록 도움을 주어야 한다. 사회복지사는 사람들로 하여금 자원을 취득하여 문제를 해결해나가며 인간다운 삶을 영위할 수 있도록 도와주어야 한다.

사회복지실천에는 예방과 재활 그리고 치료활동을 통해 욕구를 가진 개인들의 사회기능을 증진시키는 사회적 기능증진의 기능과, 사회복지사가 옹호적 활동을 하면서 사회정의의 향상을 꾀하는 사회적 정의 향상의 기능이 있다.

사회복지실천의 기능을 협의의 사회복지실천 기능과 광의의 사회복지실천 기능으로 나눌 수 있는데 협의의 기능으로는 사회적 역기능 예방, 개인적 자원 제공, 사회적 자원 제공, 개인·집단·지역사회의 손상된 능력 회복이 있다. 광의의 기능으로는 문제해결을 다루는 능력 증진 원조, 자원체계와의 연결 원조, 자원체계와의 상호작용 촉진 및 수정, 사회정책의 개발 및 수정, 물질적 자원 배분, 사회통제의 매개체 등이 있다.

전미사회복지사협회(NASW, 1981)에서는 사회복지실천의 기능을 여섯 가지로 나누고 있다.

첫째, 역량은 확대하고, 문제해결력과 대처능력을 향상시키도록 돕는다.

둘째, 자원을 확보할 수 있도록 돕는다.
셋째, 사람의 욕구에 반응하는 조직이 될 수 있도록 한다.
넷째, 개인과 주변 환경 내의 다른 사람과 상호관계할 수 있도록 돕는다.
다섯째, 조직이나 기관 간의 상호관계에 영향력을 행사한다.
여섯째, 사회정책과 환경정책에 영향을 미친다.

2 사회복지실천의 이념과 철학

이념이란 사회 집단이 이상적으로 여기는 생각이나 견해를 말하며 철학은 의의·가치·목적을 연구하면서 일련의 방향성을 제시하게 되는데 이념이나 철학은 시대와 상황에 따라 달라진다. 따라서 사회복지실천의 이념과 철학 역시 역사적인 발달과 맥을 같이 하며 다양하게 발전해 왔다. 사회복지실천은 표면적으로 인도주의와 이타주의를 표방하고 있지만 근본적으로는 사회진화론의 영향을 받고 있으며 사회변화 및 사회통제의 이중적 성격을 띠고 있기 때문에 이념적 배경이 서로 대립되기도 한다.

1) 인도주의(박애사상)

인도주의(humanitarianism)는 박애주의 또는 박애사상이라도 하는데 인간의 존엄을 지극히 높고 중요한 가치로 여기고 있다. 박애사상은 인간애를 바탕으로 평등사상에 입각하여 인종, 종교, 습관, 국적 등을 초월하여 차별 없이 사람들을 두루 사랑한다는 의미를 가지고 있다. 박애사상은 자선조직협회(COS, Charity Organization Society)의 우애방문자(friendly visitor)의 철학으로서 그들이 보여준 무조건적인 봉사정신에 기반한 이타주의를 말하는데 이후 사회복지실천의 기본철학이 되었다.

2) 사회진화론

사회진화론(social Darwinism)은 다윈의 진화론을 사회법칙에 적용한 것으로서 적자생존의 법칙과 동일하다. 이는 사회적합계층은 살아남고 사회부적합계층은 자연스럽게 소멸된다는 이념이다. 사회복지실천에서는 사회통제의 목적으로 사회진화론을 수용하였다. 대표적인 예로서 자선조직협회의 우애방문자들은 빈곤한 자들에게 빈곤을 타파하기 위해 중산층의 도덕관을 강요하고, 그들이 말하는 도덕성을 갖추고 생활하지 않는 사람들에게는 겨우 생존할 수 있는 최소한의 도움만 제공하였다. 게으르고 비도덕적인 사회부적합계층이 가난하게 살 수 밖에 없다는 논리 속에서 사회적합계층인 우월한 부자들이 방해를 받지 않아야 한다한 의도를 파악할 수 있다.

3) 민주주의

민주주의(democracy)는 사회변화의 기반으로서 모든 인간의 평등과 클라이언트의 권리를 인정한다. 사회진화론과 달리 민주주의는 클라이언트도 대우받을 권리가 있다고 주장하였는데 이러한 민주주의의 등장으로 클라이언트에 대한 선택적 봉사철학이 강화되었다. 더불어 원조를 받을 것인지를 결정하는데 클라이언트가 적극 참여해야 한다는 사회적 움직임이 나타나게 되었고, 이는 후에 클라이언트의 자기결정권에 영향을 미쳤다. 민주주의는 빈곤층의 가치를 인정한 인보관 운동에서도 강조되었으며 자연스럽게 사회개혁으로 이어졌다.

4) 개인주의

개인주의(individualism)는 인간의 독립성과 자립성, 자유를 중요시하는 도덕적·정치적·사회적 관점이다. 개인주의 사상으로 인해 사회복지 역시 자유시장에 맡겨진 자유방임주의로 나타나면서 빈곤문제에 대한 책임을 빈곤한 자 스스로가 지게 되었다. 개인주의 사상은 '개인권리존중'과 함께 '수혜자격축소'에 영향을 끼치면서 '최소한 수혜자격원칙'을 만들었다. 또한 개인주의는 클라이언트의 개인적 특성을 강조하여 개별화의 기반이 되기도 하였다.

5) 다양화

최근 세계화의 영향으로 다양성을 존중하고 개별화를 강조하는 시대가 되었다. 그러므로 다양한 계층, 다양한 집단의 클라이언트를 수용할 필요가 있으며, 복잡하고 다양한 클라이언트의 욕구와 문제에 대해 다양하고 개별화된 접근방법이 필요하게 되었다.

6) 역량강화

문제중심의 병리적 모델보다 강점과 역량, 적응능력을 중심으로 한 강점관점이 문제해결에 있어 더 효과적인 것으로 보고되면서 클라이언트의 역량을 강조하고 스스로 자기변화를 도모하게 하는 역량강화, 임파워먼트(empowerment) 모델이 대두되었다. 임파워먼트는 클라이언트의 문제와 상황을 환경 안에서 이해하고, 자원과 강점을 찾고자 한다. 임파워먼트는 클라이언트의 역할을 수혜자에서 소비자로 변화시켰으며 클라이언트와 사회복지사의 관계를 동등한 관계로 본다.

제2장

사회복지실천의 가치와 윤리

사람은 누구나 가치관을 가지고 살아간다. 가령 미혼남녀는 결혼에 대한 자신만의 가치관이 있는데, 외모를 더 좋은 가치관으로 생각하는 사람이 있는 반면 외모보다는 따뜻한 마음씨를 더 가치있는 것으로 판단하는 사람도 있다. 직장에 대한 가치관 역시 월급이 많이 주는 것을 더 좋은 가치관으로 여기는 사람이 있는 반면 돈보다는 적성에 맞는 일을 하는 것을 더 좋은 가치관으로 생각할 수 있다. 이렇듯 가치는 사람에 따라 달라지는 주관적인 것이며 어떠한 것에 대한 자신의 믿음이나 신념을 말한다. 그래서 뚜렷한 가치관을 갖고 있는 사람은 월급이 많은 대기업보다 월급이 적더라도 자신이 하고 싶은 일을 할 수 있는 중소기업에 취직할 수 있다. 미혼 여성은 키 크고 잘생긴 남자보다 키는 좀 작지만 성실하고 배려심과 이해심이 깊은 남자를 배우자로 선택할 수 있다. 이렇듯 가치는 행동으로 이어진다. 가치는 단순한 관심을 넘어서는 것이며 자신의 행동을 이끌어 주는 기준을 제시해준다. 인간 행동과 삶의 방향을 알려주는 바로미터가 된다. 가치는 인간이 가지는 신념과 믿음으로서 좋거나 싫은 것,

바람직하거나 나쁜 것 등에 대한 주관적인 견해이다. 삶에 대한 특정한 수단, 목적, 조건들에 대한 보편적인 선호를 나타낸다. 가치는 세계에 대한, 삶에 대한, 행동에 대한, 생활환경에 대한 신념이다.

모든 사람이 가치관을 가지는 것처럼 사회복지사와 같은 전문직은 자신의 영역에서 가지는 전문적인 가치가 있다. 사회복지사는 사회복지실천의 가치와 윤리를 알아야 한다. 사회복지사는 뚜렷한 자신만의 가치관을 가지고 복지서비스를 수행해야 한다. 사회복지실천현장에서 다양한 문제 상황에 직면하게 되는데 이때 가치가 수반되어 행동을 결정해야 하는 장면에 직면할 수 있기 때문이다.

윤리는 바로 이러한 가치갈등에 대하여 옳고 그름의 규범적 기준을 부여한다. 즉, 가치란 하나의 가정적인 개념이어서 인간의 생각에 그치지만, 윤리는 윤리적 판단에 따른 행동수행에 있어서 규범적 기준이 된다.

사회복지실천의 영역에서 일하는 대부분의 사회복지사는 다양한 가치 갈등을 겪게 되고 마침내는 윤리적 딜레마를 겪게 될 수 있다. 클라이언트의 문제는 매우 다양하며 그 가운데에서 겪는 윤리적 갈등상황도 다양하다. 뿐만 아니라 클라이언트의 간접적 외부환경체계까지 개입될 때 옳고 그름의 문제, 좋고 나쁨의 문제 등을 결정하기란 쉬운 일이 아니다. 때문에 유능한 사회복지사는 전문적이고 과학적이며 도덕적인 사회복지실천의 가치와 윤리적 기준에 입각하여 가장 최선의 방법을 선택해야만 한다.

1 사회복지실천의 철학적 기반

사회복지실천에 있어서 인간행동에 대한 지식, 기술, 가치는 사회복지실천의 중요 3대 축이다. 이 가운데 가치는 철학적 기반을 가지는 것으로서 추상적이며 실천의 근거를 만들어 준다.

1) 가치의 개념 및 분류

가치는 '강하게 보급되는' '가치 있게 되는'이라는 뜻의 라틴어 valere에서 유래되었다(Reamer, 1995). 가치는 사람에 의해 가치가 '있다'거나 '없다'고 평가된다. 가치는 '선과 악, 아름다움과 추함, 유쾌함과 불쾌함, 적절함과 부적절함 등 인생의 기본적이고 중요한 부분을 결정하는 지침이다(Ritzer, Kammeyer & Yetman, 1979).

모든 가치는 주관에 관련되어 있다. 로웬버그는 가치를 믿음과 같은 것으로 좋고 바람직한 것에 대한 지침이며 적합한 행동의 선택에 대한 지침이라고 하였다. 전재일 외(2002)는 가치에 대하여 어떤 행동이 좋거나 나쁘며, 옳거나 틀리며, 바람직하거나 그렇지 못하다는 '도덕적 판단의 기준인 동시에 어떤 상태가 행복하고 불행한가를 판단하는 기준'이라고 했다. 전문적인 일을 하는 사회복지사의 가치는 인간의 본질에 관하여 전문직이 갖고 있는 신념이나 믿음을 말하며, 이러한 신념이나 믿음은 사회복지실천의 장에서 일상적인 활동에 반영되어 실천되어야 하는 영역이다.

뮌스터베르크는 "가치들의 철학"에서 아주 정교하게 가치체계를 세워놓았는데 무려 24개로 나누었다. 첫 번째로 인격가치와 사물가치로 분류하였는데 여기에서 인격가치란 인격적인 본질에만 주어질 수 있으며 윤리적인 가치들이 여기에 속한다고 하였다. 이에 반해 사물가치는 '재화'라고 묘사되는 가치 있는 사물들에 대한 가치이다. 따라서 전문직을 수행하는 사회복지사는 인격가치에 속하는 가치를 소유한다.

인간의 믿음 또는 주관은 감각적이고 정신적이기 때문에 저급한 감각적인 가치들과 고급한 정신적인 가치로 나누어진다. 감각적인 가치들은 감각 존재나 자연 존재로서의 인간과 상관되고, 정신적 가치들은 정신적 존재로서 인간과 상관된다. 감각적 가치는 물질적인 양태로 되어 있으며, 정신적 가치는 비물질적인 양태로 되어 있다. 따라서 전문직인 사회복지사의 가치는 정신적 가치에 준한다고 볼 수 있다. 정신적 가치는 불멸한 것이며 절대적이고 절대적인 가치들이다. 정신적 가치에는 윤리적 가치가 있는데 윤리적 가치는 오직 사람만이 가질 수 있는 가치이다. 정신적인 존재자만이 윤리적인 가치를 실현할 수 있다. 윤리적 가치들은 명령적으로 인간에게 "너는 ~해야 한다"고 하는 무언가를 실현시킬 것을 요구한다.

그러나 감각적 가치 속에는 삶의 가치 또는 생명가치가 포함되는데 이것은 자연적인 의미에서 생명인 가치들이다. 생명력, 건강 등이 여기에 속하며 사회복지사는 생명가치를 최우선으로 두어야 한다. 사회복지사의 윤리적 딜레마에는 생명가치에 대한 갈등에서 일어나는 경우가 많다. 이렇듯 사회복지사는 감각적 가치와 정신적 가치 모두를 우선시해야 함을 알 수 있다. 마닝(Manning, 2003)은 가치가 윤리적 이성과 정의의 첫 번째 요소이며, 따라서 개인적, 직업적, 사회적 가치는 딜레마 또는 곤경에 대한 이성의 과정에서 의사를 결정하는 사람에게 적절한 행동을 선택할 수 있는 안내 또는 지표로서 정보를 제공하는 것으로 보았다. 가치는 사람들이 마음에 가지고 있는 믿음, 표면적인 행동을 지배하는 감정, 행동을 결정짓는 힘이다. 따라서 올바른 가치관은 매우 중요하다.

(1) 상대적 중요성에 따른 가치체계

존슨(Johnson)은 상대적인 중요성에 따른 가치체계로서 다음 세 가지로 가치를 분류하였다.

① 궁극적 가치 : 자유, 정의, 인간의 존엄성, 평화 등과 같이 가장 추상적이고 절대적이며 많은 사람에 의해 가장 쉽게 동의를 얻을 수 있는 가치이다.
② 차등적(근사적) 가치 : 치료를 거부할 수 있는 사람의 권리 등과 같이 사람에 따라 찬반이 가능하며 특수하고 단기적인 목표를 제시하는 중간 수준의 가치이다. 추상적인 궁극적 가치에 비해 보다 구체적이며 상황적 요인을 안고 있는 도구적 가치와의 중간 경계에 있다.
③ 도구적 가치 : 자기결정, 비밀보장, 고지된 동의 등의 궁극적 가치를 달성하기 위한 아주 구체화된 수단이며 어떠한 목적을 위해 요구된다.

(2) 차원에 따른 분류

믿음이나 신념과 같은 가치는 개인적 차원, 사회적 차원, 기관적 차원, 전문적 차원에서 서로 다른 가치를 가진다.

① 개인적 차원의 가치는 한 개인이 가지는 가치로서 각각 주관적이지만 가족의 영향, 종교의 영향, 사회의 영향, 문화의 영향을 강력히 받는다. 따라서 같은 종교 아래에서 유사한 가치관이 형성될 수 있으며, 같은 부모 아래서 성장한 자녀들은 가족 규칙에 의한 비슷한 가치관을 형성할 수 있다. 한 시대를 살아가는 동시대적인 사람들은 어떤 주제에 대하여 동일하거나 비슷한 가치를 소유할 수 있다.
② 사회적 차원의 가치는 개인적 차원의 가치에 영향을 미친다. 사회적 차원의 가치는 시대가 변함에 따라 유동적으로 변한다. 사회의 일반화된 정서, 공감대를 반영한다. 사회는 마찬가지로 역사에 민감하며 함께 문화를 창조해나간다.

③ 기관적 차원의 가치는 사회복지실천을 위한 각 기관의 역할과 기능 그리고 책임에 따라 각기 고유한 가치를 갖는다. 아동복지기관, 여성복지기관, 가정복지기관, 장애인복지기관 등 각 기관은 저마다의 특성이 있으며 저마다의 고유한 가치를 가지며 이는 각 기관이 서로 주관성을 가질 수 있다. 기관의 가치는 종종 클라이언트의 개인적 차원의 가치와 충돌하거나 갈등을 빚을 수도 있다.

④ 전문적 차원의 가치는 전문직으로 인정받는 어떤 직업이 전문직의 고유한 실천활동을 위하여 요구되는 가치를 말한다. 기본적으로는 해당 전문직이 실천활동을 하기 위한 평가와 책임소재의 근거가 된다. 전문적 차원의 가치는 사회적 차원의 가치로부터 나오는데 사회적 차원의 가치와 전문적 차원의 가치가 서로 일치할 수 있지만 우선순위, 해석 또는 강조점에 따라 차이가 생길 수 있다. 사회적 차원의 가치는 전문적 차원의 가치에 비해 보다 대중적이며 보편적이거나 넓은 범주를 가진다. 이에 비해 전문적 차원의 가치는 사회적 차원의 가치 영향을 받기 때문에 그 범주가 협소하며 대중보다 전문적이며 윤리적이다.

미국사회복지교육협의회는 다음의 가치들을 사회복지전문직의 가치로 삼았다.

- 개인의 가치와 인간의 존엄성, 수용, 비밀보장, 정직, 책임성
- 클라이언트의 자기 결정권, 원조과정에서 적극적 참여권리 존중
- 클라이언트 체계가 필요한 자원을 획득할 수 있도록 원조할 책임성
- 사회제도가 인도적으로 운영되며 인간의 욕구에 부응하도록 만드는 사회제도 개선의 책임
- 문화, 계층, 성별, 성적 취향, 종교, 장애, 연령 등이 다양한 집단의 고유한 특성을 존중하고 수용하며 이를 이해할 수 있는 교육내용의 필요성 인정
- 자신이 행한 윤리적 행위와 실천 내용에 대한 책임
- 전문적인 지식과 기술을 발전시키려는 노력
- 전문적 직업의 특성 개발을 위한 노력

그 밖에 전재일은 궁극적 가치, 수단적 가치, 개인적 가치, 사회적 가치, 종교적 가치, 과학적 가치, 전문적 가치, 도덕적 가치, 윤리적 가치, 심미적 가치, 차등적(근사적 가치), 기관의 가치로 분류하였다. 전재일이 말하는 전문적 가치는 능력, 공평무사, 클라이언트의 관심을 우선시하는 전문적인 행동의 기준으로 수용하는 것이며, 전문직업인이 자기 자신을 맡기는 가치이다. 예를 들면, 서비스 제공, 사회정의 증진, 인간에 대한 존엄성과 가치, 인간관계의 중요성, 신뢰성 확립, 능력 증진 등이 있다.

2) 사회복지실천의 주요 가치

일반적으로 사회복지실천의 본질적인 가치는 '인간의 존엄성 존중'과 '배분적인 사회정의'를 들 수 있다. 이는 사회복지실천의 본질적인 가치로서 사회복지실천의 이중(double) 가치체계라고 불린다.

인간의 존엄성 존중이라는 것은 인간을 존엄하고 가치있는 존재로 생각하고 대우한다는 것이다. 이는 사회복지실천에서 클라이언트의 개별화, 자기결정권, 비밀보장을 준수하고 존중하는 수단적 가치이며 사회복지사로서의 직업적인 윤리의 토대이다. 인간의 존엄성 존중은 어느 전문직에서나 개인에게나, 사회에서나 마찬가지로 가장 중요하고 본질적인 가치이다. 그러나 종종 이 본질적인 가치가 사회적 요인과 환경적 요인 등의 이유로 무시되고 배제되는 경우가 많이 생긴다. 사회복지사는 무엇보다도 가장 먼저 클라이언트가 인간으로서 존엄성이 존중되고 있는지, 스스로 포기하고 있는지를 살펴보아야 하며 이를 위해 다양한 역할을 수행해야 한다.

프리드랜더(Friedlander)는 사회복지실천의 기본 가치로 ①인간의 존엄성 ②인간의 자율성 ③기회의 균등성 ④사회적 책임성을 꼽았다.

전미사회복지사협회(NASW, 1995)는 사회복지실천의 기본 가치로서 개인의 가치와 존엄성, 개인에 대한 존경, 개인의 변화 가능성, 클라이언트의 자기결정권, 비밀보장, 사생활보장, 적절한 자원과 서비스 제공, 역량강화, 동등한 기회 보장, 비차별성, 다양성 존중 등을 들고 있다.

3) 사회복지 전문직 자체의 가치

전문직 가치란 해당되는 전문직의 활동에 대한 평가와 책임소재의 근거가 되는 것으로 어떠한 직업이 전문적으로 인정되는 과정에서 그 전문직의 특징적인 실천활동과 관련하여 요구되는 특별한 가치를 말한다. 사회복지사의 전문적은 가치기준은 개개인의 삶의 질을 증진시키기 위하여 개인과 사회 사이에서 서로 유익한 상호작용을 증진시키거나 회복하기 위한 사회복지실천의 목적을 달성하기 위하여 사회복지사가 지녀야 할 신념체계를 말한다. 사회복지 전문직의 가치로는 크게 두 가지를 들 수 있다.

(1) 모든 인간은 자신의 삶의 문제를 다루고 잠재적인 능력을 개발하는 데 필요한 자원을 소유할 가치가 있다.

이 가치는 사회복지실천의 기본 토대에 해당하며 개인의 삶 속에 있는 문제를 발견하고, 문제를 일으키고 규정하는 환경적인 요소에 주목하는 가치이다. 사회복지사는 클라이언트가 필요로 하는 자원을 찾고 소유할 수 있도록 도와줄 책임이 있다. 따라서 사회복지사는 이 가치의 실행을 위해 지식과 기술 그리고 의지와 책임감이 필요하다.

(2) 모든 인간은 고유한 가치와 존엄성이 있다.

이 가치는 전미사회복지사협회(NASW)의 윤리강령과 미국사회복지교육협의회의 교육정책 및 인증기준(EPAS)에 반영되어 있다. 이 가치는 모든 인간에게 삶에서의 지위, 믿음, 생활양식, 행동과 상관없이 인간 자체로서의 고유한 가치가 있음을 상징한다. 이를 위한 전문적인 원조활동에서는 무조건적인 긍정적 보상, 비지배적인 온정, 수용, 존중 등의 다양한 형태로 활동한다.

① 수용

사회복지사는 어떠한 위치에 있는 클라이언트라도 인간으로서의 고유한 가치와 존엄성을 인정하여 그를 수용해야 한다. 그럴 때 클라이언트는 한 인간으로서 존중받으며 자신이 처한 어려움에 대하여 위험을 무릅쓰고 공개하며 도움을 요청할 수 있다. 사회복지사는 이에 대해 선한 뜻으로 돕고자 하는 의지를 보여주어야 한다.

② 판단유보

판단유보는 현상학에 기인하는 것으로서 클라이언트를 사회복지사가 함부로 또는 마음대로 어떤 선을 긋거나 재단하지 않는 것을 말한다. 사회복지사는 판단하는 존재가 아니라 클라이언트의 어려움을 이해하고 스스로 문제를 풀어나가도록 도와주는 존재이다. 지속적인 존중과 수용이 필요하며 그러할 때 클라이언트는 자존감을 회복할 수 있다.

판단을 유보하는 것은 한 인간에 대한 판단을 유보하는 것이다. 따라서 불법적이고 비도덕적인 학대나 착취, 무책임한 행동, 유기, 강간, 범죄에 대해서 승인하고 묵인하라는 것은 아니다. 사회복지사는 전문직의 가치에 따라 그러한 행동을 거부해야 하며 그들이 사회적인 법칙을 따라 살 수 있도록 도와주어야 한다.

③ 개방성

사회복지사는 모든 인간을 한 클라이언트로 수용하여야 한다. 그러기 위해서는 모든 영역에 대한 개방성이 필요하다. 그러한 마음을 먹고 실천에 옮길 때 사회복지사와 다른 믿음과 생활양식, 행동방식을 가진 사람들이 마음을 열고 도움을 청할 수 있다. 가령, 친구들을 따돌림 시키고 폭력을 행사한 가해학생이나 동성애자로서 위험에 처한 클라이언트로 대할 때 그를 문제학생이나 특별한 계층의 상대하지 못할 사람으로 보는 것이 아니라, 존중하는 한 인격체로 마음을 열고 수용하고 개방할 때 클라이언트는 자신만의 문제에서 벗어날 수 있으며 진정한 도움을 구할 수 있다.

레비(Levy)는 사회복지 전문직의 가치를 인간, 결과, 수단의 3개 범주로 나누어 사회복지 전문직이 일을 할 때 지켜야 할 믿음의 체계를 설명하였으며 이는 사회복지 가치들이 갖는 기능적 측면을 기준으로 하였다.

① 인간에 대한 개념적 가치

인간에 대한 바람직한 개념으로서 '사람 우선 가치'이다. 이 가치는 전문직 수행의 대상인 사람 자체에 대하여 전문직이 가지고 있어야 할 기본적인 가치관이며 인간의 본성을 제시해 줄 수 있는 가치들이다. 예를 들면 개인의 가치와 존엄성, 개인의 건설적인 변화에 대한 능력과 욕구, 상호책임성, 소속의 욕구, 공통적이며 일반적인 인간의 욕구, 개개인의 독특성에 대한 가치 등이다. 클라이언트를 개별화된 인간으로 보고 능력을 인정해 주며, 개별성에 따라 권한을 인정해 주는 가치관이며 사회복지실천의 기본철학과 같다.

② 인간을 위한 결과적 가치

목표로 하는 결과에 대한 개념으로서 '결과 우선 가치'이다. 이 가치는 사람에 대한 서비스를 제공했을 때 초래되는 결과에 대한 가치관으로 바람직한 결과 성취를 위해 가져야 하는 가치관을 말한다. 이는 사회가 개인의 발전을 위해 사회참여 기회를 동등하게 제공해야 한다는 사회적 책임에 대한 믿음을 말한다. 나아가 빈곤이나 질병, 차별적인 대우, 부적절한 주거환경이나 불공평한 교육 기회 등에 대한 문제를 해결하거나 미연에 방지해야 할 사회적 책임에 대한 가치이다.

③ 인간을 다루는 수단적 가치

인간을 대하는 바람직한 방법에 대한 것으로 '수단 우선 가치'이다. 이 가치는 서비스를 수행하는 방법과 수단 그리고 도구에 대한 가치관이다. 이는 사람은 존중과 존엄으로 다루어져야 하며, 자기 결정권의 권리를 가져야 하고, 사회변화에 참여하도록 도와줘야 하고, 한 명의 독특한 개인으로 인정되어야 한다는 믿음과 같은 것이다. 예를 들면 자기결정권 존중, 비심판적 태도 같은 가치를 말한다.

4) 사회복지실천 가치에 영향을 미치는 요소들

사회복지사의 경우 때로 클라이언트 개인의 문제를 해결하기 위한 것에 관심을 두고 클라이언트를 보호해야 하는 역할과 넓은 지역사회의 문제를 해결하고 사회적인 변화와 개선을 위한 것, 그리고 지역 공동체의 관심에 초점을 맞춰 이들을 방어해야 하는 역할 사이에서 어려운 선택을 해야 하는 문제에 직면하게 되는데, 이때 실천가로서 윤리적인 딜레마를 겪게 된다. 사회복지실천 가치에 영향을 미치는 요인들은 다음과 같다

(1) 개인의 가치

사회복지사 가치에 영향을 미치는 요소들 가운데 개인의 가치는 가장 중요한 요소로 인식된다. 전문가 개인의 가치는 사회복지사가 자신의 성장 배경이나 종교적인 신념, 그리고 삶의 활동에 있어 중요하게 지켜온 가치관, 그리고 전문가 개인에 속한 사회의 문화적인 가치 등에 의해 강하게 영향을 받고 있다. 사회복지실천가들의 개인의 가치는 사회복지사가 클라이언트와 함께 하는 실천에 있어서 개인방법을 선택하고, 개입의 틀이나 개입전략을 선택하는 데 중요한 영향을 미치게 되며, 그 결과는 클라이언트에 대한 개입 결과의 성공 여부를 결정지을 수 있게 될 것으로 가정할 수 있다(오혜경, 2007:68-69).

(2) 전문가의 가치

사회복지실천의 가치에 영향을 미치는 요소들 가운데 중요하게 작용하는 요소로서 전문가의 가치를 들 수 있다. Gordon(1965)은 사회복지실천에서 전문가들은 다음과 같은 요소들을 고려해야 한다고 하였다(오혜경 외, 2007:71 재인용).

첫째, 전문가가 믿고 있는 사회복지실천을 위한 권리는 무엇인가, 그리고 특별한 보류나 재검토 없이 실천가들이 지배적으로 선호하는 가치가 될 수 있는 것은 무엇인가 등에 대해 폭넓은 이해와 인식이 필요하다.

둘째, 사회복지실천의 가치들이 반드시 기본적인 수준이며, 실제로 일정한 기간 동안 궁극적으로 유용한 것으로 유지될 수 있는가, 그리고 임무의 가장 가능한 의미는 무엇이며, 사회복지실천 가치의 궁극적인 목적을 유지하기 위한 우선적인 목적과 실행 목표는 무엇인가 등에 관한 인식이 필요하다.

셋째, 가치의 틀을 구성하고 있는 가치를 가지고 서비스를 제공하는 것은 지금까지의 지식을 성장하게 만드는 데 원동력이 되고 격려가 되었다. 그리고 클라이언트의 비밀보장에 관한 가치를 수용한 상태에서 실천에 임하는 것은 클라이언트의 확인되지 않는 비밀을 보장하기 위한 것뿐만 아니라 클라이언트로 하여금 준비된 치료를 받도록 격려하는 것이다.

한편, 사회복지실천의 전문가 가치는 1996년 미국사회사업가협회의 윤리 강령에 의해 기초적인 6가지 가치로서 서비스, 사회정의, 인간의 존엄성, 인간관계, 완전성, 그리고 전문가의 능력을 제시하고 있다(NASW, 1999; 오혜경, 2007: 109-111; 이효선, 2005:51-52).

① 서비스(service)

사회복지사의 우선적인 목표는 도움이 필요한 사람 즉. 욕구가 있는 사람들을 돕는 것이며, 동시에 사회문제에 초점을 맞추고 이를 해결하기 위한 노력을 강조하는 것이다. 사회복지사는 자신이 개인적인 관심을 뛰어넘어 사회복지실천 서비스를 향상시키는 것이다. 사회복지사는 욕구를 가진 사람들을 돕기 위해서, 그리고 사회문제를 강조하기 위해서 기본적으로 전문적인 지식, 가치, 기술들을 가지고 실천하고 있다. 사회복지사는 다른 전문 기술의 일정 부분을 경제적인 보상이나 중요한 기대 없이 자원봉사를 하도록 격려 받고 있다.

② 사회정의(social justice)

사회복지사는 사회적으로 정의롭지 못한 것에 도전적으로 대항해야 한다. 사회복지사는 사회변화를 위해 노력하는데, 특히 상처받기 쉽고 억압받는 개인이나 집단의 사람들의 행복을 위해서 노력한다. 사회복지사는 사회변화 노력은 우선적으로 빈곤, 실업, 차별, 그리고 다른 사회적으로 정의롭지 못한 형태를 띤 사항들에 초점이 맞추어지고 있다. 이러한 활동들은 문화적이며 윤리적인 다양성과 억압 등에 관한 지식과 민감성을 증진시키기 위해 찾는 것이다. 사회복지사는 욕구가 있는 대상자들에게 정보, 서비스 그리고 자원 등에 접근하는 것이 확실할 수 있도록 지원해 주어야 한다. 또한 모든 사람들에게 평등한 기회를 보장하고, 의사결정과정에 모든 사람들이 의미있는 참여를 위해 확실한 접근이 이루어질 수 있도록 지원해야 한다.

③ 인간의 존엄성과 가치(dignity and worth of the person)

모든 개인의 존엄과 가치는 사회복지사들이 사람들과 일을 하는 방식에서 실현되어야 하는 것이다. 우리는 개인들과 집단에서 차이와 다양성을 알아야 하며 모든 사람들은 그들의 능력을 개발 할 수 있는 최대한의 기회를 가질 수 있도록 해 주어야 한다. 여기에서 나오는 윤리원칙은 '개인의 존엄과 가치에 대한 존중'이며 사회복지실천에서 클라이언트의 자기결정의 권리가 포함된다.

④ 인간관계의 중요성(importance of human relationships)

인간관계의 중요성인데 사회복지사에게 사람들 간의 인간관계는 2가지 면에서 매우 중요하다. 그 하나는 사람들이 성공적으로 삶을 살아가는데 필요한 지지와 강점들이 이러한 관계에서 나오기 때문이며 다른 하나는 사회복지실천이 클라이언트와 사회복지사간의 원조관계를 전제로 하고 있기 때문이다.

⑤ 통합(integrity)

사회복지사는 그들이 일관된 방법을 사용하는 데 있어 지속적으로 전문가의 임무, 가치, 윤리적인 원칙, 그리고 윤리적인 기준과 실천을 인식한다. 사회복지사는 자신이 속해 있는 조직의 일부분으로서 정직한 행동, 책임 있는 행동을 하며 윤리적인 실천을 향상시킨다.

⑥ 능력(competence)

능력이란 사회복지사가 가장 높은 수준의 지식과 기술, 그리고 가치를 지니고 있어야 한다는 것을 의미한다. 가능하다면 사회복지사는 언제나 전문적 지식을 확충하는 방향으로 지혜를 모아야 한다. 여기에는 자신의 실천을 평가하고 연구발표나 워크숍, 논문을 통해서 동료들과 함께 결과를 공유하는 것이 포함된다.

5) 사회복지실천 가치의 발달

가치는 사회적, 문화적, 역사적 변화와 함께 발전되어 왔다. 사회복지실천의 가치들도 마찬가지이다. 사회복지실천의 가치체계 역시 변화무쌍한 역사적 역동에 따라 발전해왔다. 리머(Reamer, 1999)는 이를 4단계로 나누어 설명한다.

(1) 제1단계 : 19세기 말

전문적 사회복지실천 태동기로서 자선조직협회가 활동하던 시기이며, 이때는 구제활동과 빈곤 대응이 가장 큰 일이었다. 사회복지실천은 전문직이나 실무자의 가치보다는 클라이언트의 도덕성이 더 중요하였다. 클라이언트를 도덕적으로 교화시키는 것을 최고의 가치로 삼았으며, 인간의 기본적인 권리나 존엄성에 대한 가치는 찾아보기 힘들었다.

당시의 원조활동 기반은 간섭적 온정주의이며 활발한 활동을 했던 우애방문원의 활동 역시 간섭적 온정주의 영향이 컸다. 이들은 자신들에게 가난한 사람들의 삶에 직접 개입하여 그들을 교화시킬 권리와 의무가 동시에 있다고 생각하였다.

〈간섭적 온정주의〉

간섭적 온정주의는 미국 사회복지활동 초창기 당시 자선조직협회와 우애방문원의 활동으로 대표되는 윤리관이다. 간섭적 온정주의의 윤리관은 문제가 있거나 욕구를 가진 개인이나 집단을 돕는 것이 인간에게 주어진 본질적인 소명이라는 기본적인 도덕적 관점을 가지지만, 이러한 관점을 바라보는 사회복지의 사명으로는 이러한 개인이나 집단은 건전하지 못한 클라이언트로서 계몽시키거나 교화시켜서 바람직한 도덕성을 갖춘 사람으로 바꾸려는 데 있었다. 이러한 대상이 되는 클라이언트로는 부랑자, 가난한 빈민, 무직자 등이었으며 이들에게 간섭적이고 권위주의적인 방법으로 삶의 교화를 꾀하였다.

(2) 제2단계 : 20세기 초

20세기 초는 인보관 운동이 시작되면서 태동기에서 진보기로 넘어가는 시기이다. 당시 사회복지실천의 목적과 가치는 빈곤한 자의 도덕성 교화에서 주택, 건강, 위생, 교육, 고용, 빈곤 등 광범위한 사회적 문제로 관심이 돌려졌다. 따라서 제2단계의 사회복지실천 가치는 진보주의의 성장과 함께 빈곤한 사람들에 대한 도덕성 결여에 대한 교화에서 빈곤이 발생하게 되는 사회적 구조적 문제에 더 초점을 맞추게 되는 시기가 되었다.

(3) 제3단계 : 1950년대 초

사회복지실천의 초기 1단계에서는 클라이언트의 도덕성에 관심을 가지고 최초의 사회복지사 원조격인 방문우애단은 스스로에 대한 도덕성에는 관심을 갖지 않았었다. 그러나 3단계로 넘어오면서 관심은 클라이언트보다 전문직과 실천가들의 도덕성과 윤리문제에 더 큰 관심을 두게 되었다.

제3단계는 전문직의 도덕적 차원에 대한 관심이 집중되는 시기이며 사회복지 전문직의 가치와 윤리가 본격적으로 언급되기 시작하였으며 전문가 윤리지침이 개발되기 시작하였다.

(4) 제4단계 : 1960년대 이후

1960년 전미사회복지사협회(NASW)는 첫 윤리강령을 공식적으로 채택하였다. 이로 인해 사회복지실천에 대한 전문직의 가치와 윤리에 대한 관심이 크게 증폭되었다. 이 시기는 사회적 평등, 인권, 복지권, 차별, 억압 등에 대한 가치적 관심이 급증하였고 이러한 가치를 사회복지실천에 접목시켰다. 나아가 1976년 레비(Levy)의 「사회복지윤리학」 출간으로 가치나 윤리에 대한 관심은 더욱 높아졌다.

2 사회복지실천의 윤리와 윤리강령

인간을 대상으로 도움의 원조를 펼치는 사회복지사는 실천의 장에서 인간이 보다 나은 삶을 살아가도록 다양한 역할로 기능을 수행하는 중에, 여러 가치관을 기준으로 삼아 윤리적인 판단을 하고 결정을 하여 행동으로 옮겨야 하는 경우가 다른 전문직보다 많다. 사회는 단순하지 않으며 점점 복잡해지고 있다. 과학기술의 발전으로 사회적, 문화적 가치관들이 변하고 있다. 기술의 발전은 인간에게 편리함과 풍요를 가져다 주었으며, 자연을 보다 효과적으로 관리할 수 있도록 하고 지배하도록 하였지만, 동시에 인간은 자연을 파괴하고 생태계를 교란시켜 상호 관계가 주고 받는 관계가 아닌 지배하는 관계로 자연계 위에 군림하게 되었다. 이러한 과학기술지상주의는 인간존엄성을 훼손하고 물질남용과 외모지상으로 치달아 도덕적이고 존엄적인 것들을 무가치하게 만들어 버렸다. 높은 생산성을 위해 인간은 부속품으로 취급되고 인간의 존엄성이나 인간의 생명에 대한 가치가 땅에 떨어지게 되었다. 윤리적 판단의 문제를 해결하기 위해서는 먼저 옳고 그름을 제대로 판단할 수 있어야 하며, 종합적으로 보다 나은 결정을 할 수 있어야 한다. 보다 나은 결정의 기준은 윤리적 사고로부터 나오며 사회복지사는 윤리적 상황을 바르게 인식하고, 바른 결정에 대한 바른 판단과 바른 행동을 선택할 수 있는 능력이 필요하다.

1) 가치와 윤리

가치는 어떤 행동이 좋고 나쁘며 바람직하거나 바람직하지 못하다는 도덕적인 판단의 기준이 되는 것이다. 이것은 믿음이나 신념에 관련된 것으로 인간이 스스로 적절한 행동을 선택하는 기준이나 지침이 된다.

이에 반해 윤리는 행동화된 가치이다. 가치가 행동으로 실제 표현이 될 때 옳고 그름을 판단하는 기준이 된다. 따라서 윤리는 사회적인 의식의 한 형태로 인간이 마땅히 지키고 따라야 하는 규범의 총제를 뜻한다.

따라서 윤리는 가치에서 나오기 때문에 가치와 조화를 이루어야 한다. 사회복지실천의 윤리에서 가치를 중요하게 생각하는 까닭이 바로 사회복지실천의 윤리가 사회복지의 가치가 어떠한가에 따라 정해지기 때문에 그러하다. 가치는 철학적이며 윤리는 이의 실천항목이라 볼 수 있다. 가치는 신념이며 윤리는 이를 확인시켜 주는 정답과 오답이며 판단이다. 가치는 방향이며 윤리는 지침이다.

2) 사회복지 윤리에 대한 정의

가치가 삶을 살아가는데 있어 어떠한 신념이나 믿음으로 판단의 기준을 삼는 것이라면, 윤리는 그러한 가치관을 가지고 옳은 행동을 할 수 있도록 이끄는 것이다.

로웬버그와 돌거프(Lowenberg & Dolgoff, 1996)는 사회복지의 윤리에 대하여 '사회복지 실무자에게 무엇이 윤리적으로 올바른 실천 방법인지 인식할 수 있도록 도와주고, 전문적인 사회복지실천적 상황에서 일어나는 윤리적인 측면과 관련된 올바른 실천행위를 결정하고 있도록 도와길 수 있는 방법'이라고 정의하였다.

레비(Levy, 1976)에 따르면 사회복지 윤리는 다양한 배경을 가진 사회복지사들이 다양하고 복잡한 사회복지실천분야에서 맞닥뜨릴 수 있는 다양한 윤리적인 논제에 대하여 올바른 판단을 할 수 있도록 해주는 체계적인 준거틀이다.

사회복지사는 전문직을 수행하면서 무척 다양한 직업과 다양한 환경 속에서 살아가는 사람들을 돕는다. 따라서 다양한 윤리적인 결정을 내려야 할 때를 만나게 된다. 사회복지사라는 전문가로서 습득한 전문적인 지식과 기술과 경험을 가지고 결정을 내릴 수 있다. 그러나 이때 사회복지사는 어떤 결정이 도덕적으로 옳은 것이며, 비윤리적인 행동을 어떻게 피할 것인지에 대한 근거나 방향성을 가지고 나아가야 한다. 이때의 윤리적 결정을 하게 하는 것이 바로 사회복지실천의 윤리이다. 사회복지사는 모든 사람들이 자신의 존엄성을 가지고 인간다운 삶을 살도록 하기 위하여 도움을 주며, 동시에 이것을 뒷받침할 수 있는 다양한 조건들을 개인과 사회의 가치가 반영된 바람직한 모습으로 변화시킬 수 있도록 하기 위하여 높은 윤리성이 요구된다. 나아가 사회복지사는 사회적으로 소외되고 취약하며 자신의 권리를 찾지 못하는 대상을 중심으로 일을 하므로 이러한 클라이언트의 인격과 인권을 존중해야 하는 윤리성이 아주 크게 요구된다 할 것이다.

3) 사회복지실천 윤리의 필요성

리머(Reamer, 1995)는 사회복지실천의 윤리가 사회복지사가 클라이언트, 동료전문가 등 다른 사람들과의 가치관 사이에 존재하는 공통점과 차이점을 체계적으로 확인하기 위해 필요하다고 하였다. 좀더 구체적으로 살펴보면 사회복지실천 윤리는 윤리적 갈등을 이해하고 대처하기 위한 능력을 갖추기 위해, 서로 다른 가치관들 사이의 관계정립과 위계설정을 위해, 현재의 사회복지 주류가치가 얼마나 정당한지를 반성하며 시대적 조류에 맞는지를 알아보기 위해, 사회복지실천의 방법을 개발하거나 전문가의 전문적인 경력을 발전시키기 위해 필요하다.

(1) 가치관의 체계 확립

사회복지사의 가치, 클라이언트의 가치, 지역주민의 가치, 동료전문가의 가치 등 다양한 다른 사람들의 가치관 사이에 어떤 공통점과 차이점이 있는지를 체계적으로 확인하기 위해 필요하다. 따라서 전문가의 개인적인 가치가 다양한 전문적인 판단과 평가 등에 큰 영향을 미치는 사회적인 공인으로서 상황에 따라서는 자신의 가치관을 공개할 수 있어야 한다.

(2) 윤리적 딜레마의 대처

사회복지실천의 윤리는 윤리적 딜레마가 존재하고 그런 상황이 생겼을 때 바르게 대처할 수 있는 능력을 갖추기 위해 필요하다. 전문가는 윤리적 딜레마 상황에서 바람직한 윤리적 판단을 내릴 수 있어야 한다.

(3) 가치관의 관계 정립

윤리를 지탱해주는 가치는 2개 이상의 덕목이 서로 존재하며 나아가 상충할 수가 있다. 가령 '자유와 평등' 같이 2개 이상의 가치가 서로 부딪칠 수 있다. 사회복지에는 중심적 가치와 주류적 사상이 존재한다. 그러나 사회적, 문화적 특성에 따라 다양하며 변화무쌍해진다. 따라서 다양한 가치들 속에서 관계를 정립해주고 위계적 질서를 수립할 필요가 있다.

(4) 정당성과 시대적 조류 확인

사회복지의 주요한 가치는 시대적 흐름에 따라 끊임없이 변화해 왔다. 이것은 사회복지의 가치가 발전과정 속에서 사회적 변화와 역사적, 정치적 영향을 받고 있음을 의미한다. 사회복지의 중요한 가치인 자기결정과 분배적 정의는 자본주의와 민주주의라는 서구 개인주의의 영향을 받았다. 따라서 이러한 가치는 개인주의의 대척관계에 있는 집합주의의 도전을 받는다. 사회복지가 사회적 공인을 유지하기 위해서는 그러한 도전에 바람직하게 대처할 수 있어야 한다.

(5) 전문성 개발 및 발전

사회복지는 인간을 대상으로 하는 휴먼서비스이다. 따라서 인간에 대한 근본적인 이해 없이는 서비스가 불가능하다. 지식과 기술이 아니라 전문적인 학문 위에 윤리에 대한 실천의 이해가 필요하다. 따라서 사회복지의 전문지식을 바탕으로 하여 기술을 지속적으로 개발해야 하고 사회복지전문가는 끊임없이 연구하고 습득하며 연마해야 한다.

4) 우리나라 사회복지사 윤리강령

윤리강령이란 전문직을 수행하는 사람들이 자신의 전문직을 수행함에 있어 윤리적인 실천을 수행할 수 있도록 구체적으로 지침화시켜 규정으로 정해놓은 것을 말한다. 윤리강령은 전문직의 사명, 방법론과 같은 규범을 수립하는 기준을 제시하는 큰 틀이며, 외부의 규정으로부터 보호해주는 역할을 한다.

사회복지사 윤리강령은 사회복지사가 활동하는 데 대한 행동적 지침이 되도록 고안되어 있다. 따라서 사회복지사 윤리강령은 사회복지 가치 기준에 맞는 실천을 하였는가에 대한 행동기준이나 판단의 기준이 된다.

우리나라에서는 1973년 2월 윤리강령 초안 제정을 결의하였다. 1988년 3월에 개정하고 같은 해 4월 14일 선포하였다. 1992년에 1차 개정하여 <사회복지사 윤리강령>이라는 이름으로 10월에 공포하였다. 현재는 2001년 12월 15일 2차 개정된 <사회복지사 윤리강령>을 지키고 있다.

《대한민국 사회복지사 윤리강령 전문》

사회복지사는 인본주의·평등주의 사상에 기초하여, 모든 인간의 존엄성과 가치를 존중하고 천부의 자유권과 생존권의 보장활동에 헌신한다. 특히 사회적·경제적 약자들의 편에 서서 사회정의와 평등·자유와 민주주의 가치를 실현하는 데 앞장선다. 또한 도움을 필요로 하는 사람들의 사회적 지위와 기능을 향상시키기 위해 저들과 함께 일하며, 사회제도 개선과 관련된 제반 활동에 주도적으로 참여한다. 사회복지사는 개인의 주체성과 자기결정권을 보장하는 데 최선을 다하고, 어떠한 여건에서도 개인이 부당하게 희생되는 일이 없도록 한다. 이러한 사명을 실천하기 위하여 전문적 지식과 기술을 개발하고, 사회적 가치를 실현하는 전문가로서의 능력과 품위를 유지하기 위해 노력한다.

이에 우리는 클라이언트·동료·기관 그리고 지역사회 및 전체사회와 관련된 사회복지사의 행위와 활동을 판단·평가하며 인도하는 윤리기준을 다음과 같이 선언하고 이를 준수할 것을 다짐한다.

(1) 일반적 윤리기준

① 전문가로서의 자세

사회복지사는 전문가로서 품위와 자질을 유지하여야 한다. 사회복지사는 클라이언트를 종교, 인종, 성, 연령, 국적, 결혼상태, 성 취향, 경제적 지위, 정치적인 신념, 정신적인 장애, 신체적인 장애, 기타 개인적인 선호, 특징, 조건, 지위를 이유로 차별대우 하지 않아야 한다. 사회복지사는 자신이 맡고 있는 일에 대해 책임을 질 줄 알아야 하며 전문가로서 성실하고 공정하게 업무를 수행해야 한다. 그리고 이 과정에서 어떠한 부당한 압력에도 타협하지 않아야 하며 전문적인 관계를 권력으로 이용하여 부정한 행동이나 영리를 취하지 않아야 한다.

사회복지사는 사회정의의 실현과 클라이언트의 복지증진에 헌신해야 하며, 이를 위한 환경조성을 국가와 사회에 요구해야 한다. 또한 사회복지사는 자신의 이익을 위해 사회복지 전문직의 가치와 권위를 해쳐서는 안 된다. 나아가 전문가단체 활동에 적극적으로 참여해야 하며 사회복지사의 권익옹호를 위해 노력하여야 한다.

② 전문성 개발을 위한 노력

사회복지사는 전문성을 개발하기 위해 노력해야 한다. 그러나 이를 이유로 사회복지 서비스를 소홀히 해서는 안 된다. 사회복지사는 클라이언트에게 최상을 서비스를 제공할 책임이 있으며, 이를 위해 지식과 기술을 개발하는 데 최선을 다해야 한다. 만약 클라이언트를 대상으로 연구할 경우 사회복지사는 그들의 권리를 보장하기 위해 자발적인 동의를 얻어야 한다. 이때 취득한 개인적인 정보는 비밀보장의 원칙에서 다루어져야 한다. 마찬가지로 이러한 과정에서 클라이언트는 신체적으로나 정신적으로 불편함이나 위험 또는 위해로부터 보호받아야 한다.

③ 경제적 이득에 대한 태도

사회복지사는 클라이언트의 경제적 환경에 따른 지불능력과 상관없이 사회복지 서비스를 제공해야 한다. 사회복지사는 경제적 지불능력을 이유로 차별적인 대우를 해서는 안 된다. 그러나 필요한 경우에는 합리적이고 공정하게 클라이언트에게 제공한 사회복지 서비스에 대하여 적정한 이용료를 책정하여 받을 수 있다. 무엇보다도 사회복지사는 업무와 관련하여 정당하지 않은 방법으로 부당한 이익을 취해서는 아니 된다.

(2) 클라이언트에 대한 윤리기준

① 클라이언트와의 관계

사회복지사는 클라이언트에 대하여 어떠한 환경이나 지위에 상관없이 한 인간으로서 존엄성을 존중해야 한다. 사회복지사는 클라이언트의 권익옹호를 최우선의 가치로 삼고 행동해야 한다. 나아가 사회복지사는 클라이언트가 자기결정권을 최대한 행사할 수 있도록 도와주어야 한다. 또 사회복지사는 클라이언트의 사생활을 최대한 존중해야 하며 철저히 보호해주어야 한다. 서비스 중 얻은 정보에 대해서는 철저하게 비밀을 지켜야 한다. 만약 특별한 이유 또는 합당한 사유로 인해 취득한 정보를 공개할 때에는 반드시 클라이언트의 동의를 얻어야 한다.

사회복지사는 클라이언트가 제공받는 서비스에 대하여 범위, 내용 등에 대한 충분한 정보를 제공해야 하며 클라이언트에게 최대한 알 권리를 인정하고 존중한다.

사회복지사는 개인적인 이익을 위하여 클라이언트와의 전문적인 관계를 이용해서는 안 된다. 부적절한 성적인 관계를 맺거나 성적인 친밀감을 표현해서도 안 된다. 사회복지사는 클라이언트를 사회복지 증진을 위한 동반자로 인정하고 함께 일해야 한다.

② 동료의 클라이언트와의 관계

사회복지사는 동료나 다른 기관의 클라이언트와 적법한 절차 없이 전문적인 관계를 맺어서는 안 된다. 또한 사회복지사는 긴급한 사정으로 동료의 클라이언트를 대신 맡게 될 경우, 자신의 의뢰인과 같이 동일한 관심을 가지고 최선을 다해 서비스를 제공해야 한다.

(3) 사회복지사의 동료에 대한 윤리기준

① 동료

사회복지사는 함께 사회복지의 일을 하는 동료에 대하여 존중과 신뢰로 대하여야 한다. 전문가로서 인격과 지위를 훼손하는 말과 행동을 해서는 안 된다. 사회복지사는 사회복지 전문직의 이익과 권익을 증진시키기 위하여 동료와 협력해야만 한다. 사회복지사는 동료가 행한 비윤리적인 행위에 대해 눈 감지 아니하고 제반 법률규정이나 윤리기준에 따라 조치를 취해야 한다. 이를 위해 사회복지사는 동료의 윤리적이고 전문적인 행위를 촉진시켜야 한다. 사회복지사는 동료나 다른 전문직 동료의 직무 가치와 내용을 인정하고 이해하며 서로 민주적인 직무관계를 이루도록 노력해야 한다.

② 슈퍼바이저

사회복지사는 슈퍼바이저의 전문적인 지도와 조언을 존중해야 한다. 슈퍼바이저는 사회복지사의 전문적인 업무수행을 전문적인 업무수행을 도와야 하며 개인적인 이익추구를 위해서 자신의 지위를 이용해서는 안 된다. 또한 슈퍼바이저는 전문적인 기준을 따라 공정하게 맡겨진 일을 수행하여야 한다. 슈퍼바이저는 사회복지사, 수련생, 실습생에 대하여 성적인 수치심이나 인격적인 모독을 주는 행위를 해서는 안 되며, 평가를 할 때에는 투명하게 공개하며 함께 공유해야 한다.

(4) 사회에 대한 윤리기준

사회복지사는 기본적으로 인권존중과 평등, 자유를 위해 헌신해야 하며 사회적인 약자를 보호하고 옹호하며 이들을 대변하는 일을 주도해야 한다. 또한 이를 위한 사회정책의 기획, 수립, 개발, 발전, 입법, 정책에 적극적으로 참여해야 한다. 나아가 사회환경을 개선하고 사회의 정의를 실현시키는 일에도 마찬가지의 역할들이 필요하다. 사회복지사는 자신이 일하는 지역사회의 문제를 이해해야 하며, 그 문제를 해결하기 위해 적극적으로 참여해야 한다.

(5) 사회복지윤리위원회의 구성과 운영

한국사회복지사협회는 사회복지윤리위원회를 구성해야 한다. 그리고 이를 통햐 사회복지윤리실천에 있어서 질적인 향상을 꾀하여야 한다. 사회복지윤리위원회는 윤리강령을 위배하거나 침해하는 행위에 대한 신고를 접수받아야 하며, 접수가 되면 공식적인 절차를 통하여 문제 해결을 위해 노력해야 한다. 사회복지사는 한국사회복지사협회의 윤리적인 권고와 결정이 있을 경우, 이를 수용하고 존중하여 따라야 한다.

5) 미국사회복지사협회(NASW)의 사회복지사 윤리강령

NASW의 윤리강령은 전문직으로서 사회복지실천이 우리의 모든 업무에 영향을 미치는 핵심적인 가치를 다음의 6가지에 기반을 두고 있다(NASW, 1996).

(1) 서비스(service)

[윤리원칙] 사회복지사는 욕구를 가지고 있는 사람들에게 욕구를 충족시켜주며 사회문제를 해결해주는 것이다.

사회복지사는 자신의 이익보다 타인의 이익을 위해 서비스를 제공한다. 사람들에 대한 서비스는 사회복지실천 전문직 업무를 특징지우는 핵심적인 가치라고 사회복지사들은 믿고 있다. 이는 모든 사회복지사들의 의무이며 이 가치에서 '사회복지사의 1차적인 목적인 욕구를 가진 사람들을 도우며 사회문제들을 드러내 보이는 '사회복지실천의 윤리적인 원칙도 나오게 된다. 지식, 가치, 기술을 통하여 사람들을 원조하며 사회문제를 해결해 준다. 물질적 보상 없이 자발적으로 전문적인 기술을 나누어준다.

(2) 사회정의(social justice)

[윤리원칙] 사회복지사는 사회의 정의를 위해 노력한다.

세상에는 언제나 소외받고 취약하여 억압 속에서 불평등하게 살아가는 사람들이 있다. 사회복지사는 이런 사람들을 위하여 함께 사회적 변화를 추구한다. 위험에 직면한 많은 집단과 사람들이 있다는 것은 경제적, 사회적 정의를 신장시키기 위한 사회변화 활동들을 사회복지사들이 추진해야 함을 의미한다. 이 가치로부터 나오는 윤리적 원칙은 '그것이 있는 곳이 어디이던 사회복지사들은 사회정의에 도전하는 것이다. 사회복지사는 부당한 사회적 조건을 변화시키기 위한 노력에 참여한다. 사회복지사는 빈곤이나 차별 또는 다양한 형태의 부정의한 상황에 노출되어 있는 사람들에게 관심을 둔다.

(3) 인간의 존엄성과 가치존중(dignity and worth of the person)

[윤리원칙] 사회복지사는 하늘로부터 받은 인간의 존엄과 가치를 존중한다.

개인. 모든 개인의 존엄과 가치는 사회복지사들이 사람들과 일을 하는 방식에서 실현되어야 하는 것이다. 우리는 개인들과 집단에서 차이와 다양성을 알아야 하며 모든 사람들은 그들의 능력을 개발할 수 있는 최대한의 기회를 가질 수 있도록 해 주어야 한다. 여기에서 윤리원칙은 '개인의 존엄과 가치에 대한 존중'이며, 사회복지실천에서 클라이언트의 자기결정의 권리가 포함된다.

(4) 인간관계의 중요성(importance of human relationships)

[윤리원칙] 사회복지사는 인간발달과 인간관계의 중요성을 인식한다.

사회복지사에게 사람들 간의 인간관계는 두 가지 면에서 중요하다. 그 하나는 사람들이 성공적으로 삶을 살아가는데 필요한 지지와 강점들이 이러한 관계에서 나오기 때문이며 다른 하나는 사회복지실천이 클라이언트와 사회복지사간의 원조관계를 전제로 하기 있기 때문이다. 사회복지사는 개인, 가족, 집단, 조직 또는 지역사회에 봉사하는 성공적인 원조과정뿐만 아니라 인간의 발달에도 중심적임을 이해해야 한다. 원조과정에서 사회복지사는 클라이언트와 진정한 파트너가 되어야 한다.

(5) 통합성(integrity)

[윤리원칙] 사회복지사는 정직으로 통합적 태도를 지닌다.

사회복지사는 전문직의 사명, 가치, 윤리적 원칙을 인식하고 그것을 정직하게 일치시키려는 태도를 실천해야 한다. 통합성이란 사회복지사가 기본적으로 정직성을 가져야 한다는 것이다. 사회복지사는 클라이언트와 고용주에 대한 의무를 존중하는 윤리적인 실천을 해야 한다. 이러한 가치에서 나오게 되는 윤리적 원칙은 '사회복지사가 신뢰받는 방식으로 일하는 것이다.

(6) 능력(competence)

[윤리원칙] 사회복지사는 능력 범위 내에서 실천하며, 직업적 전문성을 증진시킨다.

사회복지사는 원조과정에서 가장 높은 수준의 지식과 기술을 활용하도록 노력해야 한다. 가능하다면 사회복지사는 언제나 전문적 지식을 확충하는 방향으로 지혜를 모아야 한다. 여기에서 자신의 실천을 평가하고 연구발표나 워크숍, 논문을 통해서 동료들과 함께 결과를 공유하는 것이 포함된다.

3 사회복지실천현장의 가치갈등과 윤리적 딜레마

1) 사회복지실천의 가치 갈등

가치는 사람의 판단과 해석 그리고 결정과 행동에 영향을 미치는 지속적인 선호이며 이것은 개인의 깊은 신념과 헌신에 기초를 둔다. 가치는 어떻게 되어야 하고, 무엇이 옳고 가치 있는 것인지에 관한 사람들의 기본적인 신념들을 말한다. 그러나 가치는 그 대상이 자신의 '욕구를 충족시켜' 줄 때 '가치있다'라고 표현한다. 가령 빵은 내게 배고픔이라는 욕구를 해소시켜 줄 때 나에게 '가치'있다. 마찬가지로 옷은 추위나 바람으로부터 나를 보호해줄 때 나에게 '가치'있다. 만약 배부른 사람이 있다면 그에게 빵은 더 이상 가치있는 대상은 아닐 수 있다. 따라서 가치는 상대적이며 주관적이다. 다른 모든 사람들처럼 사회복지사 역시 개인적 가치를 소유하고 있다. 그런데 이 가치가 사회복지실천의 전문직의 가치와 서로 충돌을 일으킬 수 있다. 사회복지사의 개인적 가치와 클라이언트의 개인적 가치가 갈등을 일으킬 수 있으며, 사회복지실천 전문직의 가치와 클라이언트의 가치가 갈등을 일으킬 수도 있다. 나아가 사회복지사를 고용하고 있는 복지기관의 가치와 이 모든 가치들이 서로 갈등을 일으키며 충돌할 수 있다.

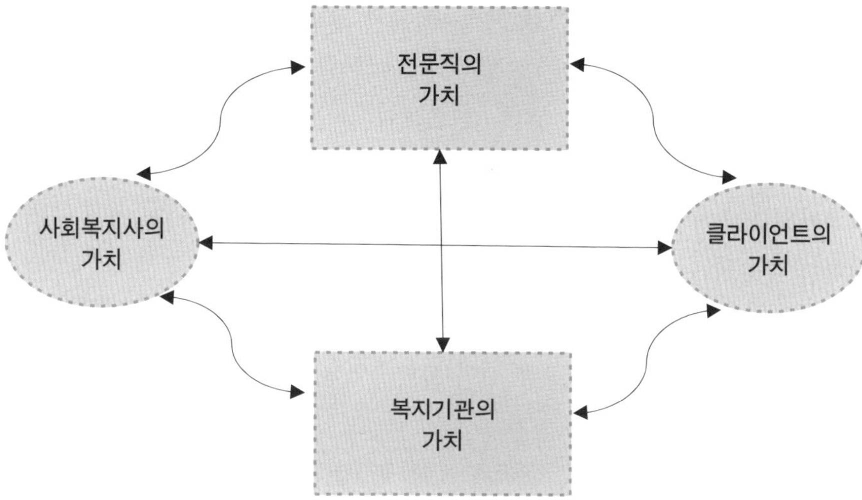

〈그림〉 가치의 갈등

무엇이 옳은 것인가에 대한 견해 차이가 존재할 때 사회복지사는 갈등을 일으킨다. 복지기관에서는 겨울이 오기 전에 모든 부랑인들을 보호소에 보내도록 지침을 받았다. 그러나 이 일을 수행하는 사회복지사는 과연 개인의 의사와 상관없이 강제적으로 모두 보호소로 보내는 것이 옳은 일인가에 고개를 갸웃거린다. 기초수급자로 금전적 보조를 받고 있는 클라이언트가, 신고하지 않은 채 야간 일을 하고 있으며 야간근무의 급여를 포함하면 재정적 지원이 끊긴다고 했을 때, 사회복지사는 이것을 눈감아야 할 것인가 하는 갈등에 놓이게 된다.

개인의 가치와 양심이 모든 사람이 따라야 할 절대적인 지침이 될 수 없는 현실적인 상황에서, 과연 사회복지사나 복지기관이 바람직하거나 옳다고 여기는 가치관으로 클라이언트로 하여금 따르도록 이끄는 것이 과연 적절한가? 논리상으로는 '아니오'라는 대답을 해야 하지만 대부분의 사회복지사들은 기관이나 사회복지실천 전문직의 가치와 기대대로 '예'를 하며 따라야 하는 마음의 압력을 느낀다.

사회복지사의 개인적인 가치는 사회복지 전문직의 가치와 상호 양립해야 한다. 만약 사회복지사의 개인적 가치와 복지기관의 가치가 갈등을 빚지만 강제적으로 일을 완성할 경우, 클라이언트에게 진실성이 결여되어 클라이언트는 충분한 서비스를 받지 못할 수 있다. 그렇지 않고 사회복지사 개인의 가치를 중요시하여 복지기관의 가치를 거부하고 그의 신념대로 일을 진행할 경우 사회복지사와 클라이언트 모두 혜택을 상실할 수 있다.

누미(Noomi, 1985)는 사회복지사로서 가치관에 대한 인식을 명확히 하는 것이 바람직하다는 것을 다음과 같이 요약하였다.

① 자신의 가치관이 그 존재를 거의 지각할 수 없을 정도로 깊숙이 내면화되어 있음을 깨달아 그 기준에는 자신의 감정적인 요소가 많이 개입되어 있음을 인식하여야 한다.
② 자신의 고정관념과 편견이 무엇인지 의식하는 데 최선을 다해야 한다.
③ 자기 자신과 스스로의 가치관을 객관적이고도 현실적으로 평가하도록 노력해야 한다.
④ 이러한 평가에 근거하여 변화가 필요한 가치관은 변화하도록 노력하며 클라이언트의 욕구를 충족시켜 줄 수 있다면 클라이언트 자신의 자유로운 생활양식을 허용하고 사회복지사 자신의 생활양식과는 다르다는 사실을 분별해야 한다. 또한 사회복지사는 문학, 예술, 음악과 개인의 생활경험을 통해 가능한 여러 부류의 사람들과 접해보고 그들의 생활양식, 가치관을 이해하도록 노력해야 한다.

브릴(Brill, 1985)은 가치갈등에 있어 자신에 대한 이해를 증진하는 방법으로 다음의 질문들을 스스로에게 함으로써 보다 올바르게 결정과 선택을 할 수 있게 하였다(임은희, 2004, 재인용).

① 나는 나 자신에 대하여 어떻게 느끼고 생각하고 있는가?
② 나는 나의 기본적인 욕구를 어떻게 느끼고 생각하고 있는가?
③ 나의 가치체계는 무엇이며, 이것이 나의 행동과 대인관계에 어떠한 영향을 주는가?
④ 나는 내가 소속해 있는 사회와 어떤 관계를 맺고 있는가?
⑤ 나의 생활양식은 무엇인가?
⑥ 나의 기본 철학은 무엇인가?

또한 브릴은 사회복지실천가로서 자신의 가치관을 명확히 알기 위해 다음의 네 가지를 제시하였다.

첫째, 나 자신의 가치관은 내가 스스로 인식할 수 없을 정도로 내면화되어 있음을 자각하고 그 기준에는 자신의 감정적 요소 또한 깊게 개입되어 있다는 것을 인식하여야 한다.

둘째, 나 자신의 편견이 무잇인가에 대한 자각을 하는 데 최선을 다하여야 한다.

셋째, 나 자신과 가치관을 객관적이고 현실적으로 평가하도록 노력한다.

넷째, 위와 같은 평가에 근거하여 변화가 필요한 가치관을 변화시킨다.

2) 윤리적 딜레마

"딜레마(dilemma)는 그리스어에서 왔으며, 그 뜻은 "만족할 만한 해결책을 찾을 수 없는 문제 상황 또는 곤경"을 뜻한다. 즉, 딜레마는 사회복지사가 두 개의 똑같이 비중 있는 상황에서 양자택일을 해야 할 때의 곤경을 말한다. 따라서, 윤리적 딜레마는 똑같이 비중있는 대안 중에서 만족할 만한 해결책을 찾을 수 없는 문제상황으로써 사회복지사가 직면하는 문제의 윤리적 측면이다(F. Lowenberg & Dolgoff, 1988)

사회사업 사전(1977)은 오늘날의 주된 윤리적 딜레마를 다음의 다섯 가지로 제시하고 있다.

① 통제(control)

사회복지의 난제 중의 하나는 복지 대상자들에게 적용하지 않을 수 없는 통제의 정도이다. 즉 복지대상자의 자기결정권을 어느 정도까지 허용하느냐 하는 문제이다.

② 책임(accountability)

우선적으로 누구에 대하여 책임을 질 것이냐? 복지대상자냐 아니면 복지대상자가 아닌 서비스에 대한 댓가를 지불하는 사람들이냐? 이것이 해결 또는 결정되지 않을 경우 과연 누구에 대한 관심도가 우세한가 하는 문제이다.

③ 비밀보장(confidentiality)

비밀보장은 단지 복지대상자와 사회복지사만을 포함하는 단순한 실천모델에 윤리기준을 두고 있기 때문에 문제시 되는 이슈이다. 실제로 사회사업 영역에서 정보에 대한 갈등적인 요구가 있는 참여자가 있기 때문에 제기된다.

④ 정직성(honesty)

사회복지사가 어떤 상황이나 서비스에 관한 진실을 복지대상자나 지역사회에 숨겨야 할 경우 과연 어느 정도까지가 정당화될 수 있는 것이냐 하는 문제이다.

⑤ 서비스의 질(quality of service)

복지대상자의 서비스를 충족시켜 줄 만한 능력을 갖지 못했을 경우, 빈약한 서비스일망정 전혀 서비스가 없는 것보다는 낫다는 전제하에 미흡한 서비스라도 제공해야 할 것이냐를 결정하는 데에는 윤리적인 어려움이 뒤따른다.

사회복지사는 사회복지의 실천현장에서 클라이언트 또는 지역사회 문제를 만나고 해결하는 과정에서 종종 윤리적 딜레마에 빠지게 된다. 마주친 딜레마를 어떻게 해결할 것인가? 어떤 식으로 문제를 풀어가는 것이 가장 바람직한가? 하는 판단과 결정의 순간에는 사회복지사의 가치와 이를 통한 윤리적 판단기준이 중요한 역할을 하게 된다. 이는 클라이언트 개인은 물론 지역사회와 복지기관에도 영향을 미치는 중요한 사안이다. 따라서 이때의 판단과 실천은 매우 중요하다. 윤리란 그 사회구성원들에게 '어떻게 사는 것이 좋은 삶인가?(good)' 또는 '어떻게 사는 것이 올바른 삶인가?(right)'를 말해주는 규범의 형식으로 부과된다. 다시 말하면, 인간의 실천적 행동, 행위에 대하여 좋다, 나쁘다, 옳다, 그르다 하는 도덕적인 가치를 기반으로 하여 "해야 한다" 아니면 "해서는 안 된다"하는 규범을 제시한다.

실천현장 속에서 무수히 만나게 되는 윤리적 딜레마 속에서 도덕적으로 올바른 판단을 내리려면 꾸준한 훈련과정이 필요하다. 사회복지사들은 사회관습이나 규범을 따르지 않고 보편적인 도덕 원리에 따라 옳은 판단을 내릴 수 있어야 한다. 즉, 학습된 비합리적 신념에 의하거나, 개인적이며 주관적인 감정에 의한 판단이 아니라, 합당한 이유들에 의해 뒷받침 될 수 있는 공정한 토의가 필요한데 이효선(2003)은 다음과 같은 절차를 밟을 것을 권하고 있다.

① 놓여진 문제 사실을 정확히 파악한다 : 도덕적 결론은 그 사실에 무엇인가에 크게 의존한다.

② 공정함으로 보기 : 사실이 확인되면 도덕적인 원칙을 적용하여 무엇이 옳은지 공점함을 따져보아야 한다.

③ 보편적으로 확인하기 : 그 원칙이 누구에게나 어디서나 합리적으로 이치에 맞게 적용되는가를 알아보아야 한다,

많은 경우 사회복지사는 현장에서 대상자들을 만나면서 상황윤리적 갈등에 힘들어한다. 사회복지사 윤리강령의 각 조항의 우선순위에 대한 결정을 쉽게 내리지 못한다. 어느 조항에 더 우선권을 두어 결정하느냐의 기준은 "왜?"라는 질문이다. 왜 5조에 우선순위에 두었는지, 누구에게나 합리적으로 그렇게 판단할 수 있는지에 대한 근거를 논리적으로 제시할 수 있어야 한다. 모든 현장에서 나타나는 다양한 사례에 대하여 그것들을 속시원하게 해결해주는 윤리적 지침은 없다. 모든 사례는 가족간의 관계, 사회적 지지망들의 관계 속에서 복잡하게 얽혀 있다. 따라서 서로 다른 상황에서 어떤 결정이 최선의 올바른 결정인지는 그 상황을 가장 잘 알고 있는 사회복지사 자신의 고민과 갈등의 결과로 판단해야 한다. 이러한 윤리적 결정의 갈등은 전문적인 지식과 기술의 풍부함으로 해결할 수 있지 않으며, 사회복지사 개인의 직접적인 경험과 그에 대한 철학적이며 윤리적인 반성과 성찰을 통해 꾸준히 증진하며 해결해야 한다.

3) 윤리적 의사결정

사회복지사들은 종종 사회복지실천과 관련하여 윤리적인 딜레마에 직면하여 윤리적 의사결정을 해야 한다. 이때 윤리를 기초로 한 사회복지실천 지침은 사회복지시가 자신들의 일반적인 역할을 수행하고, 과업을 실행하는 가운데 나타나는 갈등에 직면하게 되었을 때 더욱 유용하다.

(1) 윤리적 의사결정의 이론적 연구

구분	종류	윤리적 기준
의무론	공정성이론(justice)	공정성(분배적, 저라적, 처벌적)
	권리이론(rights)	개인의 권리 보호/보장
	사회적계약(contractualism)	구성원들 간의 암묵적인 사회적 계약 존속 여부
목적론	이기주의(egoism)	자신의 이익 대화
	공리주의(Utilitarianism)	최대다수의 최대행복(효율성, 비용 분석)
상대주의	가치상대주의	법률적 합법성, 전통문화적 특수성, 사회전반적 가치의식

출처: 신유근(1995) ; Reidenbach & Robin(1991)

윤리적 의사결정의 판단기준은 크게는 의무론과 목적론, 상대주의의 세 가지로 구분할 수 있다.

① 목적론(teleological theory)

눈에 보이지 않는 행위의 윤리적 정당성을 눈에 보이는 결과로서 판단하려는 입장이다. 즉, 행위의 윤리성을 행위의 객관적 결과에 의해 판단하려는 입장인 것이다(Barry, 1983). 이러한 목적론은 이기주의 공리주의라는 두 가지 개념을 바탕으로 하고 있다.

이기주의(egoism)는 여러 가지 행위의 대안들 중에서 자신의 이익을 장기적으로 최대가 되게 하는 행위를 선택한다는 원칙이다. 공리주의(Utilitarianism)는 관련되는 모든 사람의 행복이 최대가 되게 하는 즉 일반선(general good)을 지향하는 행위를 선택한다는 입장이다. 다시 말해서 여러 가지 대안 가운데 행위와 관련된 모든 사람의 행복이 총체적으로 최대가 될 수 있도록 하는 행동을 선택해야 한다는 것이다. 이러한 실용적 공리주의는 현대복지국가의 철학적 기반을 이루고 있다(Mcpherson, 1970).

② 의무론(teleological theory)

의무론(teleological theory)은 수단 자체에 윤리적 판단의 근거를 두고 있다. 의무론을 주장한 대표적 학자인 칸트(Kant, I)에 의하면 의무라는 개념은 결과의 효익과는 독립된 것이라고 하였다(Barry, 1983). 그리고 세상에는 선을 행하고자 하는 의지(good will) 외에는 그 자체로서 선한 것이 없다는 것이다. 여기서 인간은 행위의 결과보다는 그 동기에 관심을 가져야 한다는 주장이 성립하게 된다. 의무론은 다음의 세 가지로 구분해 볼 수 있다.

권리이론(theory of right)에서는 개인 또는 집단이 의무에 상응하여 자신의 이익을 추구할 자유롭고 평등한 선택권을 갖고 있다고 본다. 이러한 권리의 존재는 자신의 행위와 타인으로부터의 보호나 지원을 요청하는 행위에 정당성을 부여한다.

공정성 이론(theory of justice)은 사회의 혜택과 부담은 공정하게 분배되어야 하고, 규칙과 법률은 공정하게 적용되어 공정한 경쟁이 이루어져야 한다는 원칙에 근거한다(Velasquez, 1988).

사회적 계약(contractualism) 이론은 기본적으로 칸트의 의무론을 Rawls가 변형시킨 것으로 볼 수 있는데, 이 이론에서 사용하고 있는 기본적인 개념은 바로 사회적 계약이다(Reidenbach & Robin, 1991).

③ 상대주의(relativism)

상대주의(relativism)는 기본적으로 규범적인 신념은 문화나 개인의 함수이고, 따라서 모두에게 적용할 수 있는 어떠한 보편저인 윤리적 규칙도 있을 수 없다는 관점이다. 윤리적 기준은 특정문화에 상대적인 것이며, 한 문화권에서의 사람들의 가치나 행위는 다른 문화권에 속한 사람들의 행위의 기준이 될 수 없다는 것이다. 문화의 상대주의의 개념은 개인적 상대주의의 개념으로 발전되어, 개인 간의 가치체계의 차이로까지 확장되고 있다.

(2) 윤리적 의사결정시 고려사항

윤리적 의사결정의 고려사항이란 사회복지실천현장에서 사회복지사가 윤리적 의사결정을 할 때 고려해야 하는 요소를 의미한다. 윤리이론과 사회복지실천 가치에 기초하여 윤리적 의사결정을 할 때 고려해야 할 사항은 다음과 같다(이효선, 2005:185-187).

① 인간존엄과 생명의 보호

인간은 선한 의지를 갖고 있는 이성적인 존재로서 그 자체로 존중받아야 할 권리가 있으며, 수단으로 취급되어서는 안 되며, 인간 그 자체로서 목적이 되어야 한다는 것이 인간존엄이다. 사회복지실천가치에서 인간존엄의 의미는 모든 사람의 생명과 함께 인간으로서의 가치, 품위의 존엄을 포함하고 있는데, 인간의 존엄성을 인정한다는 것은 개인의 개별적 특성이나 욕구의 차이를 중시하며, 모든 사람들의 잠재능력과 발전가능성을 확신한다는 것이다. 따라서 인간은 존엄한 존재이며, 인간의 생명은 보호되어야 하며, 생명을 유지하기 위한 생존권 및 삶의 질을 추구할 권리를 갖는다.

② 클라이언트의 이익과 공공의 이익

사회복지사는 클라이언트의 이익을 최우선으로 옹호할 의무를 갖고 있다. 그러나 사회복지사가 클라이언트의 이익을 옹호해 주는 것이 사회의 이익에 반하게 된다면 사회복지사는 윤리적 문제에 직면하게 될 것이다. 클라이언트의 이익과 사회적 이익보호 중에서 어느 것을 우선시해야 할 것인지, 만약 클라이언트의 이익을 우선시해야 한다면, 그 기준은 무엇인지에 대한 명확한 규정이 있어야 할 것이다.

③ 사회적 가치와 개인적 가치

사회적 가치란 대다수 사회구성원들이 공통적으로 지지하는 가치, 즉 전체 사회체계 혹은 적어도 그 체계의 대표집단에 의해 인정된 가치를 말한다. 이러한 사회적 가치는 시대와 문화에 따라 변하는데, 클라이언트와의 원조관계를 우선시해야 하는 사회복지사는 때로 사회적 가치와 규범에 반하는 행동을 해야 할 때가 있다. 또한 아무리 사회적으로 통용되는 가치라 할지라도 그것이 사회복지사로서의 전문적 가치와 윤리에 언제나 부합되는 것이라고는 볼 수 없기 때문에 사회적 가치를 따르지 않는 것이 정당화될 때도 있다. 그리고 또한 사회복지사 개인적 가치, 즉 개인의 문화적, 인종적, 종교적 그리고 정치적 신념은 윤리적 의사결정의 중요한 전제조건이 된다. 따라서 사회복지사는 자신의 이러한 신념 체계들을 객관적으로 명확히 규명해야 한다.

④ 효율성(efficiency)과 효과성(effectiveness)

효율성이란 정해진 목적을 달성하는 데 소용되는 예산, 직원의 개입시간, 기관 및 지역의 자원과 같은 관련비용을 말한다. 두 가지의 선택 기회 모두 동일한 결과를 초래한다면, 예산이 덜 들고 직원의 개입시간이 적으며 시간 소모가 적은 것이 더 효율적이다. 반면 효과성의 기준이란 바람직한 결과의 성취 정도를 말한다. 보다 효율적인 가치가 오히려 덜 효과적이고 또는 덜 효율적인 가치가 오히려 보다 효과적일 때 어려운 선택의 문제가 발생한다. 그러나 선택기회에 대한 윤리적 질문이 오히려 효율성과 효과성 기준에 대한 논의를 감소시킬 수 있다.

⑤ 정의의 원리

정의는 사회구성원들에게 권리와 의무를 공정하게 분배하는 것이다. 곧 분배의 정의는 공정성과 관련되는 것으로 평등과 불평등이라는 형평성을 포함한다. 동등한 여건 하에서 모든 구성원들은 평등하게 대우받아야 하지만 동등하지 못한 여건에서는 그에 걸맞게 차이를 두어야 한다는 것이다.

(3) 윤리적 의사결정의 과정

의사결정의 과정에서 각 결정들은 단계적으로 접근되기 때문에, 이를 활용하는 사람도 일련의 단계를 통해서 점진적으로 나아가, 그 과정의 끝에서 최종결정을 내리게 된다. 로젠버그와 돌고프의 윤리적 의사결정 모델은 일반적인 모델로써 사회복지실천현장에서 광범위하게 쓰여진다.

- 제1단계 :	무엇이 문제인지 그리고 문제 요인은 무엇인지 확인한다.
- 제2단계 :	누가 클라이언트이고 피해자인지, 지지체계와 다른 전문가 등 해당 문제에 관련된 사람과 단체가 누구인지 확인한다.
- 제3단계 :	사회적 가치, 전문가로서의 가치, 클라이언트의 사회복지사의 개인적 가치 등 두 번째 단계에서 확인된 다양한 주체들이 주어진 문제와 관련해서 어떠한 가치를 가지고 있는지 확인한다.
- 제4단계 :	주어진 문제를 해결하거나 혹은 최소한 문제의 정도를 경감시킬 수 있는 개입목표를 명확히 한다.
- 제5단계 :	개입수단과 개입대상을 하나하나 분명하게 확인한다.
- 제6단계 :	확정된 목표에 따라 선정된 각각의 개입방안의 효과성과 효율성을 평가한다.
- 제7단계 :	누가 의사결정에 참여할 것인가를 결정한다.
- 제8단계 :	가장 적절한 개입방법을 선택한다.
- 제9단계 :	선택된 개입방법을 수행한다.
- 제10단계 :	선택된 개입방법이 수행되는 것을 검토하며, 예상하지 않았던 결과가 나타나는지 주의를 기울인다.
- 제11단계 :	결과를 평가하고 추가적인 문제를 확인한다.

출처: 이호선, 사회복지윤리와 철학의 이해, 2005:177.

4) 윤리적 딜레마 해결을 위한 준거틀

(1) 로웬버그와 돌거프(Loewenberg & Dolgoff, 1996)의 준거틀

윤리적 의사결정과 관련하여 윤리적 딜레마에 빠졌을 때 이를 해결하는 가장 보편적인 방법은 윤리적 원칙들을 서열화하는 것이다. 즉 가장 중요한 것으로부터 가장 덜 중요한 것의 순으로 순위를 주는 것이다. 로웬버그와 돌거프(Loewenberg & Dolgoff, 1996)는 다음의 일정한 순서에 의한 윤리적 의사결정 접근방법을 제시했다. 총 7가지로 구성되는 윤리적 원칙들은 다음과 같으며 예를 들어서 원칙 1은 원칙 2에 우선하며, 원칙 2는 원칙 3에 우선한다는 식으로 의사결정을 이끌어 낸다(서미경 외, 2008:90-92).

① 윤리원칙 1 : 생명보호의 원칙

이 원칙은 다른 여러 의무나 원칙들에 우선하여 발생한다.

② 윤리원칙 2 : 평등(equality)과 불평등(inequality)의 원칙

평등과 불평등의 원칙은 동등한 사람들은 평등하게 처우되어야 하는 권리를 가지며, 동등하지 않은 사람들은 만약 그 동등하지 않은 이유가 문제가 되고 있는 사안 그 자체에 있다면 그에 따라 다르게 처우되어야 한다는 권리를 말한다.

③ 윤리원칙 3 : 자율성(autonomy)과 자유(freedom)의 원칙

사회복지사는 자율성과 자유를 신장시키는 실천적 결정을 해야 한다. 자유가 비록 매우 중요한 가치이긴 해도 자신이나 다른 사람의 생명의 원칙 또는 생존의 원칙이 갖는 중요성보다 우선할 수 없다. 어떠한 결정을 하든 그것은 그 어느 누구에게도 설득력이 없다.

④ 윤리원칙 4 : 최소한 손실의 원칙

사회복지사는 항상 최소한의 손실, 즉 최소한의 영구적인 손상 혹은 가장 쉽게 회복 가능한 손실이 초래될 수 있는 대안을 선택해야 한다.

⑤ 윤리원칙 5 : 삶의 질의 원칙

사회복지사는 지역사회뿐만 아니라 개인들과 모든 사람들의 삶의 질을 보다 향상시키는 기회를 선택해야 한다.

⑥ 윤리원칙 6 : 사생활보호와 비밀보장의 원칙

사회복지사는 모든 사람들의 사생활보호의 권리를 신장시키는 시런적 결정을 해야 한다. 비밀을 누설하지 않고 유지하는 것은 이 의무를 지킨 직접적인 결과이다.

⑦ 윤리원칙 7 : 진실성과 정보개방의 원칙

사회복지사는 클라이언트와 다른 사람들에게 진실을 말하고 모든 관련 정보를 충분히 개방하는 것을 허용하는 실천적 결정을 해야 한다.

(2) 매티슨(Mattison)의 준거틀

매티슨(Mattison, 1997)은 다음과 같은 7단계의 준거틀을 제시하였다(김융일 외, 2002:112-115 ; 이팔환 외, 2001:101-109).

① 1단계 : 사례이면의 사실과 사례의 세부사항에 대한 수집·평가

윤리의 의사결정 과정은 사례의 세부사항과 이면에 대한 명석한 이해로부터 시작한다. 사회복지사는 클라이언트와 클라이언트체계에 관계하면서 특별한 사례상황을 수집. 평가해야 한다. 사실을 수집. 평가하는 것은 결코 가치 중립적인 과정은 아니다. 특정한 사실은 포함하거나 누락시키고 책임질 클라이언트를 누구로 결정할 것인가 등은 각각 의사결정자에 따라 다를 수 있다.

② 2단계 : 실천에 대한 고려와 윤리적 요소의 구분

사회복지사가 윤리적 딜레마의 요구에 얼마나 잘 응하는가는 부분적으로는 윤리적 문제를 사회복지실천상의 문제에서 구별하고 있는지, 그리고 사회복지사가 윤리적 문제를 고려하는 방법을 어떻게 배웠는지에 따라 달라진다. 실천에 대한 고려와 윤리적 고려 모두 의사결정자의 선택을 궁극적으로 정당화하기 위해서 평가되어야 한다.

③ 3단계 : 가치갈등에 대한 확인

서로 상충하는 책임 중 책임을 결정하는 것은 의사결정자가 무엇에 우선권을 둘지 결정하는 데 도움이 된다. 윤리적 딜레마에 대한 해결은 궁극적으로 한 가지 의무에 대한 헌신이 다른 의무를 희생하는 것이라는 것을 인식하면서도 여러 의무 중 한 가지를 선택하는 것을 포함한다.

④ 4단계 : 사례에 영향을 미치는 윤리강령 원칙들의 확인

사회복지사는 그들이 책임져야 할 윤리적 기준을 이해하기 위해, 그리고 어떤 기준에서 자신의 행동이 판단될지 이해하기 위해 NASW 윤리강령(1996)을 참조해야 한다. 사회복지사는 강령 중 어떠한 원칙이 개별사례에 적용될 수 있을지 판단하는 것은 의사결정자의 판단에 따른다는 것을 기억해야 한다.

⑤ 5단계 : 가능한 행동양식 결정

사회복지사는 주어진 사례에 관련된 법. 규칙. 정책 혹은 각각의 잠재적 위험과 혜택을 동시에 고려하면서 가능한 행동양식을 판단해야 한다. 윤리적 딜레마가 그러하듯, 어떤 가능한 행동양식은 동시에 유익하기도 하고 해롭기도 한 결과를 낳는다. 의사결정자는 클라이언트체계, 사회복지사, 더 넓은 사회에서의 유익과 해로움을 고려해야 한다.

⑥ 6단계 : 어떤 의무가 우선적인지 평가하고 행동의 선택을 정당화함

이 단계는 이전 단계에서 얻은 정보를 바탕으로 평가하는 것을 포함한다. 이 단계는 왜 특정한 행동을 선택했는지에 대한 명백한 고찰을 해야 하는 단계로 이 고찰은 모든 사실과 정보뿐만 아니라 사회복지사의 자성도 필요하다. 궁극적으로 행동의 우선순위는 실천원칙, 법적 의무, 유사한 성격이 사례에서의 다른 사회복지사의 경험과 기관의 규칙, 의무수행, 전문가의 온정주의, 의사결정자의 추측. 편견. 선호도, 기관 안에서의 사회복지사의 역할, 그리고 기타 사항에 대한 고찰 등에 근거할 수 있다.

⑦ 7단계 : 해결과 반성

일단 행동을 선택하고, 정당화하고, 실행하게 되면, 특정 사례에서 선택된 가치선호에 대해 사회복지사가 반성해 볼 수 있는 기회가 주어진다. 서로 경합되는 대안들 중에서 어떤 가치, 윤리원칙에 우선권을 두었는지를 보면서 사회복지사는 자신의 가치선호도에 대해 알게 된다. 이러한 피드백(feedback)은 사회복지사가 윤리적 딜레마에 대한 자신의 개별화된 접근방법에 대해 깨닫게 하고, 미래의 의사결정을 예측할 수 있게 한다.

존엄사 88% 찬성-자기결정권에 대한 딜레마

[쿠키 건강] 변웅전 국회 보건복지가족위원장이 대한민국 성인 남·여 1020명을 대상으로 실시한 존엄사 허용 관련 여론조사에서 국민 중 88.3%가 존엄사를 찬성하는 것으로 나타났다.

찬성 이유로 환자의 고통경감을 위해 필요하다는 의견이 가장 많았다.

변 위원장이 여론조사 전문기관인 더피플에 의뢰해 조사한 존엄사 관련 여론조사의 연령대별 조사결과를 살펴보면, 20대에서는 81.5%, 30대에서는 85.1%가 존엄사에 대해 찬성입장을 보였고, 40대 이상의 중장년층에서는 90%가 넘는 응답자가 존엄사를 찬성하는 것으로 조사돼 중년 이상의 성인들이 젊은층보다는 존엄사를 긍정적으로 생각하고 있는 것으로 분석됐다.

성별에 따라 남성은 89.6%가 찬성, 여성은 87.2%가 찬성해 비교적 공통된 의견을 보였으며, 종교별 찬반여부에서는 기독교 84.0%, 천주교 87.2%, 불교 92.4%, 기타 종교 95.5%로 나타났으며 무교층에서는 88.4%의 찬성입장을 보였다.

또한 존엄사에 대해 찬성한다는 응답자 중 43.8%가 환경의 고통 경감을 위해 존엄사가 필요하다고 답했으며, 가족의 정신적·경제적 부담 경감이 28.3%, 환자의 존엄과 품위 유지 가능의 이유가 25.0%로 존엄사 찬성의 이유를 밝혔다.

한편 반대의 입장을 밝힌 응답자들의 이유를 살펴보면, 자기결정권을 타인이 대신할 수 없음이 47.9%로 가장 많았고 생명경시 풍조 확산이 14.3%, 종교적 이유가 11.8%, 남용될 여지가 크다는 이유가 8.4%순이었고 존엄사를 판단하는 중요 기준으로는 환자 본인의 의사를 반영해야 한다는 의견이 61.5%로 대부분이었다.

존엄사를 판단하는 데 누구의 의사를 반영해야 하는가에 대한 질문에 61.5%의 응답자가 환자 본인의 의사가 가장 중요하다고 밝혀, 국민 과반수가 존엄사를 인정하더라도 환자의 자기결정권을 중시하고 있는 것으로 조사됐다.
이어 가족 20.3%, 담당의사 및 2인 이상의 의사가 각각 6.1%로 가족과 의사의 소견도 판단하는 데 중요하게 보고 있었다.

변 위원장은 "1997년 보라매병원 사건 이후 계속 논란이 됐던 존엄사를 인정하는 최초의 판결이 나왔고, 판결 이후 실시한 여론조사에서도 존엄사를 찬성하는 의견이 많았지만 법적 뒷받침이 없는 제도 시행으로 환자의 자기결정권 침해와 경제적 이유에 따른 남용 등에 대한 문제점이 있는 만큼 우려를 반드시 불식시켜야할 것"이라고 말했다.

이어 "2인 이상의 의사로부터 회복 가능성이 없다는 판단과 환자 스스로 품위 있는 죽음·아름다운 죽음의 결정을 한다고 해도 고귀한 인간의 생명을 다루는 문제인 만큼 법제화에 더욱 신중을 기해야 하며 우리 현실에 맞는 삶과 죽음에 대한 새로운 규범을 정립해야 할 것"이라고 강조했다.

아울러 "연명 치료 중단의 구체적인 기준과 절차, 그리고 무엇보다 남용시 처벌방안을 마련해 존엄사 오남용을 막는 2중3중의 대책을 촘촘히 마련해 인간의 존엄성과 생명의 중요함을 담보하는 올바른 제도 정립에 최선의 노력을 기울여야 한다"고 덧붙였다.

출처: 국민일보(2009.6)

제3장

사회복지실천의 역사적 발달과정

사회복지가 언제부터 시작되었느냐 하는 문제는 쉽게 답할 수 없는 문제이다. 사회복지라는 이름으로 시작된 것의 역사를 규명하느냐, 아니면 사회복지의 성격을 가진 활동이 언제부터 시작되었느냐로 그 시작점은 달라질 것이기 때문이다. 일반적으로 사회복지실천의 역사는 1601년 영국의 엘리자베스 여왕의 구빈법에 기원을 둔다. 이 기준은 전자의 것으로 사회복지라는 이름으로 전문적인 사회복지실천에 대한 발달의 근원이 된다. 이 법의 영향으로 인보관과 자선조직협회의 발달을 가져왔고, 그 후 통합의 형태로 현재의 사회복지실천의 형태에 이르게 되었다. 그러나 구빈법 이전에도 국가적인 관점 또는 종교적인 관점에서 빈민구제와 구호의 활동들은 꾸준히 있어 왔다.

서구 사회복지실천발달과정으로 크게 전문적 사회복지실천 태동기(~19세기말), 사회복지실천 전문직 확립기(1900년~1920년대), 사회복지실천 전문직 분화기(1920년~1950년대), 사회복지실천 통합기(1950년~1960년대), 1980년~현재까지의 5단계로 고찰하고자 한다. 또한 우리나라의 사회복지실천 역사는 1945년

이전 시기, 1950년대, 1960년대, 1970년대, 1980년대, 1990년대 이후의 6단계로 나누어 고찰하고자 한다.

1 서구 사회복지실천의 역사적 발달과정

1) 전문적 사회복지실천 태동기(~19세기 말)

전근대적 사회복지실천의 기원은 영국의 교회 중심의 구제활동에서 비롯된다. 12-15세기 직업적인 길드(guild)조직에서 구호활동을 시작하여 1531년 헨리 8세 법령은 영국 최초의 국가차원 구호 법령으로 부랑자와 걸인을 처벌하는 것이 주목적이었다. 1601년 엘리자베스 구빈법은 이전 영국 빈민구호 법령을 집대성하여 성문화한 법으로 세계 최초의 공적인 복지법률이며 미국을 비롯한 여러 나라 사회복지실천에 영향을 미쳤다.

산업혁명 이후 (19세기 말) 영국 사회는 열악한 노동조건 하에서 질병. 빈곤, 슬럼가의 발생. 범죄, 비행 증가 등과 같은 사회문제가 대량으로 발생하게 됨에 따라 공적 구빈사업만으로는 대응하는데 한계가 있었다. 이에 대응하기 위해 개인적 차원의 자선사업과 박애사업이 시작되었고 인도주의적 사회개량사상과 연계된 민간사회복지가 발달하기 시작했다.

(1) 초기의 빈민법

① 노동자법(1349)

영국에서 최초의 구빈법적 통제는 1348-1349년의 흑사병과 흉작으로 노동력 감소와 농민의 유민화가 초래되면서 실시되기 시작했다. 1349년의 노동자법은 다음과 같은 내용을 담고 있다(이강희 외, 2006:71).

첫째, 생계수단이 없는 건강한 성인은 그들의 노동력을 필요로 하는 사람이 있으면 그가 누구든지 간에 반드시 그를 위해 일해야 한다.

둘째, 유민과 걸인 등의 빈민에게 지리적 이동을 금지한다.

셋째, 가난한 빈민에게 자선을 행하는 사람은 처벌한다.

넷째, 임금의 상한선을 설정하여 임금을 고정화 한다.

한편, 이러한 노동자법은 그 이후 모든 빈민법에 대해 두 가지 기본틀을 형성했다고 볼 수 있다(성경룡. 김태성, 1993 재인용).

첫째, 노동자법은 빈민의 이동으로부터 초래되는 도둑질, 파괴, 폭동 등 사회적 불안을 방지하기 위하여 빈민의 이동을 철저히 통제하고자 했다.

둘째, 노동자법은 노동력 감소가 봉건적 농업생산 과정을 마비시키거나 약화시키므로 노동통제정책과 사회정책을 경제정책의 하위수단으로 실시하고자 했다.

② 빈민법(1531, 1536, 1547, 1572, 1597)

1531년 헨리 8세는 노인빈민과 노동불능자들의 실태를 조사하고 그들을 등록하게 하고, 구걸할 수 있는 지역을 설정하였다. 이 법은 일할 수 없는 빈민에 대해서는 구걸을 합법화하는 법적 장치를 마련하였지만 일할 수 있는 빈민에 대해서는 매우 가혹한 규정을 두고 있다. 이 법은 5년간 시행되었다.

1536년의 법은 국가가 빈민구제를 위해 '법적 책임'을 떠맡는 최초의 계기를 만들었다(Day, 2000). 즉, 구걸에 의한 면허제도(licensed begging)대신 기부금에 의한 기금제를 확립하고 정부가 모금을 장려하는 책임을 맡게 되었다. 또한 노동이 가능하지만 일자리가 없는 사람들에게는 일자리를 제공해야 한다는 원칙이 세워졌다.

1547년에는 일하지 않거나 도주하는 나태한 자와 부랑자들은 가슴에 인두로 V자 낙인을 새기고, 2년간 노예로 부린다는 규정을 두었으며 노예로 부리는 2년 내에 도주한 경우에는 체포하여 이마 또는 뺨에 S자 낙인을 새기고 영원한 노예로 부릴 수 있도록 하였다. 이 법은 3년 뒤에 폐지되었다.

1572년의 법은 빈민세를 징수하도록 하여 영국에서 빈민구제를 위한 조세입법의 시초를 이루었다. 또 구빈감독관(the overseer of the poor)제도를 도입하여 빈민에 대한 실태를 파악하고 재택구호 및 작업구호를 담당하는 임무를 부여했다.

1576년의 법은 빈민을 노동능력이 있는 자와 없는 자로 대별하여 세 가지의 시설로 보내었다. 즉, 노동능력자는 작업장에서 강제노동을 시키고, 노동무능력자는 빈민원에 입소시켜 보호하며, 갱생불능의 나태한 자는 교정원에서 처벌받게 하는 것이다(Bruce, 1968:39 재인용).

1597년 다시 개정된 법에서는 구빈행정에 관한 규정이 보다 명확하게 규정되어 구빈원은 구빈제도의 일부로 자리를 잡아가게 되었다.

이로써 빈민법의 특징은 완성되었고 이는 1601년 엘리자베스 빈민법으로 집대성하여 정리되며, 이후 300년 동안 거의 그대로 지속되었다(이경희 외, 2006:72-77).

③ 엘리자베스 빈민법(Elizabethan poor Law, 1601)

영국의 엘리자베스 여왕 시대인 1601년에 집대성된 빈민법은 종래의 제도를 조직화하고, 치안판사의 권한 하에 구빈제도를 강제화 한 법으로 오랫동안 노동자들의 증오의 표적이 되었다. 엘리자베스 빈민법의 주요 요지는 다음과 같다(김성이, 2006:124-125).

첫째, 모든 빈민과 무능력자는 부모나 자녀가 이들을 부양해야 한다는 1597년 법에서 가족부양의무의 범위가 조부모의 손자에게까지 확대되었다.

둘째, 교구사업이 국가사업으로 바뀜에 따라 교구행정단위에서 국가행정단위로 구빈행정의 체제를 확립했다.

구빈의 책임이 교회에서 정부로 넘어가면서 정부는 지방 세액을 증가시키고 모든 교구에 구빈감독관을 임명하는 등 지방 기금과 지방관리에 의해서 해당 빈민을 책임지는 구빈 행정을 확립했다. 즉, 교구 및 지방 공동체가 그 주민들의 교회조직과 재정을 책임진다는 원칙이 마련된 것이다.

셋째, 노동능력자와 무능력자를 구분하여 처우했다. 즉, 노동력 중심으로 빈민을 노동능력이 있는 빈민. 노동 능력이 없는 빈민, 빈민 아동의 세 집단으로 분류하여 노동능력이 있는 빈민은 노역장에 강제수용하여 이들에게 노동의 재료를 주어 노동을 강제하였다. 노동능력이 없는 빈민은 구빈원(Almashouse)에 수용하여 보호했고 신체장애인, 노인, 맹인 등을 공비로 구제했다.

넷째, 강력한 노동정책으로 고용주들이 어려울 때에도 원자재를 구배하여 물품을 생산하도록 권장했으며, 노동경쟁을 제한, 빈민이 결혼하여 새로운 가정을 꾸리는 것을 방해했다. 또한 채찍질, 거주지에로의 귀환, 추방과 죽음 등의 중징계가 실업자와 일하지 않는 자에게 내려졌다.

다섯째, 시설화를 선호했다. 시설에 거주하는 빈민들은 온기나 단열이 거의 없는 방에서 동물만도 못한 생활을 했다. 위생 시설은 거의 없었고 음식은 부적절했으며 보건과 의료보호는 사실상 존재하지 않았다. 질병과 감염이 만연했으며 누워만 지내거나 정신 이상으로 묶여 지내는 사람은 배설물 속에 방치되었다. 즉, 수용자들의 노동을 통해 얻어진 생산물은 사적인 기업가나 계약가들에게 매매되었고, 그 이익은 근로자를 위한 것임에도 불구하고 감독관이나 국가에 보내졌다.

④ 신구빈법

1601년의 구빈법은 산업혁명 등 사회·경제적 변화에 따라 수차례의 변천 과정을 거쳐 1834년에 개정구빈법(Poor law Reform of 1834)이 제정되었는데 흔히 '신구빈법'이라고 한다. 이 법에서는 다음과 같은 6가지 기본원칙을 권고했다(최일섭·정은, 2009:36-37).

첫째, 빈민에 대한 처우개선책임 임금보조제도(Relief Allowance System)를 철폐한다. 이 제도는 최저생활기준에 미달되는 임금의 부족분을 보조해 주는 목적으로 1795년 버크사(Berksire)주 스핀햄랜드(Speenhamland)지역의 생활기준 회의에서 제정된 법령(Speenhamland Act of 1795)에서 비롯되었으며, 오늘날의 가족수당 또는 최저생활보장의 기반으로 여겨지고 있다. 그러나 시민의 구빈세 부담의 증가와 임금의 현저한 감소 및 독립심과 노동능률의 저하를 초래하여 철폐케 된 것이다.(임금보조철폐의 원칙)

둘째, 노동이 가능한 자는 작업장에 배치한다.(작업장 활용의 원칙)

셋째, 병자, 노인, 허약자, 아동을 거느린 과부에게만 원외구호를 준다.(원외구호 제한의 원칙)

넷째, 교구단위의 구호행정을 구호법연맹(Poof law Union)으로 통합한다.(구호행정 통합의 원칙)

다섯째, 구빈수혜자의 생활조건은 자활하는 최하급 노동자의 생활조건보다 높지 않아야 한다.(열등처우의 원칙)

여섯째, 왕명에 의하여 중앙통제위원회를 설립한다.(중앙통제의 원칙)

한편, 이 법에 의하여 확립된 몇 가지 원칙은 20세기의 사회보장제도가 확립되기까지 영국 공공부조의 기본원리로 간주되었는데 그 내용은 다음과 같다(박석돈, 2008:47).

첫째, 균일처우의 원칙(The Principle of National Uniformity)

행정기구를 구제수준이 자활적인 행정수준의 통일을 도모한 것으로 구빈행정의 중앙집권화를 뜻한다.

둘째, 열등처우의 원칙(The Principle of Less Eligibility)

구빈대상자의 구제수준이 자활노동자들의 생활수준보다 높지 않아야 한다.

셋째, 작업장 활용의 원칙(The Principle of Workhouse System)

이것은 '노역장강제수용의 원칙'이다. 즉, 원조를 억제할 수 있는 작업장 수용을 원칙으로 하고, 다만 법적 노인·허약자·모자가족에게만 원외구호를 허용했다.

(2) 자선조직협회(Charity Organization Society : COS)

세계 최초의 자선조직협회는 1869년 런던에서 설립되었으며, 미국의 자신조직협회는 1976년 런던 자선조직협회를 본받아 설립된 버팔로(Buffalo)자선조직협회가 그 효시이다.

자선조직협회는 현대적인 사회서비스 기관의 효시로 박애주의를 기반으로 기금을 모아 민간이 운영하는 기관으로 협회직원들은 클라이언트에게 직접 서비스를 제공하였는데 그 당시 사회문제를 해결하려는 목적으로 지역사회의 노력들은 조성하는 자원봉사자들이 다수 활동하였다. 이들을 '우애방문자(friendly visitors)'라고 한다. 이들은 점차 전문화되면서 사회복지사 전문직의 시초가 된다.

자선조직협회의 주된 기능은 구제신청자에 대한 과학적이고 면밀한 조사, 구제중복을 피하고 효율적 구제활동을 전개하기 위한 구제등록의 실시, 여러 구제기능 간의 연락, 조정, 우애 방문원이라 불리는 자원 봉사자의 활용에 있었다. 자선조직협회가 행한 이같은 일은 이후 사회복지실천에 초석이 되었다.

특히 우애방문에 의해 시작된 가정방문, 면담, 기록, 사례연구(case conference)

등의 활동들은 개별사회사업실천기술의 기초가 되었고, 사회복지조사 및 지역사회실천 활동의 뿌리가 되었다. 우애방문자는 자선조직협회(COS)에서 일하는 자원봉사자를 말한다. 이후에 자선조직협회 직원을 지칭하는 호칭이 되었고 사회복지사의 효시이다. 우애방문은 개별사회사업으로 대체되어 점차 전문화되었다.

한편, 자선조직협회의 활동원칙은 다음과 같이 요약할 수 있다(이경희 외, 2006:118-119).

첫째, 빈곤의 원인을 빈민의 생활방식에 있는 것으로 보았다. 당시의 관념은 빈곤한 사람들도 근면, 자조, 검약이라고 하는 미덕을 행하면 빈곤을 피할 수 있다는 것이었다. 즉 빈곤은 개인의 게으름의 결과라는 것으로 보았기 때문에 빈곤구제의 핵심은 사회개혁이 아니라 빈민의 변화에 있었다.

둘째, 자선조직협회는 나름대로 원조상의 기준을 갖고 있었기 때문에 빈민이 자선조직협회에 구제신청을 한다고 해서 모두 원조를 받는 것은 아니었다. 만약 그 기준에 의해 부적격자로 판명되면 빈민법에 의한 원조를 받도록 유도하거나 다른 원조기관에 의뢰하였다. 또한, 자선조직협회는 빈민을 구제의 가치가 있는 빈민과 구제의 가치가 없는 빈민으로 구분하고 원조의 대상을 '구제할 만한 가치가 있는 빈민'에 한정하였다. 여기에서 '구제할 가치가 있는 빈민'이란 장애인, 고아, 비자발적 실업 등과 같이 모든 노력을 기울였지만 여전히 불행에 빠져 있는 자를 말한다.

셋째, 중복구빈의 방지를 위해 조직은 중앙위원회와 그 산하의 다수의 지구위원회로 조직되었다. 지구위원회는 40개의 지구에서 결정되었는데 그것은 런던의 교구연합이나 교구에 맞추어서 결성된 것이었다.

넷째, 자선조직협회는 빈민을 구제하기 전에 빈민의 가정을 가가호호 방문하여 원조를 받을 자격이 있는지 없는지를 판정하고 대인적인 원조를 행하기 위한 방문원이 소속되어 있어 개인 신상조사와 참고조사를 실시하였다.

다섯째, 주어진 원조는 금액과 시기에 있어서 적절해야 한다는 것이다. 따라서 모든 사례는 엄격히 선별되었고 자조의사가 없다고 인정된 자의 구제신청은 거부되거나 빈민법 하의 구빈행정으로 송부되어져야 한다는 것이다. 원조가 주어져야 할 경우에는 적당한 자선단체에 의뢰하고, 그 단체가 원조할 수 없을 경우 협회의 독자적인 기금으로 구제한다는 것이다.

(3) 인보관운동(settlement house movement)

인보관 운동은 지역사회문제를 해결하기 위해서는 문제를 갖고 있는 지역사회에 나가 빈민과 함께 거주하면서 주변 환경의 개선과 빈민의 도덕적 교화에 힘써야 한다는 믿음을 갖고 있던 사람들에 의해 주도되었다.

1884년 영국의 바네트(Samuel Bamett) 목사에 의해서 런던 이스트 엔드지구에 세계 최초의 인보관인 토인비 홀이 설립되었고, 미국으로 옮겨 온 인보관 운동은 사회사업실천방법으로 발전하게 된다. 1886년 코잇(Stanton Coit)이 토인비 홀에서의 경험을 살려 미국 최초의 근린조합(neighborhood guild)을 뉴욕에 설립했다. 1889년 제인 아담스(Jane Addams)가 시카고의 빈민가에 설립한 헐 하우스(Hull House) 등지에서 주민 상호 간에 서로 배우고 가르치고 돕는 인보관 운동이 시작되었다. 인보관 운동은 빈민들의 생활을 개선하는 것이 목표이다. 따라서 빈민과 함께 생활하고 인격적으로 접촉하면서 그들의 욕구가 무엇인지 이해하고 그에 따라 집단 활동을 전개했는데, 이는 집단사회사업의 효시가 되었다. 지역주민들이 서로 배우고 가르치고 돕는 것을 기본으로 하며, 주민 각자의 문제를 서로 유용한 방향으로 해결하도록 조직하는 지역사회운동의 시초이기도 하다.

한편, 현대지역복지의 입장에서 볼 때, 인보관 운동은 몇 가지 중요한 의미가 있다(이강희 외, 2006:123).

첫째, 지역사회 전체를 문제의 대상으로 보고 지역사회기반의 사회복지사업을 행한 효시라는 것이다. 지역커뮤니티 그 자체를 활동의 기반으로 삼고, 커뮤니티 그 자체의 생활개선을 목적으로 한 활동을 시도한 것은 인보관운동이 처음이다.

둘째, 인보관운동은 인보관을 중심으로 지역사회의 문제해결능력을 높이려했다는 점이다. 이러한 센터의 운영방식은 항상 공공조직, 지역주민과의 관계 속에서 결정되었고 시대변화에 부응하여 개선해 나갔다.

셋째, 인보관운동은 지역주민의 입장에서 지역주민의 이익을 중시하였다. 이처럼 지역사회를 바라보는 인보관운동의 변화된 시각은 높이 평가할만하다.

2) 사회복지실천 전문직 확립기(1900년~1920년대)

1915년 의학교육자 플랙스너(Flexner)가 사회복지실천은 전문직이 아니며 특수전문가의 기술이 없으므로 전문가가 아니라고 비판했다. 이에 사회복지사의 전문성에 대한 논란이 일기 시작했다. 그에 대한 반응으로 사회복지학계는 재빨리 사회복지 전문직의 기본틀에 맞는 환경을 조성하였다(백은령 외, 대명사). 이 시기에 메리 리치몬드는 사회복지실천에 관한 이론과 방법을 체계화시킨 『사회진단(1917)』이라는 책을 출판하였다. 이 책에서 빈민이 처한 상황을 체계적으로 진단하는 기술이 소개되었다.

이 시기를 전문적 확립기라고 부르는 결정적 근거는 전문적인 사회복지실천이론이 확립되었으며 사회복지조직이나 단체에 유급지원이 배치되었다. 또한 사회복지관련 전국회의를 개최한 것을 들 수 있다(노무지 · 전영진 · 최원석 외, 2009).

3) 사회복지실천 전문직 분화기(1920년~1950년대)

이 시기에는 사회복지사의 역할이 확장되기 시작하면서 방법론적인 면에서도 개별사회사업, 집단사회사업, 지역사회사업 등 3대 방법론으로 분화되기 시작하였으며, 또 다른 면에서는 진단주의와 기능주의의 갈등이 있었다.

① 개별사회사업(Case Work)

개별사회사업은 개인과의 일대일 기반으로 한 사회복지실천 방법 중 가장 오래된 실천방법이다. 19세기 후반부로 들어오면서 자원봉사형태의 사회복지실천활동들이 점차 전문성을 띠게 되었고, 1897년 리치몬드(Mary Richmond)가 전문직으로서 사회복지실천활동의 필요성을 주장하면서 사회복지사 양성을 위한 전문직인 학교를 세워야 한다는 의견을 제시하였으며, '사회진단'(1917년)과 '개별사회사업이란 무엇인가?(What is Social Casework?, 1922년)'에 대한 저서를 출판하는 것을 계기로 체계화되기 시작하였다고 볼 수 있다. 특히 1917년 리치몬드의 '사회진단'은 사회복지사가 서비스대상자들에게 개입하는 방법론적인 측면들을 소개하고 있는데, 이는 개별사회사업에 대한 지식의 일반적 틀을 형성시켜준 공헌을 하였다.

개별사회사업은 자선조직협회에 그 기원을 두면서 한편으로는 진단주의 학파와 기능주의 학파를 탄생시켰으며, 진단주의 학파와 기능주의 학파는 임상사회복지에 영향을 끼쳤다.

② 집단사회사업(Group Work)

1930년대 초에 개별사회사업과 구별하기 위한 목적으로 집단사회사업이라는 용어가 사용되기 시작하였으며, 집단사회사업이 개별사회사업과 함께 사회복지실천방법으로 인식되기 시작한 것은 1930년대 이후였다(Brieland, 1995). 1946년 미국 사회복지회의에서 집단사회사업을 공식적으로 사회복지실천 기술로 인정하였다.

그 후 집단사회사업의 이론이 지속적으로 발전하면서, 1950년대에는 집단사회사업이 사회사업 전 분야에서 실천되었다. 이후 1960년대까지 다양한 모델들이 개발되었는데, 사회적 모델, 치료모델, 성장 및 지지모델을 들 수 있다.

③ 지역사회조직(Community Organization)

2차 세계대전 직전 미국 사회사업 전국대회에서는 지역사회조직사업이 사회사업실천의 한 방법으로 보고되었고, 1962년 지역사회조직은 대학원에서 하나의 전공 영역으로 사회사업교육위원회의 인정을 받았다. 지역사회조직은 지역주민들이 복지와 관련된 보건, 주택, 소득, 교육, 기타 사회봉사 등의 계획과 조정이 요구되는 사회복지의 한 방법이며, 인간관계나 사회제도에 바람직한 변화를 일으키는 사회사업의 개입과정이라고 할 수 있다. 지역사회조직의 기원은 19세기 후반 자선조직협회의 운동에서 찾을 수 있고 미국에서는 제1차 세계대전 후 지역공동모금, 대공황 후 공공복지사업 그리고 1960년대 '빈곤과의 전쟁'으로 정착되었다.

한편 이 시기에는 진단주의와 기능주의 사이에서 갈등이 있었다.

미국은 경제대공황 기간 동안 진단주의와 기능주의 간에 논쟁이 대립하였다. 진단주의의 기본전제는 진단이 강조된 정신분석 지향적인 접근에 기초하여 무의식, 전이, 저항 그리고 정신적인 결정론을 포함하는 개념과 동일시하여 인간을 기계론적, 결정론적으로 취급하였다. 기능주의 학파는 1930년대 후반에 이러한 진단주의에 반기를 들고 등장하였다. 기능주의는 1930년대 Pennsylvania대학 사회복지학 교수들에 의해 처음으로 시작, 대표적으로 "오토 랭크(Otto Rank)"의 영향을 받아 모든 인간은 자신과 그의 환경을 목적에 따라 수정할 수 있고, 그의 능력과 환경을 변화시킬 수 있다고 보았으며, 변화의 초점이 사회복지사에 있는 것이 아니라 클라이언트에 있는 것으로 보았다. 즉, 클라이언트 스스로 자기의 목표를 찾고 그것을 확신하며 실현하기 위해 사회복지사와의 관계를 포함한 제반 인간관계를 활용할 수 있는 존재로 파악하였다. 진단주의와 기능주의 사이의 논쟁은 1950년대까지 계속되었다.

4) 사회복지실천 통합기(1950년~1960년대)

1960년대에 들어오면서 미국의 Johnson 대통령은 '대빈곤전쟁'을 선언하였다. 미국에서 빈곤문제는 국가와 사회의 기강을 뒤흔들어 놓을 만큼 심각하여 계층 간의 갈등이 끊이지 않았다. 따라서 사회복지도 이러한 큰 흐름 속에서 새로운 패러다임의 변화를 요구하게 되었다. 즉, 사회가 점점 복잡해지고 사회문제도 다양화됨에 따라 기존의 전통적인 분화된 방법으로 접근하기가 용이하지가 않아 사회복지실천 방법론을 통합하려는 움직임이 일어나게 되었다. 대표적인 통합모델로는 핀커스(Pincus)와 미나한(Minahan)의 '4체계모델', 골드스타인(Goldstein)의 '단일화(unitary)모델', 콤튼(Compton)과 갤러웨이(Galayway)의 '문제해결과정(problem-solving process)모델', 저메인(Germain)과 기터맨(Gittermann)의 '생활(life)모델' 등이 있으며 또한, 이 시기에는 이 시기 동안 주요 변화는 전통적인 사회복지실천의 대상이었던 빈민층에서 소외된 모든 사회적 약자에 대한 관심으로 새로운 서비스가 필요했던 점이다. 이에 공민권법의 제정(1964), 빈곤과의 전쟁(1964), 경제기회법(1964), 노인복지법(1965), 메티케어/메디케이드 법의 제정(1965) 등의 법이 제정되었다.

① 4체계모델

핀커스와 미나한(Pincus & Minahan)의 4체계모델은 포괄적이고 전체적인 관점에서 클라이언트체계를 사정할 수 있는 기초를 제공한다. 사회복지사는 실천과정에서 변화매개체계, 클라이언트체계, 표적체계, 행동체계라는 4가지 체계가 어떻게 상호작용하는 지 관심을 둔다. 이 모델은 복잡한 여러 수준의 체계들과 연결되어 있는 다양한 체계들과 연결되어 일한다는 점을 강조하고 있어 미시대 거시, 치료대 사회행동과 같은 전통적인 이분법적 사고를 피할 수 있게 한다. 이 모델에서는 사회복지실천에 공통적인 개념, 기술, 과업이 있다고 가정하고 이들 공통된 핵심적 요인을 서로 연관지음으로써 사회복지실천의 전문적 전체성의 기초를 제공하는 데 목적이 있다.

② 단일화모델

골드스테인(Goldstein)의 단일화모델은 사회체계모델, 사회학습모델, 과정모델들을 결합한 모델로, 사회학습에 관한 사회복지사의 기능과 자원 확보 및 활용능력을 통해 사회변화가 가능함을 강조하고 있다.

③ 문제해결모델

펄만(Perlman)의 문제해결모델은 인간의 생활은 끊임없는 문제해결과정이라는 가정 하에 '문제'를 사회복지실천의 변화 표적으로 제시한 모델이다. 이 모델은 문제해결 자체보다 과정이나 문제를 해결하는 태도에 중점을 두며, 사회복지사는 클라이언트가 삶에 보다 효과적으로 대처해 갈 수 있도록 능력을 강화시키는데 중점을 두게 된다.

④ 생활모델

저메인과 기터맨(Germain & Gitterman)의 생활모델은 개인과 환경에 동시적 초점을 제공하며, 문제 또한 개인적 장애 뿐 아니라 생활과의 맥락 속에서 파악하는 통합적 관점을 취한다. 이 모델은 인간생활 상의 문제해결, 인간적응능력의지지·강화, 스트레스 경감을 목적으로 하고 있으며 생활과업에 대한 원좌, 사회적 조직망과 물리적 장의 관여, 시간적 배열 활용 등을 사회복지사의 기능을 과업으로 보고 있다.

5) 사회복지실천의 발전기(1970년~1980년대)

이 시기 미국에서 변화된 사회복지실천 영역의 특징은 다음과 같다.

첫째, 1960년대에 빈곤과의 전쟁을 선언한 이후 대빈곤전쟁을 수행하기 위해서 무엇보다도 많은 수의 사회복지사들이 필요하게 되었다. 이에 전문성을 중심으로 사회복지사로서의 자격요건을 엄격하게 제한해야 한다는 주장이 나오게 되었다. 그러면서 그들은 기존의 사회사업가협회를 탈퇴하고 새로운 조직을 결성하게 되는데 1971년 시카고에서 출범시킨 전국 임상사회사업연맹이 그것이다. 이 연맹에서는 자격요건을 강화하였을 뿐만 아니라 그 자질과 능력 또한 공인받도록 하였다.

둘째, 이 시기에 미국사회사업가협회(NASW)는 1970년 전문직으로서의 자격요건을 학부과정과 석사과정으로 구분하고 학부과정을 보다 확대하는 정책을 전개하였다. 그리하여 전국사회사업가협회는 학부과정의 사회복지를 전문직으로 공식 인정하게 되었고 사회사업교육협의회(SCWE)에서는 1974년에 학사과정의 사회복지 교육프로그램을 인증하기에 이르렀다.

6) 새로운 관점 등장과 개입전략의 확장(1980년~현재)

현재 다양한 이론적 관점들을 수용하면서 이를 사회복지실천에 적용하려고 노력하고 있다. 다양한 이론적 관점들을 수용하고 클라이언트의 관점에서 관심을 가지며, 병리보다는 개인의 강점에 초점을 두는 역량강화(empowerment)가 중요한 요소로 등장하였다. 역량강화는 결함이나 병리보다는 성장과 변화를 지향하면서 클라이언트의 강점을 보다 더 중요한 관점으로 보고 있다.

2 한국 사회복지실천의 역사적 발달과정

한국사회복지실천 역사는 1945년 이전시기, 1950년대, 1960년대, 1970년대, 1980년대, 1990년대 이후의 6단계로 나누어 고찰하고자 한다.

1) 1945년 이전

(1) 고대사회

우리나라의 사회복지 활동의 역사적 기원은 고조선 시대부터 찾을 수 있다. 고조선의 상부상조활동, 삼국시대의 민생구휼사업을 거쳐 조선시대에 이르기까지 흉년이나 가난으로 인해 백성들이 어려움에 처했을 때에는 국가에서 비축해 놓은 양식을 풀어 백성들을 구제하는 활동을 하였다. 이 때는 국가주도의 구제정책이 이루어졌으며 그 자체가 국가의 존립과 관련이 있어 국가존립적 목적에서 이루어졌다고도 볼 수 있다.

대표적인 구휼정책으로는 고구려의 진대법이 있다. 진대법은 고구려의 고국천왕 16년에 만들어진 제도로서 흉년이나 춘궁기(3월~7월)에 양곡을 백성들에게 빌려주었다가 풍작을 하면 추수기(10월)에 갚도록 하였다. 이 제도는 후일 고려의 의창, 조선의 환곡, 사창의 효시가 되었다. 고려시대에는 국가적 기관이 설립되었는데 예종4년에 구제도감이 설치되어 가난한 백성을 돕는 일을 맡았다. 조선시대에 와서는 의료보호사업이 활성화되었으며 세종17년에는 활인원을 두어 도성 내의 병든 노비나 성 밖의 병든 행려인을 구제하였다. 특히 조선시대에는 재해나 빈민을 왕의 책임으로 여기고 구제를 신속히 행하였으며 중앙에서 지방으로의 재상어사, 구황어사, 진휼사, 구급경차관 등을 파견하여 실상을 알아보고 구제 활동을 전개하도록 하였다. 조선시대의 세 가지 구제제도는 다음과 같다.

① 비황제도

조선시대의 비황제도에는 상평창, 의창(환곡), 사창이 있었다.

상평창은 곡물 이외에 포목을 추가하여 곡물과 포목의 가격을 조절하여 백성의 의식생활이 균형을 유지하도록 만들어진 제도이며 직접적인 구제제도는 아니다. 그러나 빈민의 발생을 예방하는 차원에서 이루어진 점으로 보아 넓은 의미의 구제제도로 볼 수 있다.

의창은 재난을 대비하기 위하여 각종 곡물을 비축하여 두었다가 재난시에 풀어 구제활동을 펼치는 제도였다.

사창은 고종 때부터 시작되었으며 각 지방에 사(현재의 면 수준)을 설치하여 양곡을 공동으로 보관해 두었다가 긴급 상황 때 대여해 주었다.

그러나 이러한 사창제도는 일본의 강제적인 한일합방과 함께 역사 속으로 사라졌다.

② 구황제도

조선시대의 구황제도는 아주 다양하게 전개되었다. 혼례나 장례를 치르지 못하는 사람에게 비용을 조달해주는 고조제도, 흉년이나 재해를 당한 백성에게 세금이나 부역을 감면시켜주고 빌려준 환곡을 면제하거나 감해주는 견감제도 등이 있었다. 특히 향약은 덕업상권, 과실상규, 예속상교, 환난상휼의 4개 덕목을 실천의 근본목적으로 하였는데 이 가운데 환난상휼은 사회복지에 초점을 둔 기본 덕목임을 알 수 있다. 이처럼 조선시대의 구황제도는 아주 세밀하게 개인 클라이언트들에게 개입한 오늘날의 사회복지제도와 견주어 손색이 없는 제도임을 알 수 있다.

③ 구료제도

조선시대에는 특별히 의료사업을 활발히 진행시켰다. 태조원년에 의료담당의인 전의감과 일반 백성을 위한 혜민서와 동서대비원을 설치하여 운영하였다. 태조6년에는 의학, 약학을 연구, 조사하는 제생원을 만들었으며, 고종31년 때는 광제원, 대한의원을 설치하여 선진화된 의료사업을 시작하였다. 나아가 융희3년에는 자혜의원을 설립하여 현대적 의료방법으로 전염병을 예방하기 위한 종두예방도 실시함으로써 백성들의 의료적 구제활동에 크게 힘썼다.

(2) 일제 식민지시기

일제시대의 구호사업은 식민정책의 일부로서 노동능력이 없는 빈민 또는 일시적으로 각종 재해를 당한 사람을 대상으로 하는 구호사업이었다. 그러나 이것은 일본의 시혜 또는 자선으로서 충성을 하게 하려는 정치적 의도가 더 컸다.

이 시기의 구호사업을 개관하면 다음과 같다(김태진, 2008:254-255).

첫째, 이재구조사업

이재구조의 적용대상은 수해나 화재 등과 같은 재해로 인한 이재자이며, 급여내용은 식량, 의류, 의료비, 가옥수리비 그리고 보구비 보조 등이었다. 이에 소요되는 재원은 은사금이재구조기금관리규칙에 의거하여 은사금이재구조기금에서 충당하였다.

둘째, 궁민구호사업

궁민구조의 적용대상은 일반궁민 및 행려병자 등으로서 폐질자 또는 중병자, 60세 이상의 노쇠한 자로서 생활을 유지할 수 없고 다른 데에 의지할 곳이 없는 자, 폐질, 불구, 실종 등으로 부양을 받을 수 없는 자 또는 13세 미만의 무의무탁한 자 등이다. 구호 방법은 식량급여에 한정되었으며, 재원은 은사진휼기금으로 충당하였다.

셋째, 행려병인구호사업

조선 말기 행려병인에 대한 구호는 부락민 또는 독지가들에 의해 이루어진 것이 관례였지만 그 수가 증가하여 행려병인구호사업을 위해 1934년 전국에 18개 구호소를 설치하였으며, 비용은 부양의무자가 부담하였으나 그렇지 못할 경우 행려병인구호자금관리규칙(1917)에 의거하여 충당하였다.

넷째, 빈민구료사업

빈민구료사업은 은사진휼자금궁민구조 규정에 근거한 것으로서 일반구료, 의사구료, 특정진료 등이 있었다. 특히 특정진료사업으로는 결핵환자, 나환자, 정신병자, 마약중독자에 대한 요양이 주로 실시되었다. 일반구료는 관 · 공 · 사립병원에서 빈민을 포함한 일반궁민의 시료를 국비 및 지방비로 충당하였고, 은사구료사업은 진료권, 입원구료, 순회구료 등이 있었다.

다섯째, 직업소개사업

직업소개사업은 구인 및 구직 신청을 받아 고용계약을 성립시키는 것을 목적으로 하는 것으로서, 그 당시 실업자의 문제를 상당 정도로 해결했다고 할 수 있으나 이 사업에 의한 실업문제의 접근은 순수한 의미의 실업자 구제에 있었던 것이 아니라 중일전쟁과 태평양전쟁의 확대과정에서 침략전쟁 수행을 위한 노동인력으로 동원했다는 점이다.

여섯째, 농촌빈민대책사업

일제시대에 들어와서 농민층 분화과정에서 가장 두드러진 현상은 소작농의 급증이었다. 소작농의 급증은 식민지농촌수당정책의 결과로 인하여 자작농의 계속적인 몰락을 의미하여 동시에 농촌 빈민의 양산을 의미하는 것이다.

일곱째, 화전민대책사업

화전민대책사업은 식민지농업정책의 결과로 계속해서 화전민이 늘어남에 따라 부분적인 화전개간을 허용하는 등 화전민대책이 시행되었으나 결과적으로 화전민을 착취하였을 뿐만 아니라 그들의 빈곤을 더욱 악화시키게 되었다.

한편, 일제 식민지 하의 일본의 빈곤정책의 특성은 다음과 같다(김성이, 2006:279-280).

첫째, 일제시대 빈곤정책은 식민통치의 합리화를 위한 정치적 이데올로기적 요소가 더 컸다. 일본 황실의 하사금으로 이루어진 구호자금으로 식민지 빈민의 빈곤 문제해결을 도모한다는 명목이었으나 사실은 식민통치사상의 합리화를 위한 의도였다.

둘째, 일제시대 빈곤정책은 식민통치 정책의 전개에 따라 변화되는 특성이 있다.

셋째, 일제시대의 빈곤정책은 당시 식민지 민중 운동의 성장과 발전을 무마시키고 대신 식민지 지배체제로 편입하려는 정치적 음모가 숨어 있었다.

넷째, 일제식민지 하의 일제 구호정책은 식민지 민중의 기본 욕구의 해결 차원이 아니라 일제의 사회, 경제, 정치적 필요성에 따라 최소한의 사회복지정책을 폈다.

(3) 미군정시기

미군정기에는 선진국의 현대 사회 복지 이념을 미약하게나마 반영하여 긴급 구호정책을 활발하게 전개했다. 이 시기의 구호정책 내역은 다음과 같다(김성이, 2006:285).

첫째, 시설 구호사업으로써 대다수가 고아원 등 아동시설이었다. 아동의 노동이 증가하자 1946년 법령 제112호로 '아동노동법규'를 공포, 시행했다.

그 법규의 내용은 다음과 같다.

- 14세 미만의 어린이를 공사간 상공업에 고용함을 금지한다.
- 14세 미만의 어린이를 학교 수업 시간 중 누구라도 노동에 종사하지 못하게 한다.
- 16세 미만의 어린이를 생명자체가 위험하거나 도덕 또는 건강에 유해한 공사간 사업에 종사시키는 것을 금지한다.
- 노동시간도 16세 미만 어린이는 8시간 이내로, 18세 미만 어린이는 10시간 내로 규정한다. 생산량, 노동, 임금, 고용 계약의 기한, 어린이의 오락, 교육, 자유에 대해 광범위하게 규정하고 이를 노동부가 주관케 했고 위반자는 군정 재판에 의해 처벌받는다.

둘째, 공공구호사업으로서 65세 이상의 노인, 소아를 가진 여자, 임산부, 불구 폐질자를 대상으로 한 구호였다.

셋째, 응급구호사업으로서 재난 빈민, 실업자 및 토착 빈민, 실업자로 구성되는 응급 호자의 숫자는 파악되나 각각의 범주에 대한 구호내용은 확인할 수 없다.

이 밖에도 귀환 및 월남 전재민을 대상으로 하여 전재민 수용소의 임시 구호를 거쳐 각 지방에 정착하도록 하는 것을 주내용으로 하는 전재민 및 수용구호사업, 이 외에 주택구호사업, 실업구호사업 등을 전개해 나갔다.

2) 1950년대

이 시기 사회, 경제, 문화적 제도의 기반은 대부분 미국에서 도입했으나 여전히 식민지 시대의 영향이 컸다. 그럼에도 불구하고 한국 사회의 원형이 마련되었다는 점에서 역사적 의의가 있다.

이 시기의 사회복지는 단지 정부의 행정적 대처에 의하여 사회복지 시책이 전개되었다(김성이, 2006:292-293).

① 제헌헌법의 생존권 규정

제19조에 생존권을 규정(노령, 폐질, 기타 근로 능력의 상실로 인하여 생활유지의 능력이 없는 자는 법률이 정하는 바에 의하여 국가의 보호를 받는다)하여 사회부조의 법적 근거를 마련했다. 이 규정은 비록 제한적이기는 하나 생존권 이념을 헌법에 명시했다는 의의가 있다.

② 대한적십자사 조직법(1949)

대한적십자사가 주체가 되어 전쟁, 천재지변에 의한 피해자 구제, 그리고 의료사업, 사회구호사업, 교화사업 등을 시행할 수 있게 되었다.

③ 군사원호법(1950), 경찰원호법(1951)

상이군경, 전몰군경, 유가족의 생활문제보호, 전쟁이라는 특수상황에서 군경의 사기 전작과 그들의 생활보호를 위한 법적 대처를 마련했다.

④ 후생시설설치기준령(1950)

모자시설, 아동시설 등의 설치가 정부의 인가사항이 아니었기에 무분별하게 난립하여 피수용자의 인간적 처우가 무시되자, 시설로서 갖추어야 할 최소한도의 요건을 규정하여 어린이 양호에 만전을 기할 목적으로 제정되었다.

⑤ 사회사업을 목적으로 하는 법인 설립 허가 신청에 관한 건(1952)

사회부에 의한 지시로 시설을 경영할 재단법인의 설립 기준을 규정함으로써 시설 설립이 등록제였던 것을 허가제로 전환하는 중요한 계기를 마련했다. 전쟁 후 미군과 외원단체 등의 원호를 바라고 난립해 있던 고아원 등의 지도, 감독, 통제에 전환점을 가져오게 되었다.

⑥ 후생시설 운영요령(1952)

격증한 전쟁 고아의 수용시설을 비롯해 혼란에 빠진 각종 구호시설을 지도, 감독할 필요에 의해 사회부 장관 훈련으로 된 후생시설운영요령으로서 전문 7장 33조로 된 규칙을 제정하여 시설 운영과 그 지도감독의 준칙으로 삼았다.

⑦ 근로기준법(1953)

산업화의 진행에 따른 근로자 보호를 제도화한 것으로 퇴직금 제도를 명시해 고용주 책임제의 사회보장 대책을 마련했다.

⑧ 공무원연금법(1960)

국가 및 지방공무원의 퇴직, 사망, 질병 및 부상, 폐질, 재해시에 본인이나 그 유족에게 법률이 정하는 바에 따라 적절한 급여를 지급해 경제적 생활안정과 복지 향상에 기여함을 목적으로 했다. 한국 사회보험법의 효시가 되었다.

3) 1960년대(3공화국, 1963-1972)

1961년 5월 16일 군부 쿠데타로 권력을 장악한 박정희는 2년6개월 동안 군정 기간을 거친 다음 1963년 12월 17일 대통령에 취임함으로서 제3공화국 시대를 열었다.

군사정부는 우선 공적부조사업의 체계화에 주력하여 1961년에 생활보호법과 재해구호법을 각각 제정하였다. 생활보호법에 의하여 65세 이상 노인, 18세 미만 아동, 불구, 폐질자 등 근로 능력이 없는 무의탁한 자에 대하여 생계보호를 실시하였다. 그리고 근로 능력은 있으나 자립생활을 하지 못하는 가구를 위하여 1964년부터 자조근로사업을 실시하였다.

이와 같은 경제, 사회적인 상황이 전개되는 가운데 정부에서는 공적부조의 일환으로 법적인 정비를 이루어 생활보호법(1961), 군사원호보상법(1961), 국가유공자와 월남귀순용사 특별보호법(1962), 재해구호법(1962), 자활지도사업에 관한 임시조치법(1965) 등의 제도를 확립하는 한편 사회복지 부문에 있어서도 아동복지법(1961), 윤락행위방지법(1961)을 입법화하였으며, 사회보장 면에서는 공무원연금법(1960), 선원보험법(1962), 군인연금법(1962), 산업재해보상법(1963), 의료보험법(1963) 등의 관계 법률이 제정되어 실시를 하게 되었다. 그리하여 우리나라는 1960년대에 들어와서 사회보험을 중심으로 근대적인 사회보장제도를 확립함과 동시에 사회복지정책의 기초를 정립하게 되었다.

한편, 1952년에 창립된 사단법인 한국사회사업연합회는 1961년 한국사회복지사업연합회(현 한국사회복지협의회)로 명칭을 바꾸면서 그 기능을 확대 개편하였고 1965년에 한국 사회사업학교협의회, 1967년에 한국 사회사업가협회(현 한국사회복지사협회)가 창립되었다(박세정·손명희, 2008).

4) 1970년대(제4공화국, 유신시대)

1972년 박정희는 10월 유신을 단행하여 비상계엄을 선포하고 대통령의 임기를 6년으로 연장시키는 한편, 중임제한을 없애 배상국무회의가 전권을 장악함으로써 한국 정치의 암흑시대가 전개되었다. 그럼에도 불구하고 근대적 의미의 사회보장제도는 5·16혁명 후 태동되었다고 해도 과언이 아니라. 본격적인 의미의 사회보장의 추진은 1970년대 중반 이후 즉 제4차경제개발 5개년계획부터라고 할 수 있다(박세정·손명희, 2008).

(1) 3-4공화국의 사회복지 입법 내용(김성이, 2006:303-305)

① 헌법의 생존권 규정

제30조에 생존권의 보편성 원리, 사회보장에 대한 국가의 노력 의무, 그리고 생활능력이 없는 국민에 대한 생활보장의 국가 책임 등을 적극적으로 표명하였다. 제헌 헌법 규정보다 적극적으로 표명함으로써 제헌 헌법 규정보다 적극적이고 보편적인 생존권 조항을 명시하고 있다는 의의가 있다.

② 군인연금법(1963)

군인의 퇴직, 장애, 사망시 본인과 유족의 복지 향상에 기여하고자 제정되었다.

③ 사회보장에 관한 법률(1963)

국민의 인간다운 생활을 보장하기 위한 사회보장 제도의 확립과 효율적인 발전을 기함을 목적으로 하는 사회보장의 기본법으로 제정되었으나, 전문 7조에 불과해 기본법으로서의 존재 의의를 가지기에는 미흡하다.

④ 산업재해보상보험법(1963)

근로자가 업무 중 재해나 직업병으로 인한 소득 손실을 보상하여 산업육성, 노동자 보호, 인력확보 및 사용주의 위험 부담 제거와 경감을 목적으로 했다.

⑤ 의료보험법(1963)

국민의 질병, 부상, 분만 또는 사망 등에 대해 보험급여를 실시, 국민보건을 증진시키고 사회보장의 증진을 도모하고자 했으나, 강제 가입을 규정하지 않아 사회보험으로서의 의의를 상실했다가 1976년 12월 22일 전면 개정되어 500인 이상 사업장 근로자에게 강제 적용됨으로써 실질적으로 의료보험이 실시되었다.

⑥ 자활지도 사업에 대한 임시조치법(1968)

근로능력이 있는 영세민의 자활을 돕기 위한 근로 구호(생활보호법은 근로 능력이 없는 자를 주 대상으로 함). 1982년 생활보호법 개정으로 생활보호 종류가 확대될 때 자활보호가 편입되면서 폐지되었다.

⑦ 사회복지사업법(1970)

사회복지사업에 관한 기본적 사항을 규정하여 그 운영의 공정성을 기함으로써 사회복지 증진도모를 목적으로 한다. 사회복지 종사자의 자격제도 창설과 사회복지법인제도를 도입했다.

⑧ 국민복지연금법(1973)

국민의 노령, 폐질, 사망 등 사회적 위험에 대해 연금급여를 통해 장기적 소득 보장을 하고자 했으나 시행이 보류되었다.

⑨ 사립학교교원연금법(1973)

공무원과 동일하게 사립학교에 근무하는 교원 및 그 가족의 경제적 생활안정과 복지 향상을 기함을 목적으로 했다. 1978년 1월부터 직원까지 확대 적용했다.

⑩ 의료보호법(1977)

생활유지의 능력이 없거나 생활이 어려운 자에게 의료보호를 실시함으로써 국민 보건의 향상과 사회복지의 증진에 기여함을 목적으로 했다. 1종은 진료비 전액을, 2종은 60-80%를 국고에서 부담한다.

⑪ 공무원 및 사립학교교원의료보험법(1977)

공무원, 사립학교 교직원 및 그 부양 가족에 대해 보험급여를 실시함으로써 사회복지의 증진을 도모하고자 하였다.

⑫ 5·16혁명 정부 때 무더기로 입법화된 관계 법들의 시행령, 시행규칙 제정 미실시, 생활보호법의 시행령(1969)

그간 정부의 재정 사정 등의 이유로 생계보호만 부분적으로 실시되었는데 8년 후 시행령이 제정되었으나, 시행규칙은 이때까지도 제정되지 못했다.

⑬ 기타

- 아동복지법 시행령(1962) 및 시행규칙(1963)
- 고아의 후견직무에 관한 시행령(1969)
- 입양특례법 시행령(1967), 시행규칙(1967)
- 아동복지시설 설치 기준령(1969)
- 재해구호법 시행령(1970)
- 윤락행위 등 방지법 시행령(1969)

5) 1980년대(제5·6공화국)

그동안 외원기관에 의해 사회복지관들이 꾸준히 설립되어 운영되어 오다가 본격적으로 정부의 개입에 의해 설립되기 시작한 것은 1980년대 초부터였다. 1983년에 개정된 사회복지사업법을 토대로 사회복지관의 설립 미 운영을 지원하는 근거가 마련되었고 1989년 사회복지관 설치 운영 규정이 만들어지면서 정부는 지방자치, 단체와 협력하여 저소득층 밀집지역에 사회복지관의 설치를 확대하는 정책을 추진하였다(엄명용 외, 2001). 즉, 1980년대 후반부터 한국형의 복지모형론이 등장했다. 한국형 복지 모형은 국가개입을 가능한 최소화하고 가족의 기능을 강화하며 요보호자 자신의 자조와 재활을 강조하며 자원봉사의 참여를 장려하는 내용으로 나타났다. 또한 지금까지는 사회복지서비스를 주도해오던 시설수용보호 중심에서 크게 탈피하여 지역복지와 재가복지 사상이 도입되기 시작하였다. 정부에서는 1989년 사회복지관의 설치와 운영 규정을 만들어 영구임대아파트단지 등 저소득층 주민 밀집지역의 지역복지를 위해 지방자치단체로 하여금 사회복지관 설치를 권장하고 많은 사회복지법인, 종교단체, 학교법인에서도 사회복지관의 위탁운영에 열의를 보이는 등 새로운 경향이 나타나기 시작하였다.

6) 1990년대(문민정부 이후)~현재

문민정부 이후 사회복지제도의 획기적인 변화는 사회보험제도의 정비이다. 비록 1997년 말까지도 사회보험제도가 완전한 골격은 아직 덜 갖추어졌다 하더라도 1993년 김영삼 정부는 1994년에 농어민연금을 도입하였고, 1995년에는 고용보험제도가 도입되어 국민연금, 의료보험, 산재보험, 고용보험의 이른바

4대 사회보험제도의 골격을 갖추게 되었다. 물론 사회보험제도가 제도가 도입한 지 얼마 되지 않았기 때문에 실제 수혜자는 공무원, 군인, 사립학교 교직원 등 특수직역에 한정되며, 생활보호제도 역시 생계보호대상이 극히 제한되어 있었다.

그러다가 1997년 말 IMF외환위기로 극심한 경제위기와 대량실업, 빈곤의 문제에 직면하게 되었다. 1998년 집권한 김대중 정부 하에서 고용보험과 실업 및 빈곤대책이 확대되었다. 또한 1999년에는 도시 자영업자에게 국민연금이 확대 실시되었고, 국민건강보험법의 제정으로 의료보험 통합의 기초를 마련하여, 2000년 7월부터는 산업재해보상보험의 적용대상이 1인 이상 사업장으로 확대되었고, 2001년 7월부터는 건강보험도 1인 이상 사업장 종사자까지 직장에서 보험료를 내게 됨으로써 4대 사회보험은 보편적 제도로 정착되었다. 뿐만 아니라, 2008년 7월부터 장기요양보훠제도가 실시됨에 따라 국민건강보험 외에 장기요양보험도 같이 추구되어 이른바 5대 사회보험제도가 실시되고 있다.

한편 민간복지 부문에서는 사회복지사업법이 개정되어 시. 도 사회복지협의회의 독립법인화가 이루어지고 1998년부터 사회복지공동모금회법에 의한 공동모금제도의 도입이 이루어졌다(장인협 외, 2001:69-74).

1996년부터는 사회복지사의 전문성을 제고하고자 한국사회복지사협회 주관으로 '임상사회복지사' 자격제도가 실시되어 오다가 1998년부터 그 명칭이 '전문사회복지사'제도로 바뀌어 시행되고 있다. 또한, 1996년부터 정신보건법이 시행되면서 한국정신보건사회사업학회가 보건복지부의 위탁을 받아 '정신보건사회복지사'를 배출하고 있다. 1997년 7월에는 사회복지사업법, 1998년에는 사회복지사업시행령(7월)과 사회복지사업 시행규칙(8월11일 공포) 등이 개정되어 사회복지사 자격 국가시험이 신설되었다. 또한, 자격고시의 실시와 더불어 사회복지실천과 관련된 교과과정도 개편되었다. 개별사회사업과 집단사회사업, 지역사회조직 등으로 나뉘어 교육되어 오던 과목들이 1998년 사회복지사업법 개정과 함께 개별사회사업과 집단사회사업이 통합, 분할되어 사회복지실천론과 사회복지실천 기술론으로 변경되었으며, 지역사회조직은 지역사회복지론으로 변경되었다(엄명용, 2001).

또한 2000년 10월에 시행된 국민기초생활보장법으로 인해 지역사회중심의 자활지원사업이 본격적으로 전개되었다. 과거와는 다르게 자활사업의 전개는 지역사회 차원에서 빈곤문제 해결을 위한 보다 전문적이고 구체적인 실천 활동이 요구되고 있으며, 지역사회복지 발전에 기여하고 있다. 그래서 이 시기는 지역사회복지실천 주체의 전문화 및 다양화, 지방자치제의 실시 및 지역분권운동의 전개에 따른 지역사회복지의 내실화에 대한 요구, 재가복지서비스의 확대, 지역사회중심의 자활사업 전개 등 지역사회복지의 질적 전환이 이루어진 시기라 할 수 있다.

제4장

사회복지실천의 장과 사회복지사의 역할

현대사회가 점점 다양하고 복잡해지면서 단순하게 물질적으로나 환경적으로 웰빙(well-being) 상태가 되었다고 복지가 이루어졌다고 볼 수 없는 시대가 되었다. 등 따숩고 배부르면 행복한 시대는 사라졌고, 이제는 그 이상의 무엇을 요구하는 시대가 되었다. 자스트로(Zastrow, 1999)는 복지를 정의함에 있어서 사람들의 사회적, 경제적, 건강적인 욕구뿐만 아니라 여가적인 욕구도 충족시켜 주어야 한다고 하였다.

사회복지의 개념은 시대와 국가에 따라 다르며 계속해서 변하고 있다. 급변하는 현대사회에서 사회복지의 활동도 매우 복잡해지고 다양해졌다. 사회복지라는 용어가 이제는 모든 사회에서 공통적으로 단일한 개념으로 정의하여 사용하기가 어렵게 되었다면, 사회복지실천의 장도 그만큼 복잡하며 상황과 환경, 문화에 따라 다른 형태로 나타날 것이다.

우리나라의 사회복지 활동은 대부분 법적인 틀 안에서 이루어지고 있다. 따라서 사회복지실천의 장은 사회복지사업법에서 규정하는 사회복지서비스가 행해지는 영역이다. 사회복지사업은 '국가, 지방자치단체 및 민간부문의 도움을 필요로 하는 모든 국민에게 상담, 재활, 직업소개 및 지도, 사회복지시설의 이용 등을 제공하여 정상적인 사회생활이 가능하도록 제도적으로 지원하는 것'을 말한다. 이를 통해 본다면 사회복지실천의 장은 공공부문뿐만 아니라 민간부문들도 다양하게 포함되는 것을 알 수 있다. 오히려 현대에 와서는 민간부문의 사회복지실천의 장이 점점 늘어가고 있는 것을 알 수 있다.

1 사회복지실천의 장

사회복지실천의 장이란 사회복지가 실천되어 이루어지는 곳, 즉 현장을 말한다. 일반적으로는 사회복지사가 활동하는 장소를 뜻하며, 조금 시야를 넓혀서 보면 분야나 영역을 사회복지실천의 장이라고 말할 수 있다.

사회복지실천현장을 단순히 '장소'만을 뜻하는 것으로 생각하면 나무만 보고 숲을 보지 못하는 것과 같다. 사회복지실천현장은 장소(place)뿐만 아니라 사회복지실천이 행해지는 장(setting), 문제(problem), 대상집단(client)을 포괄하는 개념이다. 따라서 사회복지실천의 '장'이란 장소를 포함하여 관련된 모든 것을 아우르는 것이라고 볼 수 있다.

1) 사회복지실천현장의 개념

사회복지실천현장은 사람들의 삶의 질을 향상시키는 모든 곳에 펼쳐져 있다. 그만큼 다양하며 넓다. 현장을 장소적인 개념으로만 보지 않고 문제와 대상으로까지 확대할 경우 사회복지실천현장은 any place, any person, any problem이 될 수 있다. 먼저 사회복지실천현장의 개념으로 좁은 의미의 사회복지실천현장과 넓은 의미의 사회복지실천현장으로 나눌 수 있다.

(1) 좁은 의미의 사회복지실천현장

좁은 의미로서의 사회복지실천현장이란 사회복지 서비스를 직접적으로 또는 간접적으로 제공하는 장(場, setting) 또는 사회복지기관을 말한다. 즉, 좁은 의미에서의 사회복지실천현장은 1차적으로 사회복지실천이 이루어지는 '어떤 장소'를 말한다. 가령 학교사회복지가 실천되는 학교 또는 학교의 폭력예방상담실, 교정복지를 실천하는 교도소, 정신보건복지를 실천하는 종합병원 등을 좁은 의미에서의 사회복지실천현장이라고 말할 수 있다. 또 다른 좁은 의미로서의 사회복지실천현장은 복지서비스를 직접 또는 간접으로 클라이언트에게 제공하는 기관을 들 수 있다. 종합사회복지관, 장애인복지관, 노인복지센터, 청소년쉼터, 노숙인재활센터, 성폭력피해여성쉼터, 가정폭력상담소, 건강가정지원센터 같은 곳이 될 수 있다. 펄만(Perlman, 1957)은 사회사업의 구성요소로서 개인, 문제, 과정과 함께 서비스의 제공장소가 되는 기관(place)을 중요하게 강조하였다. 스몰리(Smalley, 1967)는 기관을 이해하고 활용하는 것이 효과적인 원조과정이 절대적으로 필요하다고 하여 기관의 기능을 강조하였다. 따라서 좁은 의미로 적용되는 사회복지실천의 현장은 사회복지실천에서 없어서는 안 되는 중요한 장임을 알 수 있다.

(2) 넓은 의미의 사회복지실천현장

넓은 의미로서의 사회복지실천현장이란 단순하게 물리적인 공간을 뜻하는 것이 아니라 사회복지의 실천이 이루어지는 실천 분야(fields of practice), 서비스의 초점이 되는 문제의 영역(problem area), 서비스의 대상이 되는 클라이언트(client)를 아우르는 개념이다. 즉 사회복지서비스를 제공하기 위해 직접적 또는 간접적으로 펼쳐지고 관련되는 모든 것을 일컫는다. 따라서 넓은 의미에서의 사회복지실천현장이란 사회복지실천이 이루어지는 분야, 문제, 클라이언트를 모두 포함한다.

바틀렛(Bartlett, 1971)은 "특정한 문제나 활동들은 사회복지의 전반에 걸쳐서 관련성을 가지고 있다. 그러나 대부분의 경우에 있어서 체계적인 서비스나 이론, 방법 기타 특성을 갖춘 영역들이 안정적으로 발전되고 있다. 따라서 이를 분야로 정의할 수 있다."라고 하였다. 따라서 바틀렛의 이러한 실천분야를 기준으로 사회복지실천현장을 분류할 경우 일반적으로 대상별, 영역별, 장소별로 구분할 수 있다.

- 대상별 실천 현장 : 노인, 아동, 여성, 청소년, 장애인, 노숙인 등
- 영역별 실천 현장 : 정신보건, 의료, 약물남용, 의료, 다문화, 교정 등
- 장소별 실천 현장 : 학교, 병원, 교도소, 기업체 등

또한, 바틀렛의 개별사회복지실천현장 분류는 다음과 같다.

- 서비스체계 : 정책/프로그램, 공공/민간기관, 정부/비정부 기관, 미용/생활시설
- 관심문제 : 물질남용, 학대, 빈곤, 비행, 가족갈등, 노숙 등
- 클라이언트 : 아동, 청소년, 노인, 여성, 장애인 등
- 지식, 가치, 기술 : 관점의 차이, 접근방법, 모델 등

2) 사회복지실천현장의 분류

사회복지가 점점 다양화되고 전문화되면서 사회복지의 실천 현장을 간단히 개괄하기는 상당히 어렵게 되었다. 사회복지사가 활동하는 영역도 사회복지시설을 기본으로 하여 공무원, 관련 협회, 법인, 학교, 병원, 상담소, 연구기관 등 다양해졌다. 따라서 사회복지실천현장을 분류하는 기준 역시 다양해질 수밖에 없다. 일반적으로 사회복지실천현장은 기관의 기능, 목적에 따른 분류, 기관 설립 주체에 따른 분류, 서비스 제공방식에 따른 분류, 주거서비스 제공 여부에 따른 분류, 이윤 추구에 따른 분류, 서비스 영역에 따른 분류 등으로 크게 나눌 수 있다. 그 밖에도 정부나 서비스기관에 소속되지 않고 프리랜서로 자유롭게 서비스를 제공하는 개인사업실천도 새로운 형태의 실천현장으로 구분되기도 한다.

(1) 기관의 기능 또는 목적에 따른 분류

사회복지실천현장을 분류함에 있어 기관의 기능이나 목적에 따른 분류로는 1차 현장과 2차 현장으로 나눌 수 있다.

1차 현장이라 함은 기관의 주된 기능이나 목적이 사회복지 서비스 자체를 제공하는 곳을 말한다. 대부분 사회복지사들이 중심이 되어 활동하는 곳을 일컫는다. 가령 지역사회의 사회복지관, 사회복지시설 등을 들 수 있다. 이들 기관은 설립 목적이나 존재 이유가 클라이언트의 문제를 발견하고 해결하는 사회복지 서비스이기 때문에 1차 현장이 될 수 있다.

2차 현장이라 함은 기관의 주된 기능이나 목적이 따로 있지만 필요에 의해 사회복지 서비스를 제공하는 곳을 말한다. 가령 학교의 경우 기관의 주된 목적은 대상자의 교육이 1차적 목적이지만 이들 대상자에게 폭력이나 집단따돌림 등으로 사회복지가 절실히 필요해져 사회복지 서비스를 학교에 제공하고 학교가 그

실천을 받아들이게 될 때 학교는 사회복지서비스의 2차 현장이 되는 것이다. 그 밖에 병원, 교도소, 보육시설, 주민센터, 노인요양시설 등이 포함될 수 있다.

이러한 2차 현장에서는 사회복지사의 역할이 소속된 기관의 운영방침에 따라 제한적이 될 수 있기 때문에 서비스를 제공하는 과정에서 다른 전문직과의 가치관의 충돌이나 갈등이 일어날 수 있으므로 팀 협력을 위한 노력이 필요하다.

(2) 기관의 설립 주체 또는 재원 조달방식에 따른 분류

사회복지실천현장을 분류함에 있어 기관의 설립 주체 또는 재원의 조달방식에 따른 분류로는 공공기관과 민간기관으로 나눌 수 있다.

공공기관은 직·간접적으로 정부의 지원에 의해 설립되어 운영되는 기관이다. 따라서 사회복지사는 정부의 규정이나 지침에 업무 규정이 정해지며 이를 따라야 할 의무가 있다. 공공기관으로는 사회복지 서비스를 계획하고 관리하며 이를 지원하는 행정체계가 있고 정부기관으로서 직접 사회복지 서비스를 제공하는 집행체계가 있다. 지방자치의 읍·면·동사무소인 주민센터, 시에서 직접 운영하는 복지시설 등이 있다. 이들 공공기관은 운영비의 전액 또는 일부를 정부에서 지원받아 운영한다.

민간기관은 사회복지와 관련된 사업을 목적으로 설립된 기관으로서, 재단 전입금, 후원금, 기타 서비스 이용료 등으로 서비스를 실시한다. 사회복지 서비스를 직접 실시하는 사회서비스 기관과 행정 지원, 정책 운동 등을 위해 조직된 협의체로 나뉜다. 종교단체에 의해 설립된 사회복지기관, 재단이나 개인이 설립한 사회복지시설, 사회복지운동을 하는 시민사회단체 등을 들 수 있다.

(3) 서비스 제공 방식에 따른 분류

사회복지실천현장을 분류함에 있어 서비스 제공 방식에 따른 분류로는 간접서비스를 하는 행정기관과 직접서비스를 하는 서비스 기관으로 나눌 수 있다.

간접 서비스를 실시하는 행정 기관은 사회복지 서비스의 전달체계의 효율적인 운영을 위해 행정업무를 수행한다. 특히 원활한 전달체계의 연계를 위해 각 기관 간의 네트워킹, 협의, 조정 업무를 한다. 정부의 사회복지행정기관으로는 보건복지가족부, 노동부, 문화관광부 등이 있으며, 민간의 행정기관으로는 사회복지협의체 등을 들 수 있다.

직접 서비스를 실시하는 서비스기관은 다시 문제 영역이나 대상에 따라서 서비스 기관을 분류한다. 아동을 대상으로 하는 보육시설, 아동상담소, 약물남용 영역에 따른 알콜중독상담소 등을 들 수 있다.

(4) 주거서비스 제공 여부에 따른 분류

사회복지실천현장을 분류함에 있어 주거 서비스의 제공 여부에 따른 분류로는 생활시설과 이용시설로 나눌 수 있다.

생활시설이라 함은 주거서비스를 제공함으로서 대상자가 직접 잠을 자면서 생활을 하는 곳을 말한다. 장애인 그룹홈, 청소년 쉼터, 미혼모 쉼터, 치매요양센터, 노숙인재활센터 등이 있다.

이용시설이라 함은 주거서비스를 제공하지 않아 잠을 자지 않지만 대상자가 일정한 시간 동안 서비스를 제공하는 시설에 직접 방문하여 복지 서비스를 받거나 복지 서비스 기관이 대상자를 방문하여 사회복지 서비스를 제공하는 것을 말한다. 가령 노인재가복지센터는 복지서비스 제공기관이 전적으로 대상자를 방문하여 서비스를 제공하는 곳이다. 그러나 노인요양센터는 치매나 뇌병변 등의 질환으로 도움이 필요한 노인들이 공동체로 모여 서비스를 받는 곳이다. 그밖에 청소년상담센터나 성폭력상담소, 장애인복지관 등이 있다.

2 사회복지사의 역할

한국에서의 사회복지사란 사회복지사업법에 의하여 법적인 자격인 '사회복지사' 자격을 취득하고 사회복지를 실천하는 사람을 말한다. 미국의 사회복지사는 사회복지교육협의회가 공표한 표준화된 교과 기준과 교육정책안을 따라 지식과 기술을 배운다. 서울대 사회복지실천연구회가 번역한 미국 사회복지교육협의회의 교과정책안은 사회복지사의 사회복지실천이 다음의 네 가지 목적에 기여해야 한다고 말한다.

① 개인, 가족, 집단, 조직, 지역사회가 과제를 달성하고 디스트레스(distress)를 예방하고 경감하며, 자원을 활용할 수 있도록 원조함으로써 그들의 사회적 기능을 촉진하고 회복하고 향상시킨다.
② 기본적인 인간욕구를 충족시키고 인간능력을 발전시키기 위해 필요한 사회정책, 서비스, 자원, 프로그램을 계획, 형성, 수행한다.
③ 조직적, 행정적 옹호와 사회적, 정치적인 행동을 통하여 정책, 서비스, 자원, 프로그램을 추구함으로써 위험에 처한 집단의 힘을 강화시키고 사회적, 경제적 정의를 증진시킨다.
④ 이러한 목적과 관련된 지식과 기술을 발전시키고 검증한다.

따라서 사회복지사는 개인, 가족, 집단, 조직, 지역사회의 복지욕구를 충족시키고, 사회문제를 해결함에 있어 전문가로서 활동해야 한다. 사회복지사의 역할은 사회복지사가 전문인으로서 활동하는 사회복지기관이나 시설의 특성에 따라 매우 다양하게 존재한다. 시포린(Siporin, 1975)은 사회복지사의 역할을 상담가, 충고자, 가능케 하는 사람, 노련한 문제 해결자, 조정자, 행정가, 사업경영자, 자문가 등으로 분류하였다. 세퍼(B. Sheafor)는 사회복지사의 역할을 중개인, 옹호자, 교사, 상담가(임상가), 사례관리자, 업무량 관리자, 직원개발자, 행정가, 사회변화 대행자, 전문가의 10가지로 제시하였으며, 자스트로(Zastrow)는 가능케 하는 사람, 중개인, 옹호자, 역량강화자, 행동가, 중재인, 협상가, 주창자, 조정자, 조사연구자, 집단촉진자, 강연자의 13가지로 설명하였다. 헵워스와 라슨(Hepworth & Larsen)은 이를 단순화하여 직접적인 서비스 제공함, 클라이언트의 환경을 다양한 체계와 연결시킴, 체계를 유지하고 개발함의 3가지로 나누었다.

1) 기능에 따른 사회복지사의 역할

리스터(Lister, 1987)는 사회복지사가 담당하는 기능을 수행하는 일과 기능에 따라 다음과 같이 분류하였다.

기능	중요한 역할	역할의 예
직접적인 서비스 제공하기	• 클라이언트에게 직접적인 서비스를 제공함 • 개인문제 해결, 부부치료, 가족치료, 집단사회복지	상담사, 가족치료사, 집단지도자, 정보제공 및 교육자
체계와 연결하기	• 클라이언트를 다른 체계와 연결함	중개자, 사례관리자/조정자, 중재자, 클라이언트 옹호자
체계유지 및 강화하기	• 서비스 전달시 효율성을 떨어뜨리는 기관의 정책이나 기능적인 관계를 평가함	조직분석가, 촉진자 팀 성원, 자문가/상담가
체계 개발하기	• 기관의 서비스를 확대하고 개선하기 위하여 체계 개발에 관련된 역할을 수행함	프로그램 개발자, 기획자/계획자, 정책개발자
연구 및 조사하기	• 개입방법을 선택하고 효과성을 평가하기 위해 연구 및 조사하는 역할	프로그램 평가자 조사자

(1) 직접적인 서비스 제공하기

사회복지사는 클라이언트와 직접 대면하여 서비스를 제공한다.

- 개인상담, 부부치료, 가족치료
- 집단사회복지실천 ; 지지집단 운영, 치료집단 운용
- 정보 제공 또는 교육

(2) 체계와 연결하기

사회복지사는 자원이 필요하지만 그에 대한 정보가 부족하거나 그것을 이용할 능력이 부족한 클라이언트에게 다른 사람이나 기관 등의 자원을 연결시켜 주는 역할을 수행한다.

① 중개자(broker)

중개자는 클라이언트에게 자원과 서비스를 연결해주는 역할을 하며 사례관리자로서 핵심 역할을 수행한다. 사회복지사는 긴급한 도움이 필요한 클라이언트에게 식량, 주거 등의 도움이나 법률적 도움, 상담적 도움을 준다. 나아가 다른 필요한 자원을 얻도록 도와주는데 이를 위해서는 지역사회에 있는 다양한 자원에 대하여 정보를 파악하고 있어야 하며 필요할 때마다 적절하게 의뢰할 수 있어야 한다.

② 사례관리자/조정자(case manager/coordinator)

사례관리는 자원제공자들의 기능을 향상시켜, 개인 또는 가족이 그들의 환경 속에서 자신들에게 필요한 서비스와 자원을 스스로 획득하여 사회적 기능을 원활히 수행할 수 있도록 돕는 체계적이고 통합적인 접근방법이다. 사회복지사는 클라이언트의 욕구를 평가하며 다른 자원에 의해 제공되는 재화와 서비스를 전달, 연결, 조정하는 역할을 담당한다.

③ 중재자(mediator)

중재자는 견해가 다른 개인, 가족, 집단 간의 논쟁이나 갈등을 해결함으로써 각 체계 간의 의사소통을 향상시키고 타협하도록 돕는다. 이때 중재자는 중립을 유지해야 한다. 특히 자신의 위치를 넘어서지 않으며 의사를 잘못 전달하지 않도록 노력해야 하며, 당사자가 서로의 입장을 명확히 밝힐 수 있도록 도와주어야 한다. 이때 소외되거나 자신의 의견을 피력하지 못하는 대상자가 없도록 잘 조정해야 한다.

④ 클라이언트 옹호자(client advocate)

옹호자는 클라이언트가 필요한 자원을 얻을 힘이 거의 없을 때 사회복지사가 대신하여 이를 진행하고 입장을 대변하는 것이다. 이는 클라이언트를 대신하여 자원과 서비스를 획득하는 활동과정으로서 개인과 집단, 지역사회의 입장에서 직접적으로 클라이언트를 대변하고 보호하며 개입하고 지지하는 행동을 포함한다.

(3) 체계 유지 및 강화하기

사회복지사는 사회복지서비스 기관의 직원으로서 서비스를 전달함에 있어서 효율성을 떨어뜨리는 기관의 구조, 정책 또는 기능적인 관계를 평가할 책임이 있다. 이런 역할을 수행할 사회복지사의 역할은 다음과 같다.

① 조직분석가(organization analyst)

사회복지사는 조직분석가로서 기관의 구조나 정책 그리고 절차 안에서 서비스 전달에 부정적인 영향을 끼치는 요인을 파악할 책임이 있다. 이를 위해서는 조직이론과 행정이론에 관한 지식이 필요하다.

② 촉진자(facilitator)

사회복지사는 서비스 전달을 방해하는 요인을 정확하게 지적하고, 서비스 전달체계를 강화하는 방법을 계획하고 실행할 책임이 있다. 사회복지사는 기관의 행정가들에게 정보를 제공하고 팀원으로 합동으로 작업하며, 내부 교육에 참가하는 활동을 할 수 있다.

③ 팀 구성원(team member)

사회복지사는 자신이 활동하는 다양한 기관의 조직 내에서 클라이언트의 문제와 서비스전달에 협력하는 팀 구성원으로 전문적인 사회복지사의 일을 수행한다. 클라이언트의 문제와 전달체계를 사정하며 자원을 서비스한다. 팀은 의사, 임상심리사, 사회복지사, 간호사, 작업치료사, 교사 등으로 구성된다.

④ 자문가(consultant/consultee)

사회복지사는 자문가로서 전문적인 역할을 수행한다. 클라이언트에 대한 지식과 기술을 발전시키고, 문제를 존중하는 태도를 증가시키고 수정하여 클라이언트에게 더 효과적으로 서비스를 전달하게 된다. 또한 사회복지사는 전문 사회복지사로부터 슈퍼비전을 받아야 한다.

(4) 연구 및 조사활용하기(researcher & research comsumer)

사회복지사는 사회복지실천을 함에 있어 평가 가능한 개입방법을 선택하여 개입방법에 대한 효과성 및 클라이언트의 변화과정을 체계적으로 평가할 책임이 있다.

① 조사평가자(evaluator)

사회복지사는 평가 가능한 개입방법을 선택하여 개입효과를 평가한다.

② 조사연구자(researcher)

사회복지사는 클라이언트의 변화과정을 체계적으로 모니터하기 위해 공적·사적현장 모두 평가할 책임이 있다.

(5) 체계 개발하기(system development)

사회복지사는 기관의 서비스를 개선하거나 확대하여 체계를 발전시키기 위하여 다음과 같은 역할을 담당한다.

① 프로그램 개발자(program developer)

사회복지사는 다양한 활동현장에서 클라이언트의 욕구에 대응하여 프로그램을 개발할 수 있다. 교육 프로그램으로는 십대 미혼모를 위한 프로그램 등이 있으며, 지지집단 프로그램으로는 성폭력 피해자 치유 프로그램, 알콜중독자 자녀를 위한 프로그램 등을 들 수 있다.

② 기획가(planner)

사회복지사는 새롭게 대두되는 욕구를 충족시키기 위한 프로그램을 계획하거나, 접근성이 떨어지는 작은 지역이나 시골지역, 신흥도시지역 등에서 지역사회 지도자와 함께 기획하는 역할을 맡을 수 있다.

③ 정책과 절차 개발자(policy & procedure developer)

사회복지사는 해당 기관에 소속되어 정책이나 절차를 개발하는 과정에 참여함으로써 클라이언트의 관심과 욕구를 대변할 수 있다. 이를 위해 사회복지사는 끊임없이 클라이언트의 욕구를 사정, 제공 및 평가하여야 하며 정책과 관련된 의사결정과정에 참여하려는 노력이 중요하다.

2) 개입수준에 따른 사회복지사의 역할

마일리 등(Miley et al., 2001)은 사회복지사가 개입하는 수준이나 차원에 따라 미시차원, 중범위차원, 거시차원, 전문가차원으로 사회복지사의 역할을 구분하였다. 이는 사회복지사가 만나는 클라이언트의 수준 혹은 차원(level)에 따른 분류라고 할 수 있다.

개입수준	역할
미시차원	• 개인, 가족 대상: 조력자, 중개자, 옹호자, 교사
중범위차원	• 조직, 집단 대상: 촉진자, 중재자, 훈련가
거시차원	• 지역사회, 사회 대상: 계획가, 행동가, 현장개입가
전문가차원	• 동료, 전문가집단 대상: 동료, 촉매자, 연구자/학자

(1) 미시차원에서의 사회복지사 역할

미시차원이라 함은 개인이나 가족, 소집단 등을 대상으로 이루어지는 차원이다. 따라서 사회복지사는 조력자, 중개자, 옹호자, 교사의 역할을 감당할 수 있다.

① 조력자(enabler)

사회복지사는 조력자, 또는 동반자로서 개인이나 가족, 소집단 등의 클라이언트를 대상으로 격려하고 지지하고 안내하는 역할뿐만 아니라 임파워링하는 역할을 수행한다.. 사회복지사는 클라이언트의 욕구를 확인하고 문제를 규명하며 효과적으로 다룰 수 있는 능력을 개발시킨다. 또한 클라이언트의 위기 상황에서 극복하며 다양한 스트레스 상황에 대처할 수 있도록 돕는 역할을 한다. 사회복지사는 절망에 빠진 클라이언트에게 희망의 메시지를 전하고, 부정이나 저항 또는 양가감정을 줄여주며, 개인의 감정이나 사회적 자원을 발굴하고 지지하는 등의 능력과 기술을 개발해야 한다.

② 중개자(broker)

사회복지사는 중개자로서 개인이나 가족, 소집단 등의 클라이언트에게 직접적으로 개입하거나 클라이언트가 필요로 하는 자원이나 서비스를 연결하는 역할을 한다. 또한 사례관리의 핵심적인 기능을 수행한다. 이를 위해 사회복지사는 지역사회의 자원을 파악하고, 서비스제공의 적절성을 점검할 수 있어야 하며 이를 클라이언트와 연결하는데 필요한 지식과 기술을 갖추어야 한다.

③ 옹호자(advocate)

사회복지사는 옹호자로서 자원이나 서비스 확보에 어려움을 겪는 개인이나 가족, 소집단 등의 클라이언트를 위하여 개인 또는 가족의 권리를 옹호하여야 하며 이를 위한 정책변화적 활동도 수행한다. 나아가 클라이언트가 욕구를 밝혔음에도 불구하고 기관이 반응하지 않거나 서비스 제공을 거절하는 경우, 사회복지사는 클라이언트가 정당하게 서비스를 받으며 이에 대한 권리를 획득할 수 있도록 요청하며 기관 내의 프로그램이나 정책을 변화시키기 위한 활동을 한다.

④ 교사(teacher)

사회복지사는 교사 또는 교육자로서 문제를 해결하기 위한 교육이나 정보를 제공한다. 교육프로그램을 알려주거나 관련 정보를 알려줌으로써 개인이나 가족, 소집단 등의 클라이언트가 문제에서 벗어나도록 도우며 사회적 기능을 담당하게 한다. 더 나아가 직접 사회적 기술들을 가르치기도 한다. 이를 위하여 사회복지사는 전문적인 지식과 다양하고 풍부한 정보를 알고 있어야 하며 이를 클라이언트에게 정확하게 전달하고 이해시킬 수 있는 의사소통 기술도 갖추어야 한다.

(2) 중범위차원에서의 사회복지사 역할

중범위차원이라 함은 조직이나 공식적인 집단 등을 대상으로 이루어지는 중규모 집단 차원이다. 따라서 사회복지사는 촉진자, 중재자, 훈련가의 역할을 감당할 수 있다.

① 촉진자(facilitator)

사회복지사는 촉진자로서 조직 또는 기관의 중범위 차원에서 기관이나 조직 안과 밖에서 조직 내 직원들 사이의 협조 또는 지지를 촉진시키고 상호간의 의사소통과 정보교환을 촉진시킨다. 또 조직과 조직간의 네트워크를 연결, 강화시킴으로서 정보교환을 촉진시키고, 기관 속에서는 기관의 업무가 효과적으로 이루어지도록 업무를 입안하고 실행하는 역할도 한다.

② 중재자(mediator)

사회복지사는 중재자로서 공동의 목표나 문제해결을 위해 조직 내 의견 차이를 조정하는 역할을 수행한다. 그러나 논쟁이 발생할 경우 중립을 유지하고 어느 한쪽 편을 들지 않는다. 사회복지사는 두 기관이나 조직이 서로 상대방의 입장과 의견을 제대로 이해하고 있는지 확인하고 이들의 의사소통이 원활히 되도록 돕고 향상시키며 타협이 되도록 이끈다.

③ 훈련가(trainer)

사회복지사는 훈련가로서 조직 또는 기관의 중범위 차원에서 직원들이 전문가적인 능력을 키우고 향상시키며 계발시키도록 직원 워크숍이나 세미나에서 직원들을 위한 다양한 교육이나 훈련을 실시한다.

(3) 거시차원에서의 사회복지사 역할

거시차원이라 함은 클라이언트가 거주하는 지역사회 또는 지역사회 주민 그리고 일반적인 사회를 대상으로 이루어지는 차원이다. 따라서 사회복지사는 계획가, 행동가, 현장 개입가의 역할을 감당할 수 있다.

① 계획가(planner)

사회복지사는 계획가로서 지역사회 주민 등의 클라이언트를 대상으로 주민의 욕구에 따른 목표, 정책, 프로그램을 계획하고, 실행되지 않거나 충분하지 않은 서비스의 개선에 필요한 정책을 개발하거나 지역사회 내에서의 프로그램을 개발할 수 있다.

② 행동가(activist)

사회복지사는 행동가로서 사회적 불평등이나 문제를 인식해야 하며, 클라이언트의 이익이나 권리가 침해당하는지 소외된 대상을 위해 지역사회의 욕구를 조사하고 분석하며 이를 개선하기 위해 행동해야 한다. 지역사회 수준에서 클라이언트가 인권을 보호받을 수 있는 지역사회가 되도록 활동하여야 한다. 이들은 늘 사회적 불평등이나 차별 등의 불리하며 권리가 침해당하는 사회적 조건에 노출되어 있음을 인식하여야 한다.

③ 현장개입가(outreach worker)

사회복지사는 현장개입가로서 욕구가 있으나 드러내지 않거나 표현하지 않아 모르고 지나칠 수 있는 지역주민 클라이언트를 찾아내어 이들이 적절한 서비스를 받을 수 있도록 지역사회 현장에 들어가서 활동한다. 또 향후 서비스가 필요한 잠재적인 클라이언트를 대상으로 예방적 교육을 하거나 사회문제의 심각성을 알려 사회문제화 되지 않도록 예방하는 활동을 한다.

(4) 전문가차원에서의 사회복지사 역할

전문가차원이라 함은 동일한 사회복지사 간의 차원, 사회복지사와 다른 전문직과의 차원, 연구를 위한 차원을 포함한다. 사회복지사는 이론과 실천을 바탕으로 전문직이 제공하는 서비스를 발전시키는 역할을 수행하게 되므로 동료, 촉매자, 연구자/학자의 역할을 감당할 수 있다.

① 동료(colleague)

사회복지사는 동료 사회복지사와 전문가로서 사회복지사의 윤리적 행동을 준수하도록 격려하고, 전문가의 조직에 참여하여 상호 지지와 신뢰를 제공한다.

② 촉매자(catalyst)

사회복지사는 촉매자로서 효과적인 서비스전달을 위해 활동한다. 또한 이를 위한 정책변화를 위해 국제적으로 다양한 상호원조를 맺으며 타 전문가와 협조하여 일하기도 한다.

③ 연구자/학자(reseacher/scholar)

사회복지사는 연구자 또는 학자로서 조사와 연구를 수행하며 결과에 대하여 동료와 공유하며 토론하고 개선점을 찾는다. 지식개발, 관리, 효과성을 평가하는 실증적 조사를 통해 전문적 이론의 발전과 프로그램의 향상을 위해 노력하며 실천적인 전문직으로 발전시키는 활동을 수행한다.

제5장

통합적 방법론

통합적 방법이란 기존의 세분화된 3대 방법론(개별사회사업: C.W., 집단사회사업: G.W., 지역사회조직: C.O.)의 한계를 벗어나 개인이나 집단, 지역사회를 특별히 구분하지 않고 모두 개입할 수 있도록 개발된 방법을 말한다. 이 방법은 전통적인 방법을 전부 또는 일부, 최소한 2개 이상을 조합해서 교육함으로써 사회복지사 한 명이 클라이언트에게 2가지 이상의 방법을 통합적으로 사용하여 개입할 수 있도록 해 준다. 사회복지실천은 통합적 방법의 관점을 통해 보다 전문직으로서의 정체성을 확립하며 개인을 환경과의 균형 속에서 바라보는 관점을 확립한다. 통합적 방법을 말하는 학자들은 인간의 욕구에 기초하여 환경과 상황 속에서 인간을 이해해야 한다고 주장하며 인간과 환경과의 균형을 강조하고 있다. 인간과 환경과의 균형을 강조하는 통합적 접근의 시각은 복잡한 문제를 가진 클라이언트를 이해하는데 중요한 이론적 틀을 제공해 주고 있다.

1 통합적 방법론의 발전과정

1) 사회복지실천 방법의 통합화

사회복지는 1920년대부터 1930년대까지 개별사회사업과 집단지도가 이루어졌고, 1930년대에는 지역사회조직이 그리고 1950년대에는 사회복지행정과 사회복지조사가 발달하였다. 이러한 방법을 흔히 전통적 방법론(separate methods approach) 으로 칭하였다. 그러나 복잡한 사회로 현대화되면서 이러한 전통적인 방법으로의 접근은 점점 한계에 부딪히게 되었다.

1960년대의 미국에서는 인종, 종족과 상관없이 모두 사회적으로 평등하다는 생각이 널리 퍼지게 되었다. 이로 인해 사회복지가 사회적으로 취약한 계층의 사람들의 빈곤과 차별을 해결하는 데 실패하였다는 비판이 일어났다. 왜냐하면 전통적인 방법론은 특정한 문제를 중심으로 개입하기 때문에 현대화된 사회에서 다양해지고 복잡해진 문제에는 효과적이지 않다는 의견들이 나타난 것이다. 따라서 이를 극복하기 위해 실천 대상이나 문제별로 나뉘어져 있는 사회복지실천방법으로 통합하려는 움직임이 일어나게 되었다.

2) 사회복지 공통기반

사회복지 공통기반이란 목적, 가치, 지식, 기술 등의 사회복지실천의 공통적인 기초를 강조하고, 실천의 영역을 넓히려는 패러다임의 전환과 관련이 있다. 1970년 고든(Gordon, 1965)과 바틀렛(Bartlett, 1970)이 사회복지의 공통기반을 정의하는 일을 하기 시작했다.

사회복지의 공통적인 기반은 사회복지실천의 공통적인 기초인 사회복지실천의 목적, 가치, 지식, 기술을 강조함으로써 사회복지실천의 영역을 넓히는 패러다임으로 전환하고자 하였다.

따라서 종래의 전통적 방법론에서 이루어진, 특정적인 문제에 집중하여 개입하거나, 너무 세분화하여서 다양한 욕구를 지닌 클라이언트에게 적절한 서비스를 제공하지 못하는 한계를 극복하고자 하였다. 이를 위해서는 인간과 상호작용하는 환경을 파악하고 이들과 상호 교류하고 활용하는 작업이 이루어지기 시작했다.

개인, 가족, 소집단, 지역사회에 다양하게 나타나는 문제들과 사회복지실천현장에 대하여 공통적으로 적용할 수 있는 기반과 핵심, 전제 등의 확립에 관심이 높아지면서 점점 통합적인 접근이 이루어지기 시작하였다.

3) 전통적 방법론의 한계

사회복지 발달의 근원을 좀더 구체적으로 살펴보면 1601년 영국 엘리자베스 구빈법에서 비롯되었다고 보는 견해가 일반적이다. 그러나 엘리자베스 구빈법은 지역중심의 격리보호를 목적으로 실시되었기 때문에 현대 사회복지의 철학과 가치와는 차이가 있다. 그러므로 엘리자베스 구빈법은 역사적으로는 의미가 있지만, 현대 사회복지의 시작점으로 삼기에는 많은 어려움이 있다. 현대 사회복지실천의 발달은 인보관운동에서 시작되었다고 보는 것이 바람직하며, 이후 1869년의 COS를 통한 빈민가정방문 자선사업으로 발달되었다. 한편 사회복지실천방법은 개별사회사업이론과 집단지도, 지역사회조직, 사회복지행정과 사회복지조사 등 전통적 방법론(separate methods approach)으로 발달하였다. 또한 개인·가족·집단이 사회치료 등을 한 범주로 묶어 임상사회사업 혹은 직접적 실천방법으로 분류하였으며, 행정과 지역사회조직을 한 범주로 묶어 간접적 실천 혹은 거시적 실천이라고 분류하였다(조휘일·이윤로, 1999).

사회복지실천방법은 초기에는 학문적 기반없이 자선과 신앙을 중심으로 실시되어 오다가 1920년대부터 1960년대까지 '프로이드' 분석심리학의 영향을 받은 의료 모델의 도입으로 발달하기 시작하였다. 의료 모델이란 '문제란 원인이 있으며, 그 원인규명을 통해 진단하여 치료하는 것.' 즉 문제원인의 규명과 치료를 가장 우선적 과업으로 삼았다. 이에 영향을 받아 전통적인 사회복지방법론도 클라이언트의 병리적인 측면에 초점을 두고, 클라이언트 과거 경험을 중요시하며 단선론적인 인과관계에 초점을 두어 접근하였다. 따라서 문제의 해결은 클라이언트와 사회복지사와의 전문적 관계를 통해 이루어지게 되었고, 이 시기를 통해 사회복지실천은 개별사회사업을 중심으로 전문직으로 발전하게 되었다(백은령 외, 2008).

그러나 점차 복잡한 현대사회로 들어오면서 클라이언트의 문제는 환경 안에서 고려되어야 한다는 관점이 대두되기 시작하였다. 즉 기존의 의료적 관점으로는 인간의 문제를 충분히 이해하기 어려우며, 전체적(whole)인 인간으로 바라볼 수 없다는 한계를 발견하게 되었다. 기존의 전통적인 사회복지방법론들은 기관에서 가능한 서비스를 중심으로 제공되기 때문에 클라이언트 문제해결을 위한 연계와 종합적 접근이 어렵다는 한계를 가지고 있기 때문이다.

이 시기에 스텀프(Stumpf, 1970)는 기존의 전통적 방법에서는 문제를 전체적 시각이 아닌 단편화된 시각으로 바라보고 있으며, 클라이언트 문제에 대하여 전체적으로 개입하기보다는 사회복지사의 입장에서 적절히 처리할 수 있는 문제만을 부분적으로 잘라내어 돕는 형식을 취해왔다고 주장하며 새로운 사회복지실천방법의 필요성을 역설하였다(전재일, 1981). 이러한 전통적 방법의 한계를 정리하면 다음과 같다(김융일 외, 1995:121~122, 재인용).

첫째, 전통적 방법은 주로 제한된 특정 문제 중심의 개입을 하고 있어 최근의 복잡한 문제 상황에 대해 적절히 개입하기 어려운 경우가 발생한다. 따라서 전통적인 방법은 이러한 외부적 환경에 의한 자체적인 한계점에 도달해 있다.

둘째, 전통적 방법은 지나친 분화와 전문화로 서비스의 파편화 현상을 초래함으로서 다양한 문제와 욕구를 가지고 있는 클라이언트가 여러 기관이나 사회복지사를 찾아 다녀야 하는 부담감을 야기한다.

셋째, 전문화 중심의 교육훈련은 사회복지사의 분야별 직장 이동에 도움을 주지 못한다.

넷째, 공통기반을 전제하지 않는 분화 및 전문화는 각각 별개의 사고와 언어 및 과정을 보여 줌으로써 사회복지전문직의 정체성 확립에 장애가 된다.

4) 한계 극복을 위한 노력

이러한 전통적 방법의 한계를 보완하고자 분화 및 전문화되어 있는 사회복지실천방법을 통합하려는 시도가 나타나기 시작하였다. 1920년대에 이미 그러한 움직임이 있었는데 1925년 밀포드회의에서 어떤 특정한 문제나 실천방법에 근거한 세부 영역보다 우선하는 사회복지실천의 공통적인 요소들이 존재한다고 발표하였다. 1958년 전미사회복지사협회(NASW)가 제출한 "사회사업실천의 작업 정의"라는 보고서가 그것이다. 이후 사회복지실천에서 통합적 방법에 관한 논의는 바틀렛(Bartlett)이 그의 저서 《사회사업실천의 공통기반》(The Common Base of Social Work Practice)에서 사회복지방법의 지식과 가치가 다양한 방법을 규정하고 있음을 강조하면서 그 공통된 기초를 묶어 내었다(Bartlett, 1970; 백은령 외, 2008:108~109, 재인용).

이후 골드스타인(Goldstein), 핀커스와 미나한(Pincus & Minahan), 플랜저(Flanzer), 시포린(Siporin), 콤튼과 갤러웨이(Compton & Galaway), 메이어(Meyer), 무릴로(Murillo) 등에 의해 통합적 방법에 관한 이론 구축을 위한 노력이 전개되었다(전재일, 1981).

한편, 이러한 사회복지 전문직 내의 노력과 함께 사회복지 외부의 환경에서도 체계이론, 일반체계이론, 생태체계이론 등의 다양한 이론이 사회복지의 주요 이론들로 활용되면서 복잡한 문제에 대해 접근할 수 있는 기틀이 마련되었다. 이러한 이론적 기반은 실천을 위한 개입들로서 보다 포괄적이고 체계적인 방법론을 요구하는 사회복지 전문직내의 욕구와 맞물려 통합적 방법의 정립을 가속화시켰다. 따라서 통합적 방법은 사회복지의 내·외적인 환경의 요구에 의하여 자연스럽게 사회복지 전문직의 중요한 방법론으로 등장하게 되었다. 이러한 배경 하에 등장한 통합적 방법은 클라이언트의 문제성격에 따라 효과적인 접근법을 절충적으로 활용하는 방법을 강조함으로써 심리내적인 면을 강조하는 정신역동이론으로부터 사회와 문화, 즉 상황 속의 인간(person in situation)을 이해하는 데 유용한 체계이론이나 생태체계이론에 이르기까지 다양한 이론과 지식을 활용하고 있다(김성천, 1997).

2 통합적 방법의 개념 및 특성

1) 통합적 방법의 개념

사회복지실천에서 통합적(integrated or unitary, generalist approach)이란 사회복지사가 개인, 집단, 지역사회에 제기되는 사회문제에 대처해 나가고자 할 때 활용할 수 있는 공통된 하나의 원리나 개념을 제공할 수 있는 방법의 통합화를 말한다(김융일 외, 1995).

사회복지사는 사회복지실천현장에서 클라이언트의 문제를 해결하기 위해 다양한 이론, 관점, 모델, 접근방법을 알고 있어야 한다. 또한 클라이언트가 다양하기 때문에 다양한 제 이론들을 파악하고 있어야 하며 왜 클라이언트가 그런 행동을 할 수밖에 없었는지 이유를 설명하고, 환경이 행동에 미치는 영향에 대해 이해하고 중재자, 옹호자, 지지자 등의 역할을 수행하려면 다양한 지식체계를 적용시켜야 하고 다양한 기법을 알고 있어야 한다(이종복, 전남련, 김덕일, 2006).

밀레이(Miley, 1995)는 “통합적 방법이란 사회복지실천의 목적을 달성하기 위한 접근방법이며, 이러한 관점은 개별적인 한계를 넘어 다양한 인간체계에 대한 개입으로, 사회복지실천영역의 확장이다”라고 하였다. 또한 플랜저(Flanzer, 1973)는 개인, 집단, 가족치료의 동시통합(concurrent integration)을 완전통합(conintegration)이라 명명하며, 한 명의 클라이언트가 동일한 사회복지사 혹은 협력관계에 있는 사회복지사들이 사용하는 적어도 2가지 이상의 다른 치료방법에 의하여 지속적, 동시적으로 받는 치료라고 말하기도 하였다. 즉 통합적 방법이란 전통적 방법의 전부 또는 일부를 조합하여 교육함으로써 한 명의 사회복지사가 복수의 방법을 통합적으로 사용하여 클라이언트에게 개입하는 것이다(전재일, 1981).

이러한 통합적 방법에는 세 가지 측면에서 통합 방향이 이루어지고 있다(전재일, 1981). 통합적 방법의 형태로는 결합적 접근방법(combination approach), 중복적 접근방법(multi-method aproach), 단일화 접근방법(unitary approach) 등이 있다.

결합적 접근방법이란 클라이언트의 문제 및 상황에 따라 전문 분화된 각종 방법을 단독 또는 복수의 형태로 임기응변식으로 사용하는 것이다. 이 접근방법은 사회복지사에게 현재보다 더 많은 교육 훈련을 시켜야만 활용할 수 있다.

중복적 접근방법은 각 방법상의 원리와 기술을 비교하여 공통성, 유사성, 차이성, 다양성을 확인하고 이들 방법 간에 상호관련성을 조합하여 사용하는 것이다. 이 접근방법은 각종 방법을 뒷받침하는 과학이론이 서로 다른 현실적 상황에서 어떻게 조합해야 가능할 것인가에 대한 문제를 제기한다.

단일화 접근방법은 전문직으로써 사회복지실천의 공통된 기반을 재확립하고 방법을 특징짓는 총체적 관점과 틀을 확정하여 방법의 재편성을 도모해 나가는 것이다. 이 접근방법을 일반적 접근방법(generic approach)이라 부르기도 하며, 실제로 통합적 접근과 혼용된 용어로 사용되고, 실제 사회복지실천에서 활용될 수 있는 통합적 접근방법이다.

2) 통합적 방법의 특성

통합적 방법은 시대적인 상응으로 등장하게 되었는데 이 방법은 다음과 같은 특성을 가지고 있다(김융일 외, 1995).

첫째, 통합적 방법은 사회복지실천에 본질적인 개념, 활동, 기술, 과업 등에 공통적인 기반이 있음을 전제한다.

둘째, 통합적 방법의 가치는 클라이언트의 잠재성을 인정하며, 이들 잠재성이 개발될 수 있다고 보고 미래지향적인 접근을 강조한다.

셋째, 사회복지의 지식은 과거의 심리 내적인 정신역동적 측면으로부터 상황 속에 인간을 이해하고자 하는 일반체계이론까지 확대된 개념을 사용한다.

넷째, 과거 사회복지 개입은 주로 인간에게 초점을 두거나 환경에 초점을 두는 2궤도 접근으로 이루어져 왔으나 통합적 방법은 이 양면적 상호작용에 초점을 둠으로써 인간과 환경의 공유영역, 즉 사회적 기능수행영역에 사회복지사가 개입해야 함을 강조하고 있다.

다섯째, 클라이언트의 존엄성을 인정하고 클라이언트의 참여, 자기결정 그리고 개별화를 극대화 할 것을 강조하며 사회복지실천 과정의 계속적인 평가를 주장하고 있다.

3 통합적 접근의 주요 이론 및 관점

1) '환경 속의 인간' 관점(Person In Environment, PIE)

PIE는 Person-In-Environment의 약자이며 '환경 속의 인간' 관점으로 불린다. 인간을 이해하기 위해서는 인간의 내적인 심리 특성만을 이해할 것이 아니라 환경과 주변 상황까지도 모두 이해해야 한다는 관점이다.

인간이 경험하는 모든 사회복지적인 문제의 원인은 개인이나 환경 중 어느 한쪽의 결함만으로 보지 않고 개인적인 요소와 환경적인 요소가 서로 어우러져서 생겨난 결과로 본다. 이는 개인과 환경이 각각 떨어진 개체로 존재하는 것이 아니라 서로 상호작용 가운데 있으며 어떠한 문제 역시 상호작용 중에 일어나는 복합적인 관계에서 일어난다고 보는 것이다.

리치몬드(Richmond, 1922)는 「개별실천이란 무엇인가」라는 책을 통하여 개별실천(casework)을 '개개인, 그리고 개인과 사회환경 사이에서 의식적인 조정을 통해 개개인의 인격발달을 이루어 가는 과정'이라고 정의함으로써 이미 개인과 사회환경의 상호작용에 대하여 언급하였다. 이후 1950년대를 지나면서 많은 사회복지실천 이론가들에 의해서 사회복지실천의 기본적인 개념틀로 자리를 잡기 시작하였다.

고든(Gordon, 1969)은 사회복지사의 활동 초점을 소개하면서 '환경 속에 존재하는 것, 즉 환경이 제공하고 있는 자원과 개인이 갖고 있는 욕구나 성장 잠재력과의 조합을 이루어내는 것'이라고 하여 환경 속에서의 인간 관점을 설명하였다.

2) 일반체계(general system) 이론

(1) 일반체계의 정의와 특징

생물학자인 버틀란피(Bertalanffy)가 1940년대에 처음 주장하였으며 이후 1960년대를 지나면서 관심을 받기 시작하였다. 이 이론은 체계(system)를 구성하는 요소들의 개별 속성과 이들 간의 상호작용의 속성을 이해하고, 복잡한 체계의 관계 속성 또는 체계 내부에서 이루어지는 상호작용의 특성을 알아내기 위해 개발된 것으로, 유기체와 환경 사이의 체계적인 상호작용, 상호관련성에 대하여 전체성, 상호성, 개방성의 개념을 설명하고 분석한다.

(2) 인간과 환경에 대한 관점

특히 개인과 환경을 원인과 결과라는 인과적인 시각에서 보지 않고 두 체계를 상호 보완적인 개념으로 파악하여 인간과 환경 간의 상호작용, 개인과 체계가 효율적으로 기능할 수 있도록 한다. 일반체계이론에서는 기본적으로 인간과 환경을 상호작용하는 관계로 본다. 따라서 어느 한 쪽이 다른 쪽에 일방적인 영향을 끼치는 것이 아니라, 인간과 환경이 서로 상대에게 영향을 미치는 순환적인 관계로 본다.

(3) 체계의 기본 속성

체계(system)란 서로 의존적이며 상호 작용하는 부분으로 구성되어 있고, 전체와 부분 간에 관계를 맺는 하나의 단위적 개념이다. 체계는 인과적인 관계 속에서 직접적으로 또는 간접적으로 관련된 각 구성요소의 복합체이며, 각 구성요소들은 특정한 기간 안에 안정적으로 다른 구성요소와 관련이 되어 있다.

(4) 체계의 구분

① 대상체계 : 분석의 대상이 되는 체계를 말한다.

② 상위체계 : 대상 체계의 외부에 있고 그 체계에 기능적으로 영향을 미치는 체계이다.

③ 하위체계 : 2차적이고 종속적인 체계로서 큰 체계 속에 있는 작은 체계를 말한다.

④ 개방체계 : 투과성이 높은 체계로서 개방체계는 성장과 발전에 필요한 정보나 에너지를 자유롭게 받아들인다. 체계이론에서의 체계는 개방적이다.

⑤ 폐쇄체계 : 폐쇄체계는 다른 체계와 상호작용하지 않으며 번창하지 않는다. 시간이 지나면 에너지의 유입이 없으므로 조직과 기능이 사라진다.

(5) 사회복지실천에 공헌한 내용

일반체계이론은 직선적인 인과관계 모델로부터 벗어나게 하였다. 총체성을 강조하는 체계적인 사고를 강조하여 사회복지실천이 클라이언트와 체계들 간의 상호작용하며 이를 향상되도록 도왔다. 또한 한 가지 문제가 발생하더라도 여기에는 다양한 요소가 관여된다는 것을 알게 하였다. 특히 인간행동을 이해함에 있어서 단선적인 인과관계 관점의 의료적인 모델에서 다원론적 관점으로 전환시킨 것에 큰 의의를 둔다 할 수 있다.

그러나 체계이론은 너무 추상적인 차원에서 개념화되었고 다양한 관점과 해석으로 인해 체계에 대한 설명이 명확하지 못하여 많은 부분에서 혼란을 초래하였다. 또한 변화에 대한 저항을 역기능이나 병리의 근원으로 보는 관점을 지니고 있다.

(6) 핀커스와 미나한의 4체계이론

일반체계이론을 도입하여 핀커스와 미나한(Pincus & Minahan, 1973)은 4체계이론을 만들었다. 이는 사회복지사가 실천과정에서 다루게 되는 대상을 네 체계로 구분한 것인데, 클라이언트체계, 변화매개체계, 표적체계, 행동체계이다.

(7) 콤튼과 갤러웨이의 6체계이론

콤튼과 갤러웨이(Compton & Galaway, 1983)는 핀커스와 미나한의 4체계이론을 발전시켜 6체계이론을 만들었다. 클라이언트체계, 변화매개체계, 표적체계, 행동체계에 이어 전문(가)체계, 문제인식체계(의뢰-응답체계)를 말한다.

3) 사회체계(social system)이론

(1) 사회체계이론 발달

사회복지분야에서는 일반체계이론을 도입하여 4체계이론이나 6체계이론을 발달시켰다 이에 사회학 분야에서 파슨즈 등의 사회학자에 의해 사회체계이론이 발달했다. 특히 사회복지분야에서 PIE체계이론이 '환경 속의 인간'이라는 개념을 완전히 설명하지 못함으로 인해 이에 대한 보충적이고 명확한 이론에 대한 관심이 증가하였다. 따라서 인간 사회의 심리적, 사회적 구조와의 관계를 설명하는 사회체계이론이 발달하게 되었다.

(2) 사회체계이론

사회체계이론은 사회체계에 체계론적인 관점을 적용한 이론이다. 이는 인간 행동에 영향을 끼치는 다양한 체계 수준을 좀더 다양하고 넓게 설명하는 이론이다. 다양한 체계는 개인, 가족, 소집단, 지역사회를 이른다.

일반체계이론이 '체계'라는 추상적인 개념으로 설명하는 대신, 사회체계이론은 개인, 가족, 소집단, 지역사회, 문화 등의 구체적인 사회체계를 다룸으로서 그 영향력을 높였다.

사람들은 문화와 사회에 대하여 공동으로 사용하고 나누며 공유하는 속성을 가지고 있다. 사회는 서로 상호작용하는 체계이기 때문에 체계가 갖는 특성을 모두 가지고 있다. 따라서 사회나 문화에 대한 설명도 체계이론을 설명이 가능해지며 이를 사회체계이론으로 발전시켰다.

4) 생태체계이론

(1) 생태체계이론의 구성

생태체계이론은 생태학이론과 일반체계이론을 결합시킨 것이다. 생태(a mode of life)란 생물과 환경의 관계에 있어서 생활상태, 개인 또는 유기체가 경험하거나 직간접적으로 서로 연결되어 있는 환경을 말한다. 생태학이나 생물과 환경 사이의 상호작용을 연구하는 학문으로서 환경의 다양성과 생명지지 속성 등을 이해하고자 한다.

일반체계이론은 생물학자인 버틀란피가 제시한 것으로 체계를 구성하는 요소들의 개별 속성과 이들 체계 간의 상호작용 속성을 이해하고 특성을 파악하기 위해 개발된 이론이다. 일반체계이론은 현상을 설명, 예측, 통제할 수 있는 이론적인 모형을 알려주는 기능으로 인해 모든 형태의 인간 연합체계에 적용할 수 있다.

(2) 생태체계 관점

생태체계 관점은 일반체계이론과 생태학 이론을 결합한 것으로서 체계적인 관점과 생태적인 관점을 합친 것이라고 보면 된다. 즉 일반체계이론을 도입하지만 일반체계이론이 가지는 한계를 극복하기 위해 부족한 부분을 생태학적인 관점에서 해결하는 이론이다.

생태체계 관점은 인간과 인간의 주변 환경들 간의 상호작용, 상호 의존성, 역동적 교류 또는 적응을 설명한다. 유기체들이 어떻게 상호 적응하고 상호 작용하는지에 대하여 초점을 둔다.

(3) 생태적 체계의 구성

① 미시체계(micro system)

가장 작은 단위의 체계로서 개인이나 인간이 속한 가장 직접적인 환경을 말한다. 인간은 심리적, 사회적, 생리적 체계의 한 형태인데 이런 체계들은 모두 상호 작용하고 있다. 미시체계는 인간과 직접적인 상호작용을 하여 인간에게 영향을 미친다. 특히 미시체계 안에서는 자녀와 부모, 교사, 또래 같은 요인들 간에 서로 직접적인 상호작용이 이루어진다. 특히 개인의 특성과 성장시기에 따라 미시체계가 달라지기도 하는데 가령, 어릴 때는 엄마, 부모가 가장 중요한 환경이 되지만 학교에 입학하거나 청소년기에 접어들면 같은 또래의 말을 더 신뢰하고 이들로부터 더 큰 영향을 받거나 끼친다.

미시체계로는 부모, 친구, 선배, 종교인, 선생님, 지역사회, 놀이터, 종교단체, 교사의 신념, 종교인의 가르침, 부모의 교육, 대인관계 유형 등이 있을 수 있다.

② 중간체계(mezzo system)

미시체계인 가족, 직장 등의 소집단 또는 가족과 개인을 둘러싼 두 가지 이상의 환경에서 일어나는 과정과 연결성을 말한다. 이 두 가지 이상의 미시체계들 간의 관계나 상호작용으로서 교사와 부모 간의 관계, 형과 동생과의 관계 등이 중간체계에 속한다.

③ 거시체계(macro system)

미시체계, 중간체계, 외부체계에 포함된 모든 요소와 더불어 개인이 살고 있는 문화적 환경까지도 포함하는 체계이다. 이는 개인이 속한 사회의 이념, 가치, 제도의 일반적인 형태이며 개인에게 영향을 미치는 환경요소를 말한다. 거시체계는 개인의 생활에 직접적으로 개입하지는 않지만 간접적으로 강력한 영향을 미치며 하위체계에 대한 지지기반과 가치틀을 제공해준다. 정치, 경제, 사회, 법, 문화, 관습 등이 이에 속한다.

④ 외부체계(exo system)

개인과 직접적으로 상호작용하지는 않지만 미시체계에 큰 영향을 주는 사회적인 환경을 일컬어 외부체계라 한다. 개인은 외부체계에 직접적으로 참여하지는 않는다. 그러나 이러한 외부체계의 환경들은 인간의 행동에 큰 영향을 미치고 영향력을 발휘한다. 부모의 직장, 정부기관, 문화시설, 대중매체 등이 이에 속한다.

⑤ 시간체계(time system)

개인의 삶 전체에 걸쳐 생성되고 변화하며 역사하는 포괄적인 체계이다. 어떤 시대에 출생했으며 어떻게 자라났는지에 따라 개인의 삶은 크게 바뀐다. 가깝게 부모, 형제, 친구 등 개인을 둘러싼 미시체계로부터 문화, 관습, 정치, 법 등의 거시체계에 이르기까지 모든 생태체계는 개인에게 영향을 미친다. 이러한 생태적 환경은 과거, 현재, 미래의 시간체계 속에서 작용한다.

4 통합적 방법론 모델

사회복지실천은 문제를 해결하기 위한 방법이다. 초기에는 시대적 상황과 함께 다양한 변천을 거치며 저마다의 방법으로 발전되어 왔고 자리를 잡아 왔다. 그러나 현대로 오면서 다양하게 개별적으로 분산된 전통적인 방법들을 통합하기 위해 많은 학자들이 노력하였다. 대표적으로는 핀커스와 미나한의 4체계모델이 있다. 핀커스와 미나한은 이 모델을 통하여 사회복지실천의 전문적인 정체성에 대한 기초를 만드는 데 목적을 두었다. 따라서 이 모델은 맞닥뜨리는 특수한 상황에서 여러 이론을 선택적으로 통합하여 사용하는 절충주의적 입장을 취한다(문인숙 외, 1994). 4체계모델과 함께 개발된 모델로는 생활모델이 있다. 저매인과 기터만의 생태체계적 관점을 준거틀로 도입하여 개발한 것이다. 생활모델은 인간과 환경의 상호작용에 초점을 두었다. 개인, 가족, 집단, 지역사회 등의 체계에 개입할 수 있는 실천원칙과 기술을 통합하였다. 이번 장에서는 다양한 통합적 방법론 모델을 살펴보고자 한다.

1) 4체계모델

1973년 핀커스와 미나한이 체계이론을 사회사업실천에 응용한 접근방식이 4체계모델이다. 이 접근방법은 인간은 만족한 삶을 위해 주변환경 속에 있는 체계에 의존하므로 사회사업은 이러한 체계에 초점을 맞추어야 한다고 주장한다. 그리고 인간을 도울 수 있는 세 가지 체계가 있는데, 첫째는 가족이나 친구, 동료 같은 비공식적 또는 자연적 자원체계이고, 둘째는 회원제로 구성되는 지역사회집단이나 협회 같은 공식적 자원체계이며, 셋째는 병원이나 학교 같은 사회적 자원체계 등이다.

문제가 있는 사람들은 이와 같은 도움의 체계를 이용할 수 없게 된다. 따라서 사회복지사는 클라이언트와 그들 환경 사이에 어떠한 상호작용 요소가 문제인지를 파악해야 한다.

4체계모델은 포괄적이고 전체적인 관점에서 클라이언트체계를 사정할 수 있는 기초를 제공하고 사회복지사로 하여금 인간과 그의 세 가지 자원체계 간의 연결에 초점을 맞춘다. 이 모델은 복잡한 여러 수준의 체계들과 연결되어 있는 사람들과 일한다는 점을 강조하고 있으며 미시적 대 거시적, 또는 치료 대 사회행동과 같은 전통적인 이분법적 사고를 피할 수 있도록 해 준다(김융일 외, 2000:72).

이 모델에서의 사회복지의 초점은 사람의 문제나 자원체계에 있는 것이 아니고 사람과 자원체계, 그리고 자원체계 간의 상호작용에 있다고 보고 있다. 따라서 사회복지의 목적은 첫째는 사람들의 문제해결 및 처리능력을 향상시키고, 둘째는 사람들의 자원, 서비스 그리고 기회를 제공하는 체계들과 연결시키며, 셋째는 그런 체계들이 효과적이고 인도적인 운영을 하도록 증진시키고, 넷째는 사회정책의 개발과 개선에 공헌하는 것이라고 하였다(Pincus & Minahan, 1973).

이와 같은 목적을 달성하기 위하여 사회복지사는 다음과 같은 기능을 하게 된다(문인숙 외, 1994:9-10).

① 사람들의 문제해결과 처리능력을 향상시키고 더 효과적으로 이용할 수 있도록 돕는다.
② 사람들과 자원체계 간의 기본연결을 성립시킨다.
③ 사람들과 자원체계 사이의 상호작용을 촉진시키고 관계를 수정하여 새로운 관계를 수립하게 도와준다.
④ 자원체계 내의 사람들 사이의 상호작용을 촉진시키며 서로 간의 관계를 수정하거나 맺게 해준다.

⑤ 사회정책의 개발과 수정에 기여한다.
⑥ 물질적 자원을 분배한다.
⑦ 사회통제의 매개역할을 한다.

사회복지실천 과정에서 사회복지사는 4체계와 관련되어 활동하게 되며, 이들 체계는 변화매개체계(change agent system), 클라이언트체계(client system), 표적체계(target system), 행동체계(action system) 등이다(임은희, 2004).

(1) 변화매개체계

사회복지사 및 사회복지사를 조직하는 기관이나 조직이 변화매개체계이다. 변화매개인이란 계획적인 변화를 목적으로 특수하게 고용된 '돕는 사람', 즉 사회복지사를 의미한다. 다시 말해서 사회복지사가 변화매개인이라고 볼 수 있고 사회복지사를 고용하는 공공기관, 민간기관 또는 이윤추구기관들이 변화매개체계이다.

(2) 클라이언트체계

클라이언트체계란 서비스나 도움이 필요한 사람들로서 변화매개인과 계약이 이루어졌을 때 클라이언트가 된다. 계약이란 변화 노력의 목표나 목적을 분명히 하여 변화 활동에 사용되는 방법을 확실하게 하는 것을 의미한다. 또한 계약은 체계 구성원 모두와 이루어질 수 있고 일부와도 이루어질 수 있다.

(3) 표적체계

변화매개인이 목표로 한 것을 달성하기 위해 영향을 주거나 변화를 시키는 것이 필요한 사람들을 표적체계라 한다. 표적체계는 클라이언트체계와 중복되기도 한다.

(4) 행동체계

변화매개인들이 변화 노력을 달성하기 위해 서로 상호작용하는 사람들을 행동체계라고 한다. 즉 사회복지사가 변화 노력을 완수하고 달성하기 위해 상대하는 사람들로서 이웃, 가족, 전문가들이 이에 해당된다. 변화 노력 과정에서 변화매개인은 단계에 따라 여러 다른 유형의 행동체계와 일할 수 있다.

사회복지실천과정에서 사회복지사가 4체계와 활동하면 여러 가지의 이점이 있다. 첫째는 변화 노력에 관련된 많은 사람들과 여러 종류의 다른 상황에 적응할 수 있는 기본구조를 제공해 주고, 둘째는 변화 노력에서 완수해야 할 과업을 찾아내는 데 도움을 주고, 셋째는 체계의 기본구조를 통하여 도움을 요청하는 사람 자체가 개입의 주요 표적이라고 전제할 수 없다는 사실을 알게 해 주고, 넷째는 클라이언트체계가 제시한 문제를 해결하는데 가장 효과적인 행동체계의 규모나 유형을 전제로 할 수 없다는 것을 기본 구조가 분명히 알게 해 주고, 여섯째는 조직을 사회변화에 관련된 체계로 보는 관점이 중요하다는 사실을 인식시켜 주며, 일곱째는 잠재적 변화의 표적으로 기관(변화매개체계)에 신중하게 초점을 제공해 주고, 여덟째는 사회복지사가 4체계 모두와 상호역동적인 관계를 맺어야 해결되므로 사회복지실천에 관계의 중요성을 재인식시켜 준다.

2) 6체계모델

콤튼과 갤러웨이가 사회복지실천을 구성하는 체계를 여섯 가지로 나누었다. 이는 핀커스와 미나한의 4체계 모델에 전문체계와 의뢰-응답체계를 추가한 것이다. 체계이론으로 설명함에 있어 클라이언트의 문제를 클라이언트의 개인적인 인성의 문제에서 클라이언트의 체계 또는 환경과의 상호작용 속에서 발생하는 것으로 관점을 전환시켰다.

추가되는 전문체계는 전문가 단체나 전문가를 키우는 교육체계 그리고 전문적 실천의 가치 등을 말한다. 의뢰-응답체계는 문제인식체계라고도 하며 서비스를 요청한 사람을 의뢰체계라 부르고, 이에 대해 경찰, 법원, 사회복지사 등의 요청으로 서비스 기관으로 오게 된 체계를 응답체계라 한다.

3) 단일화 모델

단일화모델은 사회체계모델, 사회학습 또는 문제해결모델 그리고 과정모델을 준거틀로 하여 결합한 모델이다. 이 모델은 세 가지 준거틀 가운데 과정모델의 내용을 특히 강조하였다.

골드스테인(Goldstein)은 과정모델을 조사와 평가, 의뢰와 중재, 평가적 전략이라 하여 사회복지실천과정의 여러 가지 단계들과 연계시켰다. 사회복지실천과정을 역할유도단계, 핵심단계 및 종결단계로 설정하고 이들 단계가 반복적으로 일어나는 것으로 설명하였다. 그리고 전체 과정모델을 여러 가지 표적의 형태인 개인, 가족, 집단, 조직, 지역사회로 구분하여 구체화된 단계와 연결하였다(임은희, 2004).

4체계 모델은 클라이언트체계와 자원체계, 서회복지사와의 상호작용을 중요시하는 데 비해 단일화 모델은 사회학습에 관한 사회복지사의 기능에 더 많은 관심을 기울였다. 사회학습을 매우 광범위한 일반적인 의미로 제시하여 중요한 변화 목표로서 개인이나 소집단체계에 한정시키지 않고 사회학습 과정을 통해 조직, 지역사회 등의 더 큰 체계들이 변화될 수 있다고 주장한다. 또한 사회복지사의 자원 확보와 폭넓은 활용을 통해 사회 변화가 가능하다고 설명하였다(Goldstein, 1973:159; 김융일 외, 2000:73).

4) 문제해결모델

문제해결모델은 1957년 펄만에 의해 개발된 모델로 개별사회사업의 목적은 치료가 아니고 현재의 문제에 대처하는 개인의 능력을 향상시키는 것이라고 하였다. 이 모델은 자아개념을 중시하면서 클라이언트 자신이 문제해결자임을 강조한다. 또한 문제발생이란 적절한 방법으로 문제에 대처하고자 하는 동기 부족, 적절한 방법으로 문제에 대처하고자 하는 능력 부족, 그리고 문제를 경함시킬 기회 부족 등에 의해서 일어난다고 하고 이것들이 문제해결모델에서 중심적 요소라고 하였다(Roberts, 1970 ; 임은희, 2004:86).

문제해결모델은 펄만의 4P이론으로 불리는데, 문제(Problem), 사람(Person), 장소(Place), 과정(Process)의 4대 요소로 이루어져 있다. 다시 말하면 문제를 가지고 있는 사람이 어떤 장소에 자신의 문제를 갖고 도움을 얻기 위해 찾아오면 이때 사회복지사는 클라이언트의 문제해결기능에 관여하고, 더 나아가서는 문제해결에 필요한 자원을 보완해 주는 것이다(임은희, 2004). 이후 펄만은 전문가(Professional), 사회적 지지나 재화, 관계를 제공하는 제공물(Provision)을 추가하여 6P로 확대하였다.

문제해결과정 모델은 다음과 같은 특징을 가지고 있다. 첫째는 인간이나 사회체계를 효과적으로 변화시키기 위한 목표를 합리적으로 생각할 수 있도록 해준다. 둘째는 합리적인 인지활동은 연속적 단계로 행할 수 있는 클라이언트체계 또는 사회복지사의 능력에 의거한다. 셋째는 각 단계는 특정한 목표를 달성하기 위한 활동을 포함하며 각 단계의 활동이 어떻게 수행되었는지가 다음 단계 활동을 포함하며 각 단계의 활동이 어떻게 수행되었는지가 다음 단계 활동의 효과 정도를 결정하게 된다. 넷째는 인간의 삶은 그 안에서 불가피하게 발생하는 문제들을 해결하거나 대안적인 해결책을 선택하는 결정을 내리는 과정이므로 사회복지사는 인간의 성장과 발달에 대한 삶의 모델을 따라야 한다. 다섯째는 사회복지사가 질병을 치료하듯이 클라이언트의 문제를 해결해 주는 것이 아니고 클라이언트체계의 성장과정에 참여하여 클라이언트를 도우면서 삶을 보다 효과적으로 대처할 수 있도록 클라이언트의 능력을 강화시킬 것을 강조한다(임은희, 2004).

5) 생활모델

생활모델은 개인과 환경의 동시적인 초점을 제공할 수 있는 개념들과 조직적인 지역사회, 그리고 문화적 상황 안에서 개인, 가족, 집단과 같이 활동할 수 있는 실천원칙과 기술들을 통합하는 실천방법으로서, 생활자체의 성장과 발달의 제과정과 그 과정 속에서 사람들이 문제를 해결하고 갈등을 해소해 나가는 방법 등에서 보여지는 특징과 법칙을 모델로 삼고 있다.

생활모델은 문제를 병리적 상태의 반영이 아닌, 사물, 사람, 장소, 조직, 아이디어, 정보, 가치들과 같은 생태체계의 요소, 즉 전체의 부분들 간의 상호작용의 결과로 보고 있다. 그러므로 문제란 성격장애가 아닌 스트레스를 만들어 내고, 대처능력을 과중하게 부담시키는 생활상의 문제로 정의한다. 그래서 생활의 맥락에서 문제를 파악하는 데 관심을 두고 문제를 개인의 장애로만 파악하지 않는다.

생태학이란 유기체와 환경 간에 적응적 적합성과 유기체의 역동적 균형을 유지하는 방법을 연구하는 학문이므로 중심 개념은 적응(adaptation)과 상호성(reciprocity)이다. 적응균형의 혼란은 긴장이다. 이 이론에서 긴장이란 개인의 요구와 능력 그리고 다른 한편은 환경 사이의 불일치에서 일어나는 심리사회적인 사건이다. 또한 긴장은 세 가지 상호 관련된 생활영역에서 일어난다. 다시 말해서 환경 간에 적응적 교류의 균형이 깨지면 스트레스가 발생하는데 그 상황은 생활주기의 변화, 환경의 압박, 대인관계 과정 등이다(장인협, 1966).

모든 스트레스 상황이 반드시 스트레스를 유발하는 것은 아니며, 스트레스 유발 여부는 개인적·환경적 상황 그리고 특정 사건에 대한 인지방법에 의해 결정된다. 생활모델에서는 외부세계를 통제할 수 있는 인지능력을 강조하며, 사회복지실천의 목적을 환경과 개인의 상호교류가 적응적으로 되기 위해 개인의 적응능력을 강화하고 환경에 영향을 주는 것으로 보고 있다(조휘일 외, 2000).

이와 같이 생활모델의 특징은 생활 그 자체를 모델로 하고, 이것이 지니고 있는 성장과 발달 및 문제해결의 힘을 동원하고, 촉진시키기 위하여 넓은 범주의 접근을 모색하는 데 그 특징이 있다고 할 수 있다(김융일 외, 2000).

6) 임파워먼트 모델

임파워먼트(empowerment)는 클라이언트로 하여금 자기 삶에 대한 결정과 행위에 있어서 힘(power)을 가질 수 있도록 돕는 것을 말하며, 자신이 가지고 있는 능력을 발휘하지 못하게 하는 사회적·개인적 장애물을 제거하고 자신의 기능과 능력을 육성하도록 하여 자신에게 주어진 권한을 획득해 가는 적극적인 활동을 말한다.

솔로몬(solomon, 1972)은 임파워먼트란 스티그마 집단의 구성원이라는 사실에 기초하여 얻게 된 부정적인 평가와 이로 인해 발생한 무력한 상태를 줄이기 위해 클라이언트 또는 클라이언트체계에 대응하는 일련의 활동에 사회복지사가 개입하는 과정이라고 정의하였다. 즉 사회복지사나 다른 원조전문가가 스티그마에 노출된 집단에 소속된 관계로 자신의 능력과 관계없이 차별을 받거나 기회를 얻지 못해 생기는 무력상태를 감소시키기 위해 클라이언트와 일련의 활동을 하는 과정이라고 정의하면서 4개 항목의 구체적 목표를 설정하였다(백은령 외, 2008).

① 사회복지사는 클라이언트로 하여금 자신의 문제해결을 위한 주체자임을 인식하도록 한다.
② 사회복지사가 소유하고 있는 지식과 기술은 클라이언트의 권한획득을 위해 노력하고 지원하며 활용될 수 있는 것임을 알게 한다.
③ 사회복지사는 문제해결에 있어서 클라이언트의 동료와 협력자 또는 파트너라는 것을 인정할 수 있도록 한다.
④ 사회복지사는 억압적 사회제도(학교, 복지사무소, 재판소)의 부정적인 영향을 감소하기 위해 활동하는 사람이라고 인정할 수 있도록 한다.

임파워먼트 모델에서 사회복지사와 클라이언트와의 관계는 전통적인 개입방법과 다르다. 즉 전문가와 비전문가라는 관계가 아니라 상호 책임적 관계이며, 클라이언트는 자기 파워를 가지고 있음을 인식해야 한다. 임파워먼트 모델의 실천원칙과 방법은 다음과 같다(Parsons, 1991; 백은령 외, 2008).

① 원조관계의 기초는 협력·신뢰·파워의 공유로 삼는다.
② 집단행동을 활용한다.
③ 클라이언트가 정의한 문제를 수용한다.
④ 클라이언트의 강점을 확인하며 그것을 활용한다.
⑤ 계급과 파워에 관한 이슈에 관하여 클라이언트의 의식을 고양시킨다.
⑥ 변화과정에 클라이언트를 관여시킨다.
⑦ 특정한 기술을 가르친다.
⑧ 상호 지지나 자조의 네트워크나 그룹을 활용한다.
⑨ 개인이 가지고 있는 파워를 느끼게 한다.
⑩ 클라이언트를 위해 자원을 동원하거나 그의 권리를 옹호해 준다.

임파워먼트 모델에서 클라이언트는 자신의 생활이나 경험에 관한 한 누구보다 잘 아는 전문가이고, 인간 서비스나 정치면에 있어 자기주장권을 가지며,

자신에게 주어진 권한을 누릴 권한을 가지고 있는 시민이고, 주장자라는 전제에 선다(Simon, 1994). 이렇게 본다면 클라이언트는 자신의 문제를 해결하는 주체적인 존재이며, 문제를 해결하는 과정을 통해 자신의 잠재력을 발휘할 수 있는 잠재력을 가지고 있는 존재로 인식되어야 한다.

7) 위기개입모델

위기란 안정된 상태 속에서의 급격한 변화를 의미한다. 개인은 적응기제나 균형기제를 가지고 있어서 어떠한 변화에 대처하는 능력을 가지고 있지만, 위기상황에서는 습관적인 문제해결활동만으로는 신속히 균형상태를 회복하지 못한다. 특히 위험스러운 사건은 현재의 욕구에 위험을 줄 뿐만 아니라 과거의 위험과도 연결되기 때문에 이러한 위협은 현재의 위기보다도 더 큰 부담을 주게 된다(백은령 외, 2008).

케플란(Caplan, 1964)은 위기를 "인간 유기체는 끊임없이 외부환경과의 균형을 유지하기 위해 노력한다. 그러나 균형은 여러 가지 요인에 의해서 위협을 받으며, 이러한 상황에서 개인은 해결하지 못하는 문제에 직면하고, 균형상태의 혼란을 일으키는 위기에 처하게 된다."고 하면서 위기는 곧 균형상태의 혼란이라고 보았다. 또한 파라드(Parad, 1966)는 구체적으로 확인될 수 있는 스트레스적 사건과 그 사건을 의미있고 위협적인 것으로 자각하며, 그 사건에 대한 반응과 성공적 순응에 관련되는 대처과업의 혼란 상태를 위기라고 정의하였다. 위기상태는 위협을 포함하는 위험한 사건이 존재하고, 그 위협이 갈등을 일으키는 초기위협과 상징적으로 연관되어 있으면서 현재 또는 과거의 본능적인 욕구를 위협하며, 개인이 적절한 대응기제로 대처해 나갈 수 없는 경우 등이 함께 연결되어 일어나는 상태를 의미한다 . 퍼이어(Puryer, 1979)는 위기개입이란 위기에 처한 사람을 돕는 하나의 접근방법이라고 하였으며, 단기간에 집중적 활동을 통해 현재 상황의 구체적인 사실과 이를 변화시키는 클라이언트 자신의 노력을 강조하는 방법이다(백은령 외, 2008).

8) 강점관점모델

(1) 강점이론의 기본적 개념

강점이론은 인간이 본래 가지고 있는 강점의 중요성을 발견하면서 모든 인간은 광범위한 재능·능력·허용력·기능·자원·열망을 가지고 있음을 전제로 한다. 강점이론의 실체와 성과를 제계화한 사람으로 살리베이(Saleebey)를 들 수 있는데, 그는 1992년 『사회복지실천에서의 강점관점』(1992)이란 저서를 출간함으로써 이론적 발달의 커다란 기반을 형성하였다. 그는 강점관점의 중요한 개념으로 대등한 원조관계를 기반으로 클라이언트의 강점을 발견하기 위해서는 면접장년에서의 대화를 중요하게 생각하였다. 사회복지사는 클라이언트가 말하는 자신의 이야기와 사정에 관한 설명 등을 통해 클라이언트의 강점이나 관심·희망 및 장래에 대한 견해를 발견한다. 클라이언트의 강점은 임파워먼트를 위한 원료로 활용되며, 이미 그 성과를 포함한 새로운 사회복지실천체계가 구축되고 있다.

살리베이(Saleebey, 1997)는 강점의 실천적 기반이 되는 개념으로서 다음 6가지를 말하였다.

① 임파워먼트

임파워먼트는 지금까지 소외되고 침체된 사람들이 자신의 생활을 변화시키고 자신 안에 존재하고 있는 힘을 발견하게 한다. 이는 개인이나 지역사회가 가지고 있는 강점을 발견하고 이를 주장함으로써 나타나게 되는데, 강점관점 모델은 임파워먼트를 가능하게 하는 기초적 요소이다.

② 구성원

사람은 살아가면서 사회구성원의 영향을 받게 되는데, 사회구성원의 영향이란 구성원의 공통된 인식에서 비롯된다. 사회구성원 중 도움이 필요로 하는 사람들은 사회로부터 소외되어 자신들이 권리나 이익을 주장하지 못하게 되는 경우가 많다. 그러나 구성원들이 소외된 사람들의 권리나 이익을 보장해 주고자 노력한다면 클라이언트는 자신들의 강점을 나타낼 수 있을 것이다.

③ 회복력

사람은 어려움에 직면하게 될 때에 많은 고통을 경험하게 된다. 회복력은 그러한 시련을 참고 견디는 능력을 말한다. 회복력은 도전에 대처하게 되며, 능력·지식·통찰 등의 장점을 끊임없이 성장하게 해 준다. 이러한 회복력은 강점이론의 기초적인 요소가 된다.

④ 치유와 전체성

치유는 어려운 상황과 환경에 처해 질병 또는 분열에 직면하게 될 때 재생하거나 저항할 수 있는 정신을 요구한다. 모든 사람들은 치유를 위한 경향을 띠고 있으며, 치유는 총합적이며 자연적인 재생력을 말한다. 강점관점은 인간에게는 치유능력이 잠재되어 있음을 전제로 하면서 전체적으로 치유능력을 기초요소로 삼고 있다.

⑤ 대화와 협동성

인간은 지속적으로 외부와 교환작용을 하면서 살아가고 있다. 주로 타인과의 교환작용은 대화나 협력적 관계활동에 의해 이루어지게 되는데, 이러한 교환작용이 제대로 이루어지지 않는다면 자기 자신이 가지고 있는 생각이나 내면적 강점을 찾아내기 어렵다. 대화는 상호 신뢰를 바탕으로 이루어지게 되므로 협력적 신뢰는 강점관점이론에 중요한 요소이다.

⑥ 의혹의 불식

클라이언트는 자신의 상황에 따라 진실을 말하지 않을 수 있다. 이 때 클라이언트는 자기상황에 따라 불안하고 의혹이 있을 수 있다. 따라서 사회복지사는 클라이언트가 가지고 있는 의혹을 불식시키고, 클라이언트가 사실을 왜곡하고 있음을 알려주어야 한다. 클라이언트는 의혹이 해소되지 않으면 그들의 강점을 나타낼 수 없기 때문에 강점관점이론에서는 의혹의 불식은 중요한 요소이다.

(2) 강점관점 모델의 원리

살리베이(Saleebey, 1997)는 강점시각의 원리를 다섯 가지로 정리하고 있다.

① 모든 개인·집단·가족·지역사회는 강점을 가지고 있다. 강점관점 모델에서 가장 중요한 사항은 모든 개인·집단·가족·지역사회는 강점을 가지고 있다고 전제하는 것이다. 모든 개인은 강점을 가지고 있지만 그것을 발견하거나 자각하지 못하기 때문에 문제를 해결하지 못한다고 본다. 사회복지사는 클라이언트가 가지고 있는 강점을 발견하고 자각하도록 도와주어야 한다.

② 모든 질병과 학대 등 고통이 수반되는 것에는 도전과 기회의 원천이 되기도 한다. 어떠한 상황 속에서도 고통의 의미가 있기 마련이다. 클라이언트

에게 닥친 고통의 사건은 고통만 수반되는 것이 아니며, 오히려 도전과 기회의 원천이 된다는 신념을 가져야 한다. 이러한 신념을 바탕으로 사회복지사는 클라이언트에게 고통의 의미를 발견할 수 있도록 도와주어야 한다.

③ 클라이언트의 희망과 비전 및 가치는 성장과 변화를 가져 오고, 성장과 변화는 무궁무진하다. 어떠한 상황에서도 클라이언트의 희망과 비전은 성장과 변화를 가져온다는 신념을 말한다. 클라이언트의 희망과 도전은 자신의 성장과 변화를 이루며, 그 성장과 변화는 한계가 어디라고 말할 수 없을 정도로 무한하다.

④ 클라이언트에게 가장 좋은 서비스를 주기 위해서 클라이언트와의 협동적 관계가 되어야 한다. 강점발견은 편안하고 협력적인 분위기가 조성되어질 때에 가능하다. 따라서 강점관점 모델을 적용할 때에는 협력적 관계가 먼저 이루어져야 한다.

⑤ 모든 환경에는 자원이 풍부하다. 강점관점에서는 주변환경의 자원이 풍부하다고 인식하는 것이 중요하다. 주변환경이란 공식적·비공식적 자원을 모두 말하며, 어떠한 특정한 영역과 종류를 구분하지 않는다.

제 2 부

사회복지실천론

제6장

사회복지실천의 관계론

1 사회복지실천과 관계

두 사람간 상호작용의 산물인 '관계'는 사회복지실천에 있어 역사적으로 중요하게 인식되어 온 용어이다. 사회복지사가 클라이언트와 좋은 관계를 발전시키는 것이야말로 실천에서 필수적인 요소라고 할 수 있다(Johnson, 1995:167).

일찍이 심리학자와 정신과 의사에 의해 원조관계(helping relationship)에 대한 많은 조사연구가 진행되어 왔으며, 사회복지실천에서도 인간상호작용의 중요성을 인식하고, 관계의 개념을 의식적이고도 의도적으로 사용하려고 시도해온 것이 사실이다. 이는 사회복지실천에 관한 초기 문헌에서 사회복지사와 클라이언트 간의 관계를 특히 중시하고 있는 점에서도 알 수 있다(Compton & Galaway, 1994:263).

20세기 초반 개별사회사업 분야를 대표하는 인물인 메리 리치몬드(Mary

Richmond, 1917)는 사회복지 관계에 대해 상당한 분량의 저서를 남기고 있으며 개별사회사업, 즉 케이스워크란 '사회적 관계의 사용 및 집중적인 연구'를 의미하는 것으로 단언하고 있다. 이외에도 많은 실천가들이 '관계'에 대해 개념적 정의를 내리고자 하였으며, 바람직한 관계를 제시하고자 노력을 기울여왔다. 다음의 몇몇 실천가들의 정의를 통해 사회복지실천에서 관계에 대한 개념을 파악해 보기로 하겠다.

바이스텍(Felix Biestek, 1951)은 "케이스워크에서의 관계란 사회복지사와 클라이언트 간의 감정과 태도의 역동적인 상호작용으로서, 클라이언트가 자신과 환경간의 좀 더 나은 적응을 이룰 수 있도록 돕는 목적을 갖고 있다"고 정의하고 있다.

펄만(Helen H. Perlman)은 『The heart of Helping PeoPle(1978)』이란 저서를 통해 관계에 대해서 다음과 같이 정의하고 그 중요성을 서술하고 있다. 관계란 하나의 촉매제로서, 문제해결과 도움을 향한 인간의 에너지와 동기를 지지하고 양성하며 자유롭게 하는 원동력이다.

펄만은 관계를 인간적인 도움을 주기 위한 수단으로 간주하였으며 '좋은 관계'란 자극과 영양이 되고, 타인의 개성을 존중하고 키워주며 안전한 느낌과 일치성을 제공하는 것이라고 기술하고 있다(Johnson, 1995:167).

존슨과 양카(Johnson & Yanca,2001)는 관계를, 전문적 관계인 동시에 원조관계라는 속성을 가지고 있다. 전문적 관계에서는 합의된 목적과 함께 시간의 제한성을 두고 있으며, 그 속에서 사회복지사는 클라이언트의 이익을 위해 전념하며 구체적인 지식과 기술 및 권위, 전문적인 윤리 강령 등을 수반한다.

사회복지실천에서 관계의 사용 및 그 중요성에 대한 인식은 집단사회사업에서도 마찬가지이다. 집단사회사업 방법론을 사용하는 사회복지사들은 기본적인 개인에 대한 이해를 바탕으로 각 구성원들과의 독특한 관계를 발달시켜왔다(Compton & Galaway, 1994:267). 노던(Helen Northen)은 『Social Work with

Groups, 1969』라는 저서에서 다음과 같이 서술하고 있다. 인간의 행동이 각기 다른 정서적인 반응을 불러일으키는 것처럼, 관계란 일차적으로 한 사람으로부터 다른 사람에게로 흘러가는 감정적인 반응으로 구성된다.

즉 집단의 전체적인 역동성보다는 집단을 구성하는 각 개인에게 초점이 맞추어져 있다.

관계는 비단 개별사회사업이나 집단사회사업과 같은 작은 단위의 개인적인 대인관계뿐 아니라 체계와의 관계도 중요하게 여겨왔다.

체계이론을 활용한 통합방법론을 창조해낸 핀커스와 미나한(Pincus & Minahan, 1973)은 '관계란 사회복지사와 그가 관계하는 다른 체계들 간의 정서적인 유대로 볼 수 있으며, 이들 관계에는 협력, 협상 또는 갈등의 분위기가 포함 될 수 있다'고 주장하였다. 이들은 모든 사회복지실천에서의 관계의 공통적인 부분으로서 의도성, 클라이언트의 욕구에 대한 의무, 사회복지사 입장에서의 목적성과 자기인식들을 들고 있다.

이상과 같이 사회복지분야에서의 관계에 대한 개념은 초창기부터 여러 학자들에 의해 강조되고 발전되었지만 명확히 하나의 개념으로 공통된 의견을 모으지 못한 것으로 여겨진다(Compton & Galaway, 1994:264). 그러나 이상의 제 정의들을 종합하여 정의를 내려 보면, 사회복지실천에서의 관계란 전문적인 지식과 기술을 가진 사회복지사와, 원조 관계를 기대하는 클라이언트가 목적성을 가지고 함께 창조해 나가는 역동적인 상호작용으로 정의를 내릴 수가 있겠다.

1) 전문적인 관계의 기본요소

전문적 관계는 클라이언트의 문제해결 및 적응이라는 분명한 목적을 가지고 그 목적을 위해 제한된 시간동안 이루어지는 특수한 관계이다. 전문적 관계도 모든 관계와 마찬가지로 클라이언트와의 상호작용에 의해 형성되고 유지될 수 있으나, 일반적 인간관계와는 달리 클라이언트는 도움을 요청하고 사회복지사는 전문가로서 도움을 주는 관계이다.

일반적으로 인간관계는 크게 진실한 인간관계와 가식적인 인간관계로 나눌 수가 있다. 진실한 인간관계는 만남(Contact)의 관계이며 가식적 관계는 조작(Manipulation)의 관계이다(이형득, 1984). 만남의 관계란 있는 그대로의 나와 네가 서로 간에 만나서 상호작용을 하는 것으로, 두 사람 사이의 관계는 자신의 이기적인 목적에 봉사하는 수단적 관계가 아니고 동참의 경험을 나누는 관계이다. 조작관계란 나 자신의 가면과 상대방의 가면이 만나서 무의미하게 시간과 정력을 낭비하는 관계를 말한다(임은희, 2004). 따라서 전문적 관계는 진실한 인간관계를 말하며, 언제나 클라이언트의 입장에서 출발해야 하며 사회복지사는 관계의 전반적인 과정에 대한 전문적 책임을 지게 된다.

이 전문적 책임을 위해 사회복지 전문직의 윤리강령과 사회복지실천에서 다음과 같은 관계의 기본요소들이 존재한다. 이 요소들은 관계의 목적과 유형에 따라 각기 사용될 수 있다(Compton & Galaway, 1994:272~288).

(1) 타인에 대한 관심

타인에 대한 관심은 클라이언트에게 일어난 일에 대해 진심어린 관심을 가지며, 이들의 감정에 대해 교류할 수 있어야 함을 의미한다. 프롬(Fromm. 1956)은 상담의 초기단계에서 타인에 대한 관심이란 '책임감, 배려, 존중, 타인에 대한 이해 및 그들의 더 나은 삶에 대한 바람'을 포함한다고 서술하고 있다.

가끔 '관심'이라는 말은 '좋아함(liking)'과 혼동되기도 하는데, 타인에 대한 관심은 좋아한다거나 싫어한다는 개념이 아니라 이를 초월하여 이러한 감정이 어떠한 의미를 갖지 않도록 타인을 배려하는 것을 말한다. 이는 클라이언트의 삶과 욕구에 대한 '조건 없는 긍정적 인정'을 의미하는 것이기도 하다.

그러나 법원이나 다른 기관의 요청에 의해 클라이언트를 의뢰받게 된 사회복지사의 경우 좋고 싫은 감정을 배제한다는 일이 어려울 때가 있다. 의뢰받은 상황에서 사회복지사를 만나게 되는 클라이언트는 사회복지사에게 적대적이거나 사회복지사와 매우 다른 생활 습관을 가진 사람일 수 있다. 이때 사회복지사는 자신의 감정과 판단에 대해 인식하고 있어야 하며, 클라이언트 자체나 그 행동방식을 좋아해야 할 필요는 없다는 사실을 받아들이는 것이 필요하다. 즉 사회복지사가 스스로의 감정을 인식하고 있음으로써 무의식적으로 분노와 거부의 의사를 표현하지 않도록 주의해야 한다.

반면 누구든지 다른 사람을 도우려고 할 때에는 그 사람과 깊이 있는 관계를 맺어야 하는 것이 사실이다. 그러나 다른 사람과 정서적인 유대가 가까워지면 가까워질수록 해결되어야 할 문제에 대해 과도하게 관여하게 될 위험이 있다. 사회복지사가 클라이언트의 문제를 자신의 문제로서 느끼게 되는 경우 클라이언트가 원하고 필요로 하는 것을 제공하기 보다는 지나친 간섭을 하게 될 우려가 있는 것이다. 이때 사회복지사는 목적의식을 갖고 관계를 유지해 나가야 한다.

상담 초기단계에서 타인에 대한 진정한 관심은 사회복지사가 자신의 기술과 지식, 그리고 자기 자신을 사용하여 목표를 달성하는 방향으로 나아가는 것을 의미한다. 사회복지사는 창조자가 되기보다는 하나의 과정을 따라가는 매개자가 되어야 하는 것이다. 케이스-루카스(Keith-Lucas, 1972)는 이러한 '관심'을 클라이언트로 하여금 그들의 도움받기 원하는 범위와 조건을 스스로 결정하게 하는 의지라고 서술하고 있다. 따라서 사회복지사는 항상 도움 받는 사람을 주체로서 존중하고 그들의 이익을 위해 봉사하며, 그들이 가능한 한 자유로울 수 있도록 도와야 한다.

(2) 헌신과 의무

헌신(commitment)과 의무(obligation)는 원조 상황에서의 책임감을 의미하는 것으로서 일관성을 포함하는 개념이다. 상호작용을 함에 있어 책임감을 갖지 않고서는 타인과 의미 있는 관계를 맺을 수 없다. 따라서 원조관계에서 관계의 목적을 이루기 위해서는 사회복지사뿐 아니라 클라이언트 역시 헌신과 의무로 묶여져야 한다.

사회복지사와 클라이언트가 함께 관계를 목적과 조건을 위해, 그리고 상호 의존적인 교류관계를 위해 헌신을 다할 때 클라이언트는 안전하다는 느낌을 갖게 된다. 따라서 관계를 시작할 때 클라이언트에게서 전형적으로 보여지는 시행착오적인 탐색 및 시험적인 태도를 줄일 수 있다. 이는 클라이언트로 하여금 자기보호에 연연하기 보다는 목적을 향해 관심과 에너지를 쏟을 수 있도록 도와준다.

원조관계에서 대개 헌신적인 자세는 일정한 '의무'도 함께 요구하고 있다. 클라이언트에게 기대되는 일반적인 의무는 그들이 지닌 문제와 상황에 대처하는 그들의 태도에 대해 정직하고도 개방적으로 제시할 것과 원조관계에서 최소한의 절차상의 조건에 따르는 것을 말한다. 예를 들어 인터뷰를 위해 특정시간에 특정장소에 정확하게 오는 것도 기본적인 헌신의 자세로 볼 수 있다.

사회복지사의 의무는 관계를 맺을 때 필수적인 절차상의 조건을 최대한 지켜나가야 함을 의미한다. 사회복지사에게는 미리 예약된 시간과 장소를 지킬 것과 클라이언트의 문제에 대해 활동의 초점을 유지할 것, 성장과 변화를 가져오는 관계를 제공할 것 등이 요구된다. 만약 이러한 의무가 정당한 이유나 설명 없이 지켜지지 않는다면 클라이언트는 사회복지사에 대한 신뢰를 잃게 될 것이며 자신을 중요하게 생각하지 않는다는 의미로 받아들여 관계를 형성하기 어렵게 된다.

(3) 수용과 기대

수용과 기대는 사회복지사의 비심판적이고 무비판적인 태도뿐만 아니라, 클라이언트의 감정에 대한 존중 및 클라이언트에 대한 현실적인 믿음을 의미한다(Jonson, 1995:168). 클라이언트를 수용한다는 것은 그들이 자신을 드러내 보이는 대로 받아들인다는 것을 의미한다. 이때 클라이언트의 능력과 가치를 존중하고, 그들이 성장, 성숙할 수 있는 능력이 있다고 믿으며, 그들의 행동에 대해 생존과 대처를 위한 시도로써 이해하려는 인식이 뒤따라야 한다. 이는 단순히 판단하지 않는 태도라기보다는 '적극적으로 이해하려는 의도'를 말한다. 클라이언트를 수용하기 위해서는 먼저 클라이언트의 상황과 감정을 이해하려고 노력하는 자세가 필요하다. 대개 사람들의 행동은 목적을 갖고 있으므로 이러한 행동의 목적을 이해할 수 있다면 옳고 그름의 판단보다는 이해를 하는 쪽으로 나아갈 수 있게 될 것이다.

수용의 자세를 전달하는 가장 효과적인 방법으로서는 사회복지사가 클라이언트와의 면담 중 적절한 코멘트를 달아줌으로서 대화내용을 이해하려는 노력과 관련된 질문을 던짐으로써 이러한 노력을 전달할 수 있다.

더불어 기대란 클라이언트를 수용하기 위해 선행되어야 할 믿음으로서 사회복지사가 자기결정과 자기지향이라는 클라이언트의 능력에 대해 믿음을 갖는 것을 의미한다. 사회복지사는 클라이언트가 자신의 삶에 대해 최대한 자기결정에 따르도록 각자의 책임과 권리를 존중해야한다.

(4) 감정이입

감정이입은 사회복지사가 상담초기 과정 중 자신의 관점을 유지하면서도 클라이언트의 느낌과 경험을 꿰뚫어볼 수 있는 능력을 말한다. 이는 사회복지사가 클라이언트의 입장에서 보고 느낄 수 있는 능력으로 서술되기도 한다. 초보적인 사회복지사에게는 이것이 깊이 있는 감정적 관여와 함께 거리유지의 대조적인 자질을 요구하는 것처럼 여겨질 수 있다. 감정이입은 사회복지사로 하여금 깊이 있는 감정을 느낄 수 있는 능력과 함께, 지식의 사용을 위해 충분한 거리를 유지할 수 있는 능력 또한 요구하기 때문이다. 그러나 이는 동시에 이루어져야 하는 작업으로 클라이언트와 감정이입을 하면서도 문제 자체와 그 해결

가능성을 객관적으로 분석하고 이성적으로 처신하는 것이 필요하다. 이는 클라이언트 역시 사회복지사에게서 자신의 감정이 공유되기만을 바라지는 않으며, 자신과는 다른 입장에 서서, 다른 감정과 사고를 불러일으킬 수 있는 사회복지사를 필요로 하기 때문이다.

반면 사회복지사는 클라이언트의 감정을 충분히 인식한다 할지라도 이는 그 사회복지사가 클라이언트가 느끼는 그대로를 느끼는 것이 아니라 마치 그들이 클라이언트라고 생각하고 느끼고 있다는 사실을 인식해야 한다. 어떤 전제에 대한 완전한 이해는 영원히 얻을 수 없는 것이며, 다만 근접할 수 있을 뿐이다.

클라이언트와 진정으로 감정이입을 할 수 있는 사회복지사는 클라이언트의 경험과 느낌을 비교적 정확하게 이해할 수 있을 것이다. 감정이입은 적극적인 경청을 통해서, 클라이언트에 대해 계속적인 주의를 기울임으로써, 그리고 클라이언트가 어떻게 느끼는지를 가리키는 비언어적인 단어들에 대해 민감성을 갖고 관찰함으로써 도달할 수 있다. 이를 위해 사회복지사는 풍부한 상상력으로 타인을 대하는 능력을 발달시켜야 하며, 고정관념은 일상적인 만남에서 그 의미를 재빨리 파악하는 데는 유용하지만 그 이상을 식별하는 데는 오히려 장애요인이 되기 때문이다.

(5) 진실성과 일치성

진실성과 일치성은 사회복지사가 클라이언트와 관계를 맺을 때 일관성 있고 정직한 개방성을 유지하고, 대화의 내용과 행동이 항상 일치하면서도 전문가로서의 자아와 가치체계에 부합해야 함을 의미한다.

진실성과 일치성을 갖기 위해 사회복지사는 다음의 세 가지 사항을 추구해야 한다.

① 사회복지사에 대한 올바른 지식
② 사회복지사와 클라이언트에게 동일한 의미로 작용하는 전문가의 역할, 기관의 절차 및 정책에 대한 분명한 지식
③ 위의 두 가지 지식을 포함한 타인에 대한 관심, 수용, 헌신 등 전문적 관계에서 요구되는 기본요소들에 대한 내면화

위의 사항들은 사회복지사의 자아의 일부분이 되어 의도적으로 의식하지 않아도 클라이언트와의 관계에서 자연스럽게 나타날 수 있도록 되어야 한다.

상담초기 단계에서 진실성과 일치성을 가진 사회복지사는 자기 자신이 어떤 사람인지 알고 있으며, 따라서 자신의 내면에서 발견되는 모습에 대해 두려워하지 않는다. 따라서 자신을 보호하거나 입증할 필요 없이 초기상담에 돌입할 수 있으며, 클라이언트의 감정에 대해서도 두려움을 갖지 않게 된다.

(6) 전문가로서의 자질

전문적 기술을 가지고 전문적 관계를 이행하기 위해 사회복지사들은 최소한 다음의 요소를 전문적 자아의 한 부분으로 만들어야 한다. 이는 성숙함과 창조성, 자기를 관찰하는 능력, 도우려는 열망, 용기, 민감성 등을 포함한다.

(7) 인간적 자질

사회복지사와 클라이언트의 관계에서 사회복지사가 보이는 수용, 존중, 공감만으로도 클라이언트는 긍정적 변화를 일으키고 자긍심을 높일 수 있다. 그러나 사회복지사가 가지고 있는 개인적, 전문적 문제로 인해 클라이언트를 비하하거나 공감하지 못하는 경우, 혹은 부적절한 비판을 하는 경우 클라이언트는 분노, 거부, 좌절을 느끼게 된다. 따라서 드왈드(Dewald, 1974)는 상담을 하는 사람의 인간적 자질로서, 클라이언트의 고통을 존중하는 마음, 자신과 다른 인생경험, 행동양식, 가

치관에 대한 포용성, 장기적 목표를 가지고 일할 수 있는 끈기, 클라이언트가 스스로 결정하고 행동할 수 있도록 수동적인 자세를 취할 수 있는 것을 들고 있다.

2 사회복지실천관계의 기본원칙

비에스텍(Biestek, 1957)은 『Case work Relationship』이라는 저서를 통해 개별사회사업에서의 사회복지사와 클라이언트의 관계의 중요성을 피력하고 원조관계의 기본적 원칙에 대해 명확한 이론을 전개한 바 있다. 바이스텍은 도움을 구하는 모든 사람들에게는 공통적인 기본감정 및 태도유형이 존재한다고 보았으며, 이를 바탕으로 7대원칙의 관계론을 주장하였다. 그 기본 원칙은, 개별화, 의도적인 감정의 표현, 통제된 정서적 관여, 수용, 비심판적 태도, 클라이언트의 자기결정, 비밀보장으로 사회복지실천에 있어서 사회복지사가 클라이언트와의 관계에서 반드시 지켜야 할 원칙들이다.

1) 개별화

개별화란 모든 클라이언트의 독특한 자질을 인정하고 이해하는 것이며, 클라이언트가 보다 나은 적응을 할 수 있도록 그 원리와 방법을 다르게 적용하여 돕는 것이다.

개별화의 원리는 인간은 개별적이며 같은 인간으로서가 아니라 개인차를 가진 인간으로서 취급되어야 한다는 인간의 권리에 그 기반을 두고 있다.

(1) 클라이언트의 권리와 욕구

인간은 본질적으로 모든 공통성을 지니고 있는 한편 각 개인마다 특수성을 지니고 있다. 각 개인은 소질, 환경, 타고난 재능, 의지적 활동 등이 각각 다르며, 상이한 생활경험과 상이한 내적·외적 자극을 가진다.

이와 같이 모든 클라이언트가 상이하듯이 그 필요로 하는 도움도 어떤 면에서 다르다. 그러므로 사회복지사는 클라이언트의 특수한 욕구를 충족시키고 문제를 해결하는데 클라이언트 자신의 능력과 자원을 활용하도록 각각 다른 방식으로 원조해야 된다. 특히, 클라이언트가 기관에 도움을 요청할 때 어떤 사례나 유형 및 범주로서 보다는 개인적으로서 취급받고자 하는 강한 욕구가 있다는 것을 명심해야 된다.

클라이언트는 극도로 민감한 상태에서 기관을 찾아온다. 클라이언트는 그의 최대 관심사—즉 그의 상황과 요구—를 의논함에 있어서 사회복지사의 집중적 관심, 비밀보장 및 도움을 필요로 한다.

이러한 사회복지사의 태도는 클라이언트가 그 자신의 이야기를 말하고 입장을 설명하도록 격려할 때 인식될 수 있다. 사회복지사가 자신을 존중해 주고 특히 도움을 받으러 온 그 자체 그리고 당면한 상황에 관한 자신의 감정을 수용해주기 때문에 권리와 욕구를 가진 개인으로서 이해되었다고 생각한다.

(2) 사회복지사의 역할

① 편견이나 선입관으로부터의 탈피

우선 사회복지사에게 필요한 태도는 편견이나 선입관에 사로잡히지 않는 점이다. 사회복지사는 클라이언트의 문제를 중립적인 입장에서 객관적으로 바라볼 수 있어야 한다.

편견이나 선입관이란 전형화(Stereotyping)된 고정관념 등에 영향을 받아 클라이언트를 미리 판단하는 것을 뜻한다. 때때로 사회복지사는 제한된 정보를 기초로 하여 한 클라이언트를 특정 집단에 귀속시키고 일반적으로 그 집단 성원들에게 속한 태도, 감정, 행동을 클라이언트의 것으로 생각해 버리는 경우가 있다. 전형화는 클라이언트를 다른 사람들과 구별하고 독특한 특성을 가지고 있는 개인을 깨닫게 하는 사회복지사의 지각력을 감소시킨다.

② 인간행동에 관한 지식

사회복지사는 인간행동에 관한 지식을 많이 습득하고 활용할 수 있어야 한다. 인간행동에 대한 지식은 개인을 이해하고 원조하기 위한 분석틀을 마련하는데 필요한 것이다. 특히 인간행동과 발달에 관한 전문지식은 사회복지사가 클라이언트에 관한 중요한 사실을 파악하고 정확한 실태를 발견하여 개별화를 가능하게 할 수 있도록 안내역할을 수행하게 되는 것이다.

③ 경청하고 관찰할 수 있는 능력

듣고 보는 것은 개인을 알 수 있는 중요한 첩경이다. 사회복지사는 귀담아 듣는 것만으로도 필요한 정보를 얻을 수 있다. 또 클라이언트의 얼굴, 눈, 손, 자세 등에서도 클라이언트가 무엇을 표현하고 있는지를 감지할 수 있다. 그러므로 사회복지사는 오히려 클라이언트의 태도나 표정에서 그의 표현하고자 하는 바를 포착할 수 있어야 한다.

④ 클라이언트와 보조를 맞추는 능력

사회복지사는 모든 개입에 있어 클라이언트와 보조를 맞추어야 한다. 클라이언트는 그 개성에 따라서 행동이나 사상의 진행속도가 각각 달라진다. 따라서 사회복지사는 클라이언트의 현재의 위치까지 내려와 그 지점에서 동일한 진행속도로 진행해 나가야 한다. 그렇지 않으면 클라이언트는 사회복지사로부터 떨어지거나 심판받거나 강요를 받는다는 인상이 주어져 무시당한다는 감정을 갖기 쉽다.

⑤ 인간의 감정을 꿰뚫어 볼 수 있는 능력

클라이언트의 감정과 경험을 사회복지사 자신의 경험으로 받아들여 이해하고 느껴야 한다. 사회복지사는 클라이언트의 감정에 대해 민감하게 반응해야 한다. 클라이언트의 감정은 그의 가장 개별적인 특성과 문제로서 각기 다른 개인의 마음속에서 그들 자신의 감정을 표출하게 된다. 따라서 개별화는 이와 같은 감정에 대한 민감성과 반응을 필요로 한다. 사회복지사는 클라이언트의 감정과 경험 속으로 기꺼이 들어가려는 의지, 클라이언트의 문제와 경험에 대한 그의 견해를 기꺼이 경청하려는 의지를 가져야 한다.

⑥ 관점을 유지하는 능력

정서적 관여는 사회복지사가 관점을 계속 유지하면서 통제되고 전체 상황으로 지향되어야 한다. 이러한 관점은 사회복지사가 그의 가족과 사회 상황에 관련되어 있는 것처럼 객관적인 상황과 개인에 관련되어 있는 감정을 이해하는데 도움이 된다.

(3) 개별화의 수단

① 세밀한 배려

사회복지사가 클라이언트의 특수한 입장이나 상황의 사소한 일에 대하여 배려하는 것은 클라이언트의 입장이 어느 정도 사회복지사에게 이미 이해되었다는 것을 나타내는 것으로 개별화의 증거가 된다.

예컨대, 시간 약속을 할 경우 직장에 근무하는 사람일 경우에는 저녁 늦게나 야간 면접을 하는 등 클라이언트에게 편리한 시간을 제시하는 것이다.

② 면접에서의 비밀보장

면접장소는 클라이언트에게 비밀이 보장되고 있다는 느낌을 주고 사회복지사가 클라이언트에게 관심을 집중하고 그를 위한 기회를 제공하는 수단으로서 중요하다. 그러므로 면접 장소는 클라이언트에게 비밀이 유지될 수 있다는 안정감을 줄 수 있는 분위기가 갖추어져 있어야 한다.

③ 약속시간의 엄수

개별적인 면접시간을 약속하고, 시간을 지키도록 주의시키는 일도 개별화를 위한 수단이다. 이때, 면접시간은 오직 클라이언트를 위해서만 있다는 것을 암시해 주고 그가 한 개인으로 존중되고 있으며, 간혹 약속시간을 지키는 일에 문제가 발생되는 경우, 어떤 조치를 취할 것인가를 알 수 있도록 설명하여 주고 클라이언트에게 사무적인 수속절차와 실천의 진행과정을 설명해 주는 것이 한 개인으로서의 클라이언트에 대한 사회복지사의 관심을 강조하는데 도움이 된다.

④ 면접을 위한 준비

사회복지사는 면접 전에 미리 사례기록을 검토하여 자세한 사항까지 기억을 새롭게 하여 면접에 임한다면 보다 유효하게 개인과 그의 문제에 중점을 두고 이해할 수 있을 것이다.

⑤ 클라이언트의 참여

이것은 조사, 사정, 치료에 있어서 클라이언트를 그의 현재의 능력에 따라 참여시킴으로써 그가 개인으로써 취급되고 있다는 느낌을 가지게 한다. 예로써, 간단한 서식을 클라이언트가 직접 기입하도록 하여 스스로 할 수 있는 일을 사회복지사가 대신해 주지 않는 것이다.

⑥ 융통성

반드시 각 사례의 목적에는 어느 정도의 영구성이 있지만 융통성을 필요로 하는 약간의 변화도 있다. 치료의 목표는 클라이언트와 그의 상황에 관한 지식이 증대됨에 따라, 그리고 그의 생활이 계속적으로 발전하고 변화함에 따라 수정되어야 할 필요가 있다.

2) 의도적인 감정표현

의도적인 감정표현이란 클라이언트로 하여금 자신의 감정을 자유롭게 표현하도록 하는 것, 특히 자신이 비판받게 될지도 모르는 감정들을 자유롭게 표현하는 것이다.

사회복지사는 이러한 감정의 표현을 조정하거나 저지하지 않고, 때로는 사회복지 서비스의 일부로서 치료상 유용할 때는 클라이언트의 감정을 적극적으로 자극하거나 격려하면서 의도적으로 경청한다.

클라이언트의 감정표현은 표현 그 자체를 위해서가 아니라 어떤 목적을 위해서 표현하는 것이다. 이것은 다음과 같은 욕구와 목적에 직접적으로 관련되어 있다.

① 수용을 받으려는 욕구
② 개인으로서 취급 받으려는 욕구
③ 클라이언트가 사회복지기관으로부터 받고자 하는 도움
④ 클라이언트와 사회복지사 간의 관계수립을 위한 목적
⑤ 클라이언트 자신의 문제해결에 참여하려는 욕구

(1) 사회문제에 있어서 정서적 요소

사회복지에 있어서 모든 클라이언트의 문제나 욕구는 기본적으로 심리사회적이라고 가정한다. 즉 클라이언트의 명백한 욕구가 물질적인 원조의 형태 또는 구체적 서비스 일지라도 모든 문제에는 정서적 요소를 가지고 있는 것이다.

(2) 의도적 감정표현의 목적

사회복지실천에 있어서 자유로운 감정표현의 목적은 클라이언트가 스트레스나 긴장으로부터 해방되고, 자기의 문제를 보다 명확하게 보다 객관적으로 인식할 수 있도록 원조하기 위함이다. 이때, 감정의 표현이란 그 동안 표현할 수 없었던 감정을 분출시키는 것이 아니고 감정을 표현함으로써 클라이언트로 하여금 긍정적이고 건설적인 행동을 자유롭게 하는 것에 있는 것이다.

사회복지실천에 있어서 클라이언트에 관한 보다 확실한 조사와 사정 그리고 구체적인 개입활동을 위해서는 클라이언트의 문제와 클라이언트라는 인간 자체를 더욱 정확하게 이해할 수 있어야 하는데 클라이언트의 자유로운 감정표현을 통하여 클라이언트의 진술한 문제가 클라이언트에게 무엇을 의미하고 있으며 어떻게 문제를 보고 있는가, 클라이언트가 문제에 대해서 어느 정도 집착하고 있는가 등을 파악할 수 있다.

사회복지사가 클라이언트의 감정을 경청하는 것은 심리적 지원의 한 형태이다. 이때 클라이언트는 사회복지사가 자신의 문제를 함께 분담하고 있음을 느끼고 자신의 고민과 무거운 짐을 사회복지사의 지원을 받아 함께 풀어 나가기 때문에 심리적으로 안정감을 회복할 수 있게 된다. 경우에 따라서는 클라이언트의 부정적인 감정이 진정한 문제가 될 수도 있다. 따라서 감정의 표현은 자신의 감정을 밖으로 개방함으로서 클라이언트와 사회복지사 간의 관계를 심화시킬 수 있는 동시에 문제해결을 가능하게 할 수 있는 유익한 사회복지실천관계로 발전하게 된다.

(3) 사회복지사의 역할

사회복지사의 역할은 주로 클라이언트가 편안하게 감정을 표현할 수 있는 환경을 조성하는 것이다. 즉 사회복지사의 역할은 클라이언트가 마음 놓고 감정을 표현하도록 허용적 분위기를 조성하는 것이다.

① 클라이언트를 편안하게 맞이할 것

사회복지사는 클라이언트가 편안하게 안정감을 느끼도록 돕기 위해서 긴장해서는 안 된다. 면접실, 편안한 의자, 사회복지사의 책상위치에 대한 배려, 벽에 걸린 그림의 위치 등과 같은 물리적 환경에도 유의하도록 힘써야 할 것이다.

② 마음이 혼란되지 않을 것

사회복지사는 면접을 할 때에는 시간적으로나 정신적으로 여유를 가지고 있어야 한다. 면접을 위한 사전준비를 해 둠으로써 자유롭게 관찰하고, 경청하며, 클라이언트와 함께 생각하고 보며 느끼게 될 것이다.

③ 목적을 가지고 경청할 것

허용적인 태도를 조성하는 가장 중요한 요인은 주의 깊게 목적을 가지고 경청하는 사회복지사의 능력이다. 사회복지사가 그의 모든 관심을 집중할 때 클라이언트가 사회복지사의 관심, 진실성, 이해 및 객관성을 느끼게 되며 더욱 쉽게 이야기하는데 도움이 된다.

④ 감정을 표현하도록 격려하는 것

사회복지사는 클라이언트가 사용한 말이나 짧은 문구를 반복하거나, 사실보다는 감정의 흐름을 언급하고, 인간은 자신의 생활환경 내의 중요한 사람이나 사물에 대하여 양가감정을 가질 수 있고, 그리고 이러한 감정을 사회복지관계에서 표현하는 것이 허용된다는 것을 직접 알려주는 것 등으로 감정을 표현하도록 격려할 필요가 있다.

⑤ 클라이언트의 변화속도를 민감하게 인식할 것

사회복지사는 클라이언트의 변화속도에 민감하게 감정표현에 보조를 맞추어야 한다.

⑥ 비현실적 보증, 너무 빠르거나 많은 해석을 하지 않을 것

비현실적 보증, 너무 빠른 해석 및 지나치게 많은 해석은 클라이언트의 감정표현을 방해할 수 있기 때문이다.

3) 통제된 정서적 관여

클라이언트의 감정에 대하여 민감성과 이해로서 반응해야 한다.

통제된 정서적 관여(Confrontal Emotional Response)란 클라이언트의 감정에 대한 사회복지사의 민감성과 그 감정들이 의미하는 것에 대한 이해, 그리고 클라이언트의 감정에 대한 의도적이고 적절한 반응이다. 사회복지사는 관계를 통해 클라이언트의 감정에 반응을 보임으로서 정서적으로 '관여'(involvement)하게 된다. 클라이언트의 감정적인 수준에서의 사회복지사의 반응은 사회복지실천의 관계에서 가장 중요한 심리적인 부분이며, 고도의 기술이 필요한 부분이다.

사회복지사는 클라이언트가 언어적, 비언어적으로 전달하는 감정에 대해 민감성을 갖고 관찰하고, 문제와 관련하여 클라이언트가 갖고 있는 감정에 대해 부분적인 이해가 아닌 완전한 이해를 갖고자 노력해야 한다. 또한 민감성이나 이해 자체만으로는 불충분하며 이에 대한 사회복지사의 감정적 반응이 필수적이다. 사회복지사의 반응은 목적의식과 자기인식에 의해 반드시 통제되고 조절되어야 한다.

클라이언트가 자신의 감정을 드러내는데 꼭 언어만을 사용하는 것은 아니다. 얼굴이나 손놀림, 억양 등은 말 속에 숨겨진 감정을 드러내는 수단이 되기도 한다. 예를 들어 자신을 버리고 떠난 부모에 대해 무관심하다거나 현재 찾을 마음이 없다고 이야기하는 클라이언트의 경우라도, 머뭇거리거나 목소리가 상기된 얼굴표정이 관찰된다면 아버지를 향한 감정이 해소되지 않은 상태임을 분명 짐작할 수 있다. 실제로 클라이언트가 언어로서 표현하는 내용이 혼란스러운 경우 그의 감정 상태를 관찰함으로써 좀 더 정확한 정보를 얻어낼 수 있다. 인간행동에 대한 지식과 사회복지사 자신의 생활경험, 전문직업적인 사회복지실천에서의 경험 등은 클라이언트의 감정에 대한 완전한 이해에 도움을 준다. 사회복지사는 자기훈련을 통해 자신의 욕구와 감정을 자각하고 이를 관리함으로써 클라이언트의 감정을 왜곡되게 이해하지 않도록 주의해야 한다.

또한 이러한 이해를 바탕으로 클라이언트에게 보이는 사회복지사의 정서적 반응은 목적과 방향성을 지닌 의도적인 것이면서도 내면에서 우러나오는 것이어야 한다. 마음속에서 우러나지 않는 형식적인 공감의 표현은 클라이언트에게 진심으로 받아들여지지 않는다.

4) 수용

수용(Acceptance)은 클라이언트를 있는 그대로 받아들이고 대우한다는 원칙이다.

수용의 원칙은 앞서 전문적 관계의 기본요소로서도 언급되었던 사항으로 사회복지사의 행동상의 원칙이기 이전에 기본적으로 갖추어야 할 태도이기도 하다. 수용이란 사회복지사가 클라이언트의 강점과 약점, 바람직한 성격과 그렇지 못한 성격, 긍정적인 감정과 부정적인 감정, 건설적이거나 파괴적인 태도 및 행동 등을 있는 그대로 인정하고 존중해 주는 것을 말한다. 클라이언트는 사회복지사가 호감을 가질 수 있는 사람일 수도 있지만, 단점 투성이의 미성숙한 사람일 수도 있다. 그러나 수용한다는 것이 클라이언트의 일탈적인 태도나 행동을 '시인'한다는 것을 의미하지는 않는다. 그들의 부도덕하고 반사회적인 행동을 받아들인다는 의미는 더더욱 아니다. 사회복지사는 윤리와 법, 전문적 가치 등에 의거하여 바람직한 것과 수용할 수 있는 것에 대한 기준을 가지고 있는 것이 당연하며, 사회복지사의 역할은 클라이언트를 바람직하고 수용할 수 있는 상황으로 발전할 수 있도록 돕는 것이다. 따라서 클라이언트에 대한 관심과 따뜻한 마음, 정중한 태도, 경청하는 자세 등을 갖고 중심을 유지하려는 의지가 요구된다.

사회복지사의 수용은 클라이언트로 하여금 현재 존재하는 그대로의 자신을 표현하고 안정감을 느끼도록 해주며, 그리하여 자신의 문제와 자기 자신을 더욱 현실적인 방법으로 대처해갈 수 있도록 도와준다.

(1) 사회복지사의 수용적 반응의 특성

사회복지사가 클라이언트에게 보여주어야 할 반응의 특성은 다음과 같다.

① 반응은 클라이언트가 초점이 되며, 사회복지사 자신의 욕구보다는 클라이언트의 욕구로 지향되어야 한다.
② 사회복지사는 자조할 수 있도록 클라이언트의 잠재능력을 실현케 하며 성장을 도모하도록 전문적 책임을 수행한다.
③ 반응은 사고와 감정요인을 포함한다. 사고수준에서의 반응은 목적에 관한 명백한 의식과 인간의 성격이나 행동양식에 관한 지식을 의미한다. 감정수준에서 클라이언트의 수용은 반드시 관계에서의 자기 활용을 의미한다. 전문직업적으로 자기를 사용하기 위해서는 우선 자신을 알아야 한다.

또 자기를 아는 사람만이 자기를 수용할 수가 있다. 이와 같이 자기를 수용할 수 있고 나서야 비로소 타인을 수용할 수 있는 것이다.
④ 클라이언트에 대한 반응의 방향은 기관의 기능에 의해서 결정된다.

즉 기관이 클라이언트에게 제공하는 서비스는 사회복지사가 클라이언트를 수용하는 데 영향을 미친다.

(2) 수용의 장애요인

사회복지사가 클라이언트를 수용하는 데 장애가 되는 요인은 다음과 같다.

① 인간의 행동과 성장발달에 관한 지식이 충분하지 못한 경우 클라이언트를 바르게 수용하기 어렵다.
② 사회복지사의 가치관에 비추어 무엇인가를 수용할 수 없는 경우이다.
③ 사회복지사의 감정을 클라이언트에게 돌리는 경우, 클라이언트를 수용할 수 없다. 자신을 인식하는 자각은 여러 가지 많은 사실들 가운데 자기 자신의 태도와 감정을 자각하고 있다는 것을 의미하는 것이다. 특히,

사회복지사의 자각은 자기 자신을 개인적인 반응과 독특한 특징을 가진 개인으로 조명하는데 도움이 된다.

④ 사회복지사의 편견이나 선입관은 클라이언트를 수용하는 데에 큰 장애요인이 된다.

그러므로 사회복지사는 자신의 편견과 선입관을 인식하고 벗어나도록 최대한 노력을 기울여야 한다.

⑤ 사회복지사가 클라이언트를 재 보증하는 것은 어떤 형태의 심리적 지지가 될 수 있다. 그러나 현실적으로 보증할 수 없는 것을 말로만 클라이언트를 안심시키려고 한다면 클라이언트는 사회복지사를 거부하게 된다.

⑥ 사회복지사가 클라이언트를 수용한다는 것은 클라이언트에 관한 모든 것을 있는 그대로 보는 것이지 클라이언트의 결점이나 잘못 등을 묵인하거나 인정하는 승인과 구별되어야 한다. 그러므로 클라이언트에 관한 모든 것을 승인하는 것이 사회복지사의 의무라고 생각하는 것은 잘못된 것이다. 수용의 대상은 진실이며, 사회복지사는 진실 그대로의 클라이언트를 지각하고 다루는 것이다.

⑦ 수용이란 인간은 본래의 존엄성과 가치를 가진다는 철학적 확신에 기초를 두고 있다. 클라이언트가 그의 약점이나 실패를 나타내는 과정에서 사회복지사가 이것 때문에 클라이언트에 대한 존경심을 상실하여 가치 없는 인간으로 생각하게 된다면 클라이언트의 진실을 수용하기는 어렵다.

5) 비심판적 태도

클라이언트를 심판하거나 비난하지 않아야 한다.

비심판적 태도(Nonjudgemental Attitude)는 문제의 원인이 클라이언트의 잘못 때문인지 아닌지, 어느 정도 클라이언트에게 책임이 있는지 등을 심판하지 않으며 클라이언트의 특성 및 가치관을 비난하지 않는다는 원칙이다.

일반적으로 '심판 한다'는 것은 클라이언트 문제의 원인이 그의 환경에 의한 것이든 혹은 클라이언트의 인성에 의한 것이든 간에 클라이언트에게 책임이 있다는 것을 언어적 또는 비언어적으로 비판하려고 하는 태도를 말한다. 그러나 이해라 함은 단지 객관적으로 그 선악을 평가하는 것이다. 사회복지사는 클라이언트의 재통합을 돕기 위해 행동을 평가하지만 결코 처벌코자 하거나 비난하고자 하는 의도에서는 아니다. 마치 의사의 진단이 환자의 병상을 이해하기 위한 것이지 비난하기 위한 것이 아닌 것과 마찬가지다.

과거 사회복지 초기에는 클라이언트가 도와 줄 가치가 있는 사람인가 아닌가를 판단하여 클라이언트의 잘못이 발견되어 도움 받을 가치가 없는 경우 도움을 주지 않으려 했던 것이 사실이다. 그러나 점차 사회복지의 초점이 '가치'가 있는 사람이 아닌 욕구를 가진 사람에게로 행해지면서 비심판적인 태도가 관계의 중요한 원칙으로 자리 잡게 되었다.

도움을 요청하는 클라이언트의 경우 어느 정도 실패감과 열등감, 나약함, 불만 등의 감정을 지니고 있으며, 따라서 다른 사람으로부터 비난 받는 것에 대해 매우 민감한 경우가 많다. 이때 사회복지사가 자신을 조금이라도 비난하고 있다고 생각되면 비난 받는다는 두려움에서 클라이언트는 실천과정 동안에 자신을 방어하느라 많은 시간을 소비하게 되므로 자신의 문제와 욕구에 대해 논의할 수 없게 될 것이다.

그러나 비심판적인 태도를 가진다는 것이 클라이언트의 태도, 기준 또는 행동에 대해 사회복지사가 평가적 판단을 내려서는 안 된다는 것을 의미하는 것은 아니다. 반사회적이고 비윤리적이며 불법적인 태도에 대해 사회복지사가 올바른 기준을 갖고 있지 않다면 이는 사회적 책임을 외면하는 것이다.

사회복지사가 클라이언트에게 비심판적 태도를 전달할 때 다음과 같은 장애요인이 있다.

① 사회복지사의 선입관이 비심판적 태도를 갖거나 전달하는데 장애가 될 수 있다. 사회복지사도 사람이므로 자기가 맺은 인간관계에 있어서 여러 선입관이나 편견을 갖기가 쉽다. 그는 의식적이든 무의식적이든 어떤 성격의 인간을 싫어한다. 따라서 싫어하는 사람에 대해서 비심판적이 된다는 것은 매우 어려운 문제를 수반하는 것이다. 여기에서 사회복지사에게 요구되는 것은 자기가 품고 있는 선입관을 제거하여 사실을 객관적으로 바라볼 수 있도록 힘써야 하는 것이다.

② 사회복지사가 클라이언트의 보조를 맞추지 않고 성급히 결론으로 이끄는 경우, 이것은 클라이언트의 발언을 가로막을 뿐 아니라 심판적이라는 인상을 주는 것이 된다.

③ 비슷한 문제를 가진 사람을 비교나 예시의 목적으로 참고하는 것은 클라이언트에게 어떠한 규범 속에 집어넣으려고 하는 인상을 주게 된다. 즉 분류화 한다는 것은 어떤 틀에 박힌 심판을 받는 인상을 갖게 된다.

④ 사회복지사에 대한 클라이언트의 적의와 같은 부정적 감정의 표현이다. 클라이언트가 과거에 자기와 특별히 관계가 깊었던 사람에 대해 품었던 감정을 사회복지사에게 전이하는 현상이다. 사회복지사가 이러한 방어기제를 몰라서 그 의미를 이해하지 못한다면 비심판적 태도를 유지하기는 어렵게 된다.

6) 클라이언트의 자기결정

클라이언트의 자기결정을 최대한 존중해야 한다.

이 원칙은 사회복지실천의 개입과정에서 클라이언트가 자신의 삶에 대해 스스로 결정할 수 있는 권리와 욕구가 있다는 원리에 바탕을 둔 것이다. 이러한 자기결정권을 최대화하기 위해서는 클라이언트의 실수나 한계보다 장점과 능력을 강조해야 한다. 그러나 자신의 전문적 역할에 충실하고자 하는 사회복지사는 경우에 따라 클라이언트에 대한 책임감으로 인해 문제를 해결하기 위한 모든 대안을 사회복지사 자신이 결정하려고 할 수도 있다. 그러나 이러한 사회복지사의 태도는 클라이언트의 의존심을 증가시키고 수동적 역할을 조장하여 오히려 역기능적인 결과를 낳게 된다.

클라이언트의 자기결정(Client Self-Determination)원리는 사회복지사가 클라이언트를 위해 무엇을 해주는 것이 아니라 클라이언트와 함께 해결해 나가는 것을 의미하므로 전문적 관계의 파트너십을 강조하게 된다. 물론 자기결정에도 한계는 있다. 우선 지적, 정신적, 신체적 장애로 인해 클라이언트가 스스로 결정할 능력이 없는 경우 자기결정의 기회를 제한 받을 수 있다. 뿐만 아니라 클라이언트의 결정이 법적, 도덕적, 규범에 어긋날 경우 자기결정의 원리는 한계를 가지게 된다. 클라이언트의 자기결정권이 최소한으로 침해되면서도 덜 파괴적이고 더 기능적인 방향으로 결정을 내릴 수 있도록 도와야 한다.

클라이언트의 자기결정원리를 실천적 측면에서 살펴보면 다음과 같은 네 가지 측면을 고려해야 한다(Zastrow, 1989:36~38).

첫째, 클라이언트가 자기결정을 하기 위해서는 직면한 문제를 해결하기 위한 다양한 대안들을 알고 있어야 한다. 그러므로 사회복지사는 클라이언트와 함께 문제해결에 가능한 대안들을 탐색해야 한다. 그래야 클라이언트가 선택권을 가질 수 있고, 다른 사람에 의존하지 않고 스스로 결정을 내릴 수 있게 된다.

둘째, 자기결정원리의 주요문제 해결자는 사회복지사가 아니라 클라이언트임을 강조한다. 따라서 사회복지사는 문제를 가진 사람이 클라이언트이므로 문제해결의 일차적 책임 역시 클라이언트에게 있음을 인식시킬 필요가 있다.

셋째, 자기결정원리가 사회복지사로 하여금 어떠한 의견이나 제안도 할 수 없다는 것을 의미하지 않는다. 사회복지사는 클라이언트의 문제해결에 대한 다양한 의견을 제시할 수 있다. 예를 들어 10대 미혼모에게 "당신이 선택할 수 있는 최선의 방법은 입양 밖에 없습니다."라고 하는 것은 자기결정권을 침해하는 것이지만 "혹시 입양에 대해서는 어떻게 생각하십니까?"하고 제안하는 것은 필요하다.

넷째, 자기결정원리는 법적으로 강제성이 부여되는 사회복지사의 기능에서도 존중되어야 한다. 즉 감옥이나 보호관찰과 같은 업무를 수행할 때 클라이언트의 자기결정은 법적인 한도 내에서 존중되어야 한다.

7) 비밀보장

비밀보장(Confidentiality)은 클라이언트가 전문적 관계에서 노출한 비밀스런 정보를 사회복지사가 전문적 치료 목적 외에 남에게 알려서는 안 된다는 원리에 바탕을 두고 있다. 이는 또한 사회복지실천의 가장 기본적인 원칙이기도 한다. 문제해결 과정에서 자신에 관한 정보가 타인에게 알려질 수 있다고 생각한다면 클라이언트는 아마 사회복지사와의 관계에서 자신의 비밀, 개인적 관심, 비사회적인 사고와 행동 등에 대해 절대 이야기하지 않을 것이다. 이런 측면에서 비밀보장은 상당히 중요한 전문적 관계의 원칙이라 할 수 있다.

그러나 비밀보장이 아무리 중요하다 해도 그 정도에는 한계가 있다. 오늘날 대부분의 사회복지사는 다중의 문제를 갖고 찾아오는 클라이언트를 접하게 되며, 다중문제에 대한 적절한 서비스를 전달하기 위해서는 기관내외의 다른 전문가와 중요한 정보를 공유하지 않을 수 없다. 뿐만 아니라 학생이나 초심자의 경우 지도감독을 위해 슈퍼바이저에게 사례를 상세히 보고할 수밖에 없다. 이런 경우 클라이언트에게 좀 더 나은 문제해결을 위한 것임을 이해시키고 이에 대한 동의(Informed Consent)를 얻는 것이 필요하다.

이외에도 기관에서 보관하는 기록이나 동료들과의 사례회의(Case Conference)에서도 비밀보장의 원리는 지켜지기 어려우므로 사회복지실천에서의 비밀보장은 상대적이라 할 수 있다.

또한 타인이나 클라이언트 자신의 생명을 위협하는 상황이 발생할 위기에 처했을 때 생명의 보호가 우선되므로 비밀보장의 원리는 유보될 수밖에 없다. 예를 들어 어떤 남자가 사회복지사에게 옆집 사람이 자신을 괴롭히고 있음으로 죽이려는 계획이 있다고 얘기한다면 비밀보장에 앞서 그에게 사전 경고를 함으로써 무엇보다도 예상되는 희생자의 생명이 우선적으로 보호받아야 할 것이다. 살인이나 자살 이외에도 학대 및 절도 등의 범죄행위와 관련된 비밀은 보장하기 어려우므로 면담초기 비밀보장의 한계를 분명히 해두는 것이 필요하다.

현재 우리나라에서는 법적으로 사회복지사와 클라이언트 관계에서 모든 정보에 대해 비밀보장의 권한을 갖고 있지는 않다.

(1) 비밀보장의 한계

모든 권리는 개인의 보다 높은 의무나 타인의 권리에 의하여 제한을 받게 되며 클라이언트의 비밀도 다른 인권과 같이 무제한일 수는 없다.

첫째는 클라이언트 자신의 내부적 갈등이다. 이것은 클라이언트의 비밀보장의 권리와 다른 권리와의 모순 충돌이며, 이것을 해결하기 위하여 두 권리의 경중을 비교하여 보다 중요한 쪽을 선택하여야 한다.

둘째는 타인의 권리와의 충돌이다. 예를 들면 클라이언트가 AIDS 환자이면 결혼을 앞둔 배우자에게는 어떻게 해야 되는가의 경우이다. 이때는 양 권리를 비교하여 더 중요한 권리를 선택하여야 할 것이다. 그러나 비밀보호가 제3자에게 손해를 미치리라는 명백한 증거가 나올 때까지는 존중되어야 한다.

셋째는 사회복지사의 권리와의 충돌이다. 이것은 클라이언트의 비밀보장이 사회복지사의 권리를 박탈하는 것을 의미한다. 예를 들면 범죄 클라이언트의 혐의사실을 보호하면 사회복지사의 범인 은닉죄가 되는 경우이다. 사회복지사가 자기의 인권을 포기하면서 클라이언트의 비밀을 보호할 수는 없다. 이때는 양 권리를 비교해서 중요한 편을 선택해야 한다.

넷째는 사회기관의 권리와의 충돌이다. 각각의 기관은 고유의 법적 권한이 부여되어 있다. 예를 들면 신고처벌주의로서 클라이언트가 약물중독자 이면서 이 사실을 기관에 알리지 말 것을 요청한 사례이다. 이것은 사회복지사가 클라이언트의 비밀을 지키기 위해 기관의 사회적 사명과 권한을 넘는 조치를 당하는 수가 있다. 이러한 행위는 사회적 의무에 반하는 조치이다.

다섯째는 사회의 권리와의 충돌이다. 이것은 사익과 공익, 개인과 사회의 권리 사이에 충돌이 일어나는 것이다. 사회는 공공의 이익을 촉진시키며 사회질서와 평화 등을 유지하여 시민들의 복지를 적극적으로 증진시킬 의무가 있다. 또 다른 한편으로는 개인은 사회적 존재이므로 자신에게 불리한 것일지라도 한 시민으로써 사회공동의 복지증진에 협력할 의무가 있다. 예로 임대주택에 거주하는 클라이언트가 자격미달인 사실이 드러났다. 이것도 사회적 형평성에 위배되는 것이다(임은희, 2004).

3 변화를 방해하는 관계

사회복지사와 클라이언트의 관계는 변화의 중요한 도구이다. 따라서 이 양자 간의 관계에서의 문제점은 변화를 방해할 뿐 아니라 관계를 단절하여 도중에 사회복지사의 개입을 중단시키기도 한다.

일반적으로 변화를 방해하는 관계에는 다음과 같은 것들이 있다.

1) 클라이언트의 불신

클라이언트의 불신은 내부분 사회복지사와의 관계 이전의 중요한 다른 관계로부터 유래된다. 즉 살아온 과정에서 격려와 인정을 받아보지 못한 사람은 사회복지사를 신뢰하고 그에게 의지하는 것이 쉽지 않고 비난, 거부, 상처를 미리 예상하여 방어적 태도를 보이게 된다. 이런 상황에서 클라이언트의 자기 노출은 어려워지고 더 이상의 변화는 기대할 수 없다.

사회복지실천에서는 비행청소년과 상담할 경우, 흔히 이런 불신을 경험하게 된다. 대부분 비행청소년들은 주변의 성인들이 비난과 훈계, 염려만을 하였지 한번도 자신들의 이야기를 들으려 하거나 자신들의 생활을 이해하려 하지 않았기 때문에 성인에 대한 강한 불신을 가지고 있다. 이런 불신 속에서 성인인 사회복지사도 역시 무조건 그들을 이해하지 못할 거라 여겨 의심에 찬 태도로 묻는 말에 건성으로 답하고 '무슨 얘기를 할지 다 알고 있다'는 반응을 보인다. 이런 경우 사회복지사는 비행청소년과 관계를 형성하기가 어려워진다.

2) 전이

전이(Transference)는 클라이언트가 어린 시절 가졌던 누군가에 대한 바람, 원망, 사랑, 두려움 등의 무의식적 감정들을 사회복지사에게 보이는 것이다. 이러한 감정들을 아주 어린 시절에 그 뿌리를 두고 있어 스스로 인식하지 못하는 경우가 많다. 예를 들어 어린 시절 자신을 거부했던 어머니에 대한 감정 때문에 여성 사회복지사를 신뢰할 수 없는 클라이언트의 경우이다. 이러한 전이 반응은 상황에 맞지 않는 비현실적인 왜곡을 낳아 변화에 대한 강한 저항을 일으킨다. 분노, 원망, 증오와 같은 부정적인 전이만이 저항으로서 작용하는 것이 아니라 긍정적인 감정도 마찬가지로 변화를 일으키지 못한다.

전이는 장시간 강한 감정을 불러일으키는 통찰 지향적(Insight-Oriented), 장기적 개입에서 주로 잘 일어나고, 사회복지사가 적극적 역할을 수행하고 개입시 과업과 역할이 뚜렷하여 투사를 일으키기 어려운 단기적 개입에서는 잘 일어나지 않는다. 따라서 주로 정신치료(Psychotherapy)에서 많이 나타나는 현상이나 일반적인 사회복지실천개입에서도 사회복지사와 강한 정서적 관계를 맺은 클라이언트에게서는 종종 나타난다(Hepworth & Larsen, 1986:480).

전형적인 전이반응에는 다음과 같은 것들이 있다.

워커는 과거의 대상과 달리 모든 상황을 파악하고 통제할 수 있는 안전한 대상이 되어줌으로써 동시에 클라이언트가 그 갈등을 신경증적으로 다루지 않도록 해석함으로써 그 관계를 치료적으로 만들 수 있는 것이다. 그러나 사회복지적 개입과정에서 전이는 변화를 방해하는 하나의 요인으로 등장하므로 전이 반응을 없애도록 노력하게 된다. 클라이언트의 반응이 비현실적임을 지적하고 현실적인 사회복지사에 대한 관점을 가지도록 도와준다. 또한 사회복지사에 대한 감정을 전에 다른 사람에게 느낀 감정과 동일한 것이 있는지 알아보고 그것이 어디서 유래되었는지를 클라이언트가 알도록 도와주어야 한다.

- 약속시간보다 지나치게 일찍 오거나 또한 자주 늦거나 약속을 변경하는 경우
- 외모에 신경을 쓰고 사무실 외의 장소에서 만나기를 원하는 경우
- 사회복지사의 사적인 사항 등에 관심을 갖고 알고 싶어 하며, 사회복지사의 개인적인 취미나 실내 장식 등을 칭찬하거나 비난하는 경우
- 칭찬과 보증을 지나치게 기대하거나 아니면 항상 싸우려 하거나 논쟁으로 하려는 경우
- 다른 클라이언트와 달리 특별한 대우와 배려를 원하는 경우

3) 사회복지사의 역전이

역전이(Counter-Transference)는 사회복지사가 클라이언트를 마치 자신의 과거 어떤 일물인 것처럼 느끼고 무의식적으로 그렇게 반응하는 것이다(이근후 역, 1992:42). 예를 들어 어린시절 자신의 형과 강한 경쟁의식을 가지고 자란 사회복지사가 또래의 남자 클라이언트에게 도전적이고 비판적이 되는 경우이다.

전이와 마찬가지로 역전이 반응도 비현실적인 강한 감정으로 왜곡을 낳게 되고 건전한 변화를 방해한다는 역전이의 중요한 징후를 다음과 같이 제시했다.

- 왠지 그 클라이언트는 싫다. 그러나 별다른 이유를 생각해낼 수가 없다.
- 클라이언트에게 공감할 수가 없고 그가 비현실적, 기계적이라는 느낌을 받는다.
- 클라이언트의 어려움에 대해 지나치게 감정적이 된다.
- 클라이언트를 너무 좋아한다.
- 그 클라이언트와 만나기가 두렵고 만나는 동안 편하지가 않다.
- 다른 시간에도 그 클라이언트의 생각을 많이 한다.
- 클라이언트를 만나는 동안 졸음이 오거나, 다른 사적인 생각에 많이 빠진다.
- 그 클라이언트와의 약속시간에 늦는 경우가 많다.
- 클라이언트와 자주 다투게 된다.
- 클라이언트가 나를 비난하면 쉽게 이성을 잃게 된다.

- 도발적이거나 극적인 말로 클라이언트의 감정을 유발시킨다.
- 클라이언트가 부당한 처우를 받았을 때, 같이 분노하고 동정적이 된다.
- 클라이언트에게 뭔가 적극적으로 해주어야 할 것 같다.
- 클라이언트가 꿈에 보인다.

4) 저항

사회복지사와 클라이언트의 관계에서 변화를 방해하는 힘을 저항(Resistance)이라 한다. 저항은 개입목표와는 반대되는 클라이언트의 행동을 말하는데, 클라이언트가 이런 행동을 인식하고 있는 경우도 있지만 대부분 의식하지 못하고 사회복지사의 눈에만 보이는 경우가 많다.

(1) 저항의 유형

사회복지실천 과정에서 많이 보이는 저항유형 다섯 가지를 정리하면 다음과 같다.

① 침묵은 초심자의 입장에서 가장 다루기 어려운 저항의 한 형태가 침묵이다. 갑자기 말을 하지 않거나, 할 말이 생각나지 않는다거나, 혹은 말하고 싶지 않다고 하는 경우이다. 이는 명백히 저항이다.

② 상담의 핵심내용이 아닌 벗어난 주제를 말하거나 주변의 이야기를 꺼내게 된다. 즉 문제점을 가지고 이야기하지 않고 문제와 맞지 않는 쓸데없는 이야기를 장황하게 늘어놓다가 막상 핵심적인 문제에서는 그냥 뛰어넘는 것이다. 중요한 이야기나 고통스러운 이야기를 꺼내면 더 중요한 이야기가 있는 것처럼 행동을 하면서 또다시 주변 이야기를 늘어놓는 행동도 저항의 한 형태이다.

③ 무력함을 표현하는 것이다. 이런 반응은 변화를 원하지 않는 것으로 오히려 사회복지사를 무력하게 만들기도 한다.

④ 문제를 축소하거나 마술적 해법을 기대하는 것이다. "별로 심각한 이야기는 아니다", "어떻게 되겠죠" 하는 식의 반응으로 문제를 직면하지 않으므로 변화에 대한 노력을 기울이지 않으려고 하는 것이다.

⑤ 저항의 심리를 행동으로 나타내는 것이다. 즉 지각하거나 결석하는 것, 면담 중 안절부절 하며 몸을 움직이거나 지루해 하며 하품을 하는 등의 행동 역시 저항의 한 형태로 변화를 거부하는 것이다.

(2) 저항의 근원지

저항의 근원지는 인간의 양가감정에서 찾을 수 있다. 즉 인간은 변화를 원하여 도움을 청하면서도 동시에 익숙한 것을 버리고 새로운 행동을 해야 하는 것에 대한 두려움으로 변화에 대한 저항을 가지게 된다. 인간은 변화를 원하면서도 기존의 삶의 균형을 그대로 유지하고 싶어 하는 양가감정을 가지게 되고 그것이 저항을 만드는 하나의 원인이 된다. 이런 경우 양가감정이 매우 자연스러운 것임을 수용하면서 자유롭게 표현할 수 있도록 도와야 한다. 그럼으로써 클라이언트는 자신의 양가감정을 인식하여 저항을 줄이게 되는 것이다. 또 다른 저항의 근원지는 서비스와 개입에 대한 잘못된 이해를 갖고 있거나 혹은 익숙하지 못한 상황에 직면하는 것이 두려워 저항을 보일 수 있다(Hepworth & Larsen, 1986:488). 이런 경우 서비스와 기관의 특성 등을 제대로 설명해 주고 익숙하지 못한 상황인 경우 사회복지사가 시범을 보여주거나 역할극을 통해 상황에 익숙해지도록 돕는다.

(3) 저항다루기

저항다루기는 저항이 변화로의 진전을 심각하게 방해할 때만 사용하는 것이 좋다. 왜냐하면 저항은 주로 클라이언트의 행동으로 나타나므로 저항을 다루기 위해 행동 하나하나를 일일이 끄집어내는 것은 불쾌할 수 있고 오히려 역효과를 나타낼 수 있기 때문이다. 그러나 목표달성을 심각히 방해할 때는 저항을 다루는 것을 최우선으로 한다. 이때는 저항이 저변에 있는 현재의 감정에 초점을 두어 토론한다. 현재의 부정적인 감정이 전에 있었던 일 때문이라 하여도 그에 대한 현재의 감정을 묻는다. "지난번 면담에서 몹시 불안해 보였는데 오늘은 그것에 대해 어떤 감정이 드세요?"라고 한다는 것이다. 이 기법은 저항을 인식하여 해결하는 이외에도 부정적 감정을 표현함으로써 대인관계에서의 부정적인 감정을 효과적으로 다룰 수 있는 경험을 제공하게 된다. 이것은 다른 상황에까지도 확대 적용될 수 있다.

(4) 긍정적 재해석

긍정적 재해석은 재명명(Relabeling)기법과 유사한 것으로 클라이언트 입장에서 부정적이고 바람직하지 못한 감정들에 긍정적 의미를 부여하는 것이다. 이 기법의 목적은 왜곡된 관점을 제공하고자 하는 것이 아니라 클라이언트의 자기방어를 줄이고 손상되기 쉬운 자존심을 보호하고자 하는 것이다.

(5) 문제를 성장의 기회로 재규정

문제를 성장의 기회로 재규정하는 것은 문제가 분명 변화되어야 하는 것임에 틀림이 없지만 지나치게 부정적으로만 볼 것이 아니라 이것을 기회로 성장하고 도전할 수 있음을 인식하게 하는 것이다. 이러한 기법은 두려워하고 불안해하는 클라이언트에게 문제에 대한 낙관적 관점을 제공해 주고 아무리 어려운 상황도 생각하기 나름이라는 좀 더 확대된 시각을 제공해 준다.

(6) 직면

직면(Confrontation)은 변화를 방해하는 부정적인 감정, 생각, 행동들을 클라이언트가 인식하도록 돕는 것으로 매우 직접적인 방법이다. 특히 클라이언트가 자신의 행동, 생각, 감정 사이의 모순을 발견하지 못할 때 직면은 효과적이나 클라이언트가 받아들일 준비가 되어있지 않은 상태에서 하게 되면 오히려 역효과가 나타나기 쉽다. 따라서 사회복지사는 모순된 양상에 대해 클라이언트가 스스로 생각해 보도록 돕는 것이 필요하다.

제7장

사회복지실천의 면접론

1 사회복지실천 면접의 이해

1) 사회복지실천 면접의 정의

면접은 다양한 분야에서 활용되고 있으며 사회복지실천에서 가장 많이 사용되는 기본적인 수단이다. 사회복지실천에서 면접은 주요한 의사소통수단으로 클라이언트에 대한 정보를 수집하여 서비스를 제공할 수 있는 중요한 활동이다. 클라이언트가 개인이나 가족이나 집단이든지간에 초기면접에서부터 종결까지 사회복지사가 클라이언트를 원조하기 위해서 반드시 이루어지는 것이 면접이다.

사회복지실천 면접은 인간의 행동과 반응에 대한 전문적 지식과 정교한 인간관계기술을 갖춘 사회복지사가 클라이언트와 그의 문제를 이해하고 원조한다는 목적을 가지고 의도적으로 이끌어 나가는 전문적 대화이다. 또한 면접은 사회적 상호작용과 의사소통의 과정이며 인지, 정서, 행동의 변화를 목적으로 한 언어적·비언어적 행동으로서 문제해결을 위한 개입이라 할 수 있다(도광조, 2008). 따라서 사회복지실천과정에서 면접은 전문적 관계에 바탕을 두고 수집, 과업수행, 클라이언트의 문제나 욕구 해결 등과 같은 목적을 수행하는 시간제한적 대화이다(Johnson, 1989:197; 권구영, 2008에서 재인용).

이와 같은 면접은 언어적·비언어적 의사소통을 통해 상호작용을 한다는 면에서 대화와 비슷하다. 그러나 면접을 대화와 구별하는 결정적인 특징은 면접이 의식적으로 선택한 목적을 성취하려고 계획된 상호작용이라는 점이다. 상호작용이 있더라도 목적이 없다면 그것은 대화이지 면접은 아니다(전재일 외, 2009). 면접을 대화와 비교하여 분석하면 다음과 같다(Kadushin, 1972).

첫째, 면접의 내용은 목적의 달성을 촉진시킨다.

면접은 명백한 목적이 있기 때문에 주제의 계속성이 있지만, 대화는 중심주제가 없다.

둘째, 면접에서는 목적 달성을 위해 상호작용을 리드할 책임자가 있어야 한다.

면접참여자들이 목적을 달성하기 위해서는 면접자와 피면접자의 역할관계가 구조화된다. 그러나 대화에 있어서는 이러한 역할 담당에 관한 선택적인 역할행동이 없다.

셋째, 면접은 비상호적 관계이다.

면접은 전문적인 지식과 지도력을 가진 전문가가 주로 클라이언트의 이익을 제공하도록 계획되어 있다. 그러나 대화에서의 상호작용은 클라이언트의 문제를 해결하는데 도움이 되지 않는다.

넷째, 면접자의 행동은 계획적이고 심사숙고된 것이며 의식적으로 선택된 것이다. 그러나 대화에 참여하는 사람들의 행동은 자발적이고 비계획적이다.

다섯째, 전문가는 면접을 위해 클라이언트의 요구를 수용할 의무를 가진다.

대화는 중단하기가 쉬우나 면접은 면접자의 개인적인 이유로 종결할 수 없다.

여섯째, 면접은 공식적으로 준비된 만남이다.

대화는 비공식적인 만남이지만, 면접은 시간, 장소, 지속기간 등이 설정된 공식적인 만남이다.

일곱째, 면접은 불쾌한 사실과 감정을 피하지 못한다.

대화에서는 은연중에 불쾌한 감정을 피할 수 있지만, 면접에서는 도움이 된다면 이러한 불쾌한 감정이나 사실을 표현하도록 자극할 의무가 있다.

2) 사회복지실천 면접의 목적

면접은 목적에 따라 실행되는 방법과 진행방향이 달라질 수 있다. 사회복지실천에 있어서 면접의 목적은 사회복지실천 기능에 따라 다르다. 사회복지실천 면접의 일반적 목적은 사회조사를 위한 정보차원, 평가에 도달하기 위한 진단차원, 변화를 가져오기 위한 치료적인 차원이 있다. 그러나 실제로는 동일한 면접에서 여러 가지 목적을 동시에 가지게 될 수도 있다.

일반적으로 면접의 목적을 정리하면 다음과 같다(Brown, 1992:102).

첫째, 클라이언트의 욕구와 문제파악을 위한 자료 수집
둘째, 치료관계의 확립과 유지
셋째, 클라이언트에게 정보 제공
넷째, 원조과정에서의 장애파악과 제거

다섯째, 목표달성을 위한 활동을 파악하고 이행
여섯째, 원조과정의 촉진

3) 사회복지실천 면접의 특성

사회복지면접은 클라이언트를 효과적으로 돕기 위한 일련의 커뮤니케이션 과정으로 다음과 같은 특성을 가지고 있다(Compton & Galaway, 1994).

첫째, 사회복지실천 면접을 하기 위한 전후관계(context)나 장(setting)이 있다.

즉, 클라이언트의 특정한 사건의 상황적 특성이나 경위, 배경 등이 있고, 문제해결을 위하여 서비스를 제공하는 기관이 있다.

둘째, 사회복지실천 면접은 목적과 방향이 있다.

즉, 구체적인 목적을 달성하기 위한 과정으로 의도적으로 이루어지며 일정한 목표와 방향이 있다.

셋째, 계약에 의해 이루어진다.

사회복지사와 클라이언트는 목적을 달성하기 위해 일련의 과정을 상호합의한 상태에서 면접을 진행한다.

넷째, 사회복지사와 클라이언트는 각각 특정한 역할관계가 규정된다.

즉, 사회복지사와 클라이언트에게는 각각 정해진 역할이 있고 그 역할에 따라 상호 작용한다.

2 사회복지실천 면접의 종류

일반적으로 사회복지실천 면접은 정보수집 또는 사회조사를 위한 면접, 사정을 위한 면접, 그리고 치료적 면접으로 구분되지만 실제로는 면접에서 이 세 종류의 유형이 서로 중복되기도 한다.

1) 정보수집 또는 사회조사 면접

정보수집 면접의 목적은 클라이언트와 그를 둘러싼 환경이나 상황을 파악하여 문제를 잘 이해하고 효과적인 개입을 하기 위해 필요한 정보를 수집하는 것이다. 이 면접에서는 클라이언트의 개인적, 사회적 문제와 관련된 사항들을 조사하며, 정보수집의 대상은 클라이언트뿐만 아니라 가족, 친구, 친척, 이웃, 관련 기관 등을 포함한다. 초기면접과정에서 파악해야 할 내용은 대체로 다음과 같다(Zastraw, 1995; 이영분 외, 2001에서 재인용).

① 일반적 사항 : 나이, 성별, 학력, 결혼상태, 주소 등
② 현재의 문제 : 현재 문제 상황, 과거력(과거에 유사한 문제가 있었는지, 이를 위한 노력, 치료형태, 치료기관 등), 과거병력
③ 가족력 : 클라이언트의 원가족과의 관계, 부모-형제 관계, 핵가족 중심의 부부관계, 자녀관계 등
④ 개인력 : 아동기의 성장과정, 발달단계상의 문제, 학교생활, 직장생활, 결혼생활 등
⑤ 사회적·직업적 기능 : 클라이언트가 가지고 있는 사회적·직업적 기능 정도

2) 사정을 위한 면접

사정을 위한 면접은 서비스의 적격 여부를 평가하고 결정하기 위한 것으로 진단적 의사 결정 면접이라고도 할 수 있다. 최근에는 클라이언트의 자원, 동기, 장점, 능력 등을 모두 보기 때문에 '진단' 이란 용어보다는 '사정'이라는 용어를 더 많이 사용하고 있다(나동석 외, 2008). 사정 면접은 어떤 서비스를 제공할지 구체적 서비스에 대한 의사 결정을 위한 면접이다. 예를 들어, 가정폭력이 있는 경우 어떤 가족원에게 어떤 치료 서비스를 제공할 것인지, 어떤 폭력이 얼마나 자주 어떻게 일어났는지를 파악하고 가해자와 피해자에게 적절한 치료개입방법 등을 결정하기 위해 사정 면접을 한다. 또는 공적 부조 담당 사회복지사는 신청자가 서비스 대상자로서 적합한지를 결정하기 위해 면접한다. 이러한 사정 면접은 정보수집보다 목적지향적 특성이 있으며, 평가 면접의 목적은 어떤 결정을 내리는 데 도움이 될 만한 필요한 정보만을 선택적으로 얻는 것이다(한국전문대학사회복지협의회, 2007).

3) 치료적 면접

치료적 면접의 목적은 클라이언트의 변화를 돕기 위한 것과 클라이언트의 기능을 향상시키기 위해서 사회적 환경을 변화시키는 것이다. 여기에서는 클라이언트의 감정, 태도, 행동상의 변화가 일어나도록 클라이언트에게 자신감, 자기효율성을 강화하고 필요한 기술을 훈련하여 문제를 해결할 수 있는 능력을 키우게 된다. 그 결과 클라이언트가 보다 나은 사회적 기능을 수행할 수 있도록 하는 것이다. 또한 이 면접에서는 클라이언트의 환경변화를 목적으로 클라이언트와 관련된 중요한 사람들과 또는 클라이언트의 권리와 이익을 대변하고 옹호할 수 있는 사회복지기관, 지역사회, 공공기관, 관련 공무원들과의 활동이 이루어진다.

3 사회복지실천 면접의 준비과정

면접에 대한 준비를 통해 사회복지사는 면접을 구조적으로 진행할 수 있으며, 면접에서의 과업을 파악하고 이를 성취하기 위한 방법을 모색하게 되며 시간활용방법의 구체적 계획을 수립할 수 있게 된다(이경남 외, 2008). 그러나 면접과정이 반드시 준비한 대로 진행되지는 않는다. 이는 클라이언트가 자신의 이야기를 누군가에게 이야기해야 한다는 부담감과 불편한 감정을 가질 수 있으므로 사회복지사는 클라이언트의 이러한 감정이나 상태를 이해하고 융통성 있게 진행될 수 있도록 해야 한다.

코노이어(Cournoyer)가 제시한 사회복지사가 면접 준비를 위해 활용할 수 있는 8가지 기술은 다음과 같다(김인숙·김용석 역, 2002).

① 사전검토 : 사회복지사가 클라이언트와 처음 접촉하기 전에 클라이언트의 이전 기록과 정보를 검토하고 기본적 배경을 파악하는 것이다. 그러나 이 단계에서 클라이언트에 대한 선입견이나 편견을 갖게 되기 쉬우므로 열린 마음으로 사전검토를 하는 자세가 필요하다.

② 사전탐색 : 접수나 인테이크를 담당하는 사회복지사 혹은 클라이언트를 의뢰한 사람에게 클라이언트 및 그의 상황에 대한 질문을 통해 정보를 수집하는 것이다.

③ 사전 협의 : 클라이언트를 비롯한 여타 사람을 처음 접촉하는 것과 관련하여 슈퍼바이저나 동료에게 조언을 구하는 것을 말한다.

④ 사전 정리 : 첫 면접을 위한 체계적인 준비로서 약속시간 확인, 물리적 환경을 구조화하는 것 등이 포함된다. 면접실을 확보하고 가구 재배치, 사회복지사의 의복이나 외모에 대한 고려까지도 포함된다.

⑤ 사전 공감 : 클라이언트가 초기 면접에 오기 전이지만 클라이언트가 겪을 수 있는 감저이나 관심사를 이해하도록 노력하는 것으로 클라이언트의 현재 문제 및 상황에 민감하게 반응할 수 있도록 사전 공감을 실천해 보는 것이다.

⑥ 사전 자기탐색 : 사회복지사가 자신이 타인과의 상호작용에서 어떻게 영향을 주고받는지를 파악하는 것이다. 사회복지사 자신의 자기분석의 한 형태로 자신의 개인력을 파악하고 자신의 특징, 욕구, 편견, 정서적 약점, 행동패턴 등이 클라이언트에게 어떤 영향을 미칠 것인지를 확인하는 것이다.

⑦ 집중적 자기 관리 : 사회복지사의 개인 사정이 전문가로서의 의무와 서비스 전달에 방해되지 않도록 개인의사고, 느낌, 신체적 감각 등을 조직화하는 것이다.

⑧ 사전 계획 및 기록 : 사회복지사가 면접 전에 면접목적과 목표를 검토하고 면접에서 논의할 주요 과제를 임시적으로 설정하는 것이다.

또한 사회복지사가 다음과 같은 지식을 가지고 있으면 면접과정이 잘 진행될 수 있다(Brown, 1992:105).

① 기관의 목적과 기능에 대한 지식
② 사회복지사로서의 역할과 한계를 명확히 이해하는 것
③ 사람들이 도움을 구함에 있어 어떻게 반응하며 이러한 요청을 함에 나타나는 양가감정에 대한 지식
④ 클라이언트가 현재 처해있는 위치에서 시작하며 클라이언트의 보조에 맞춰 진행하는 원리에 관한 지식
⑤ 면접의 시간제한성에 관한 지식
⑥ 클라이언트로부터 치료비나 상담료를 받을 경우 비용 책정에 관한 지식
⑦ 클라이언트에게 존경을 표명하고 면접 중 프라이버시를 처리하며 방해를 예방하는 데 대한 지식
⑧ 비밀보장의 제한성에 관한 지식

4 사회복지실천 면접의 구조적 조건

사회복지실천에서 면접을 효과적으로 진행하기 위해서는 적절한 면접장소와 면접시간, 면접기록과 비밀보장을 가지고 있어야 한다.

1) 면접장소

클라이언트가 가장 편리한 장소에서 면접을 하는 것이 바람직하므로 면접장소를 기관이나 시설의 면접실에만 한정하지 않고 면접실 밖의 가정방문, 학교, 직장 또는 공원이나 병원 등으로 할 수 있다. 청소년의 경우라면 학교나 공원, 아이가 있거나 개인사정 등으로 외출하기 어려운 경우라면 가정방문, 몸이 불편하여 입원중이라면 병원 등 면접 장소의 선택은 각각의 경우에 따라 달라질 수 있다. 그러나 일반적으로 면접을 위해 물리적인 설비가 구비되어 있는 기관이나 시설의 면접실이 가장 이상적이라 할 수 있다.

기관이나 시설의 면접실은 클라이언트가 최대한 편안함을 느낄 수 있도록 분위기가 조성되어야 한다. 즉, 면접실의 넓이, 실내온도, 조명, 색채, 테이블과 의자의 배치, 액자나 화분의 위치 등에 세심한 배려가 필요하다. 또한 조용하고 아늑하며 클라이언트가 신변의 보장을 받을 수 있어야 한다.

기관이나 시설에 마련되어 있는 면접실의 장점은 동일한 장소에서 면접을 계속해 나감으로써 연속성과 친밀성이 생기며 기록양식, 기록자료 등을 남길 수 있다는 것이다. 그러나 어떤 클라이언트에게는 기관 면접실에서의 면접이 부담이 되는 경우도 있다(Kadushin, 1990:106; Shubert, 1971:123).

가정에서 면접이 이루어지는 경우에는 클라이언트가 생활하는 지역사회와 가정환경을 이해할 수 있으며 실제 생활 장소에서 클라이언트를 관찰하고 가족들과의 상호작용이나 면접기회를 통해 더 많은 정보를 얻을 수 있다. 그러나 전화벨이 울린다던지 텔레비전 등으로 주위가 산만해지거나 예기치 않은 방문객 등으로 면접에 방해가 될 수도 있다. 가정면접의 경우, 사회복지사는 클라이언트가정의 일상적인 일들을 염두에 두고 방문예정시간을 정하고, 계획된 시간에 도착할 수 있도록 미리 집의 위치나 교통편을 파악해두어야 한다.

이 외에도 학교나 직장, 공원, 병원 등 기타 장소에서 면접을 할 수가 있다. 전문적인 면접관계를 유지하기 위해 이러한 장소는 피하는 것이 바람직하지만 일시적으로 사용할 수밖에 없는 경우가 있다. 기타장소에서 면접을 하게 될 경우에는 주변상황을 고려하여 타인에게 방해가 되지 않도록 낮은 목소리로 이야기하고 사회복지사와 클라이언트의 만남에 대한 비밀보장이 유지될 수 있도록 신경써야 한다.

2) 면접시간

사회복지사는 클라이언트와 사전에 상의하여 면접시간을 정하는 것이 바람직하다. 시간약속의 방법은 클라이언트가 편리하거나 적절하다고 생각되는 시간을 선택하게 하는 것이 좋다. 이는 면접이 사회복지사가 아니라 클라이언트 자신의 필요에 의해 이루어짐을 인식하게 하여 동기를 부여하고 적극적인 참여를 유도할 수 있기 때문이다.

또한 면접시간의 길이는 면접의 목적이나 사례 또는 클라이언트의 연령이나 의사소통능력에 따라 다르기 때문에 단정 지어 이야기하기는 어렵다. 10분이나 15분 정도의 면접에서는 클라이언트가 의사전달을 하기 충분하지 않은 반면, 1시간 이상의 면접은 양자 모두 지쳐서 별로 도움이 되지 못한다. 따라서 1회 면접의 시간은 성인의 경우 40분~50분, 아동의 경우에는 15분~25분 정도가 적당하다. 그러나 위기상황사례이거나 클라이언트와 기관의 목적에 따라 면접 시간을 융통성 있게 조절할 수 있다.

3) 면접기록과 비밀보장

면접기록은 클라이언트에 대한 정보를 기록하는 것으로 클라이언트의 욕구 파악 및 정보수집, 개입방법의 점검과 확인, 결과평가 등의 목적을 위해 필요하다. 사회복지실천 면접 기록은 사회복지사가 개입한 사례를 첫 단계부터 종결과 사후지도까지의 전 과정을 합당한 형식을 갖춘 틀에 따라 객관적으로 서술하는 일이다(엄명용 외, 2008). 사회복지실천 기록은 정보를 보존하고 서비스 과정과 효과를 모니터링 할 수 있으며, 사례연구나 교육 자료로 활용할 수 있고 전문가 간 의사소통을 원활히게 할 수 있어 궁극적으로 서비스의 질을 향상시킬 수 있다.

면접과정에서 사회복지사의 면접기록이 클라이언트에게 부담을 주는 것은 비밀보장에 대한 염려 때문이다. 일반적으로 클라이언트는 면접 중에 이름이나 주소, 직업 등은 즉시 기록하여도 자연스럽게 받아들인다. 그러나 클라이언트가 보는 앞에서 많은 것을 기록하려고 한다면 클라이언트는 불쾌한 감정을 느낄 수 있으며, 이로 인해 면접이 중단되거나 진행에 방해가 될 수 있다. 따라서 기록 시에는 면접의 흐름을 방해하지 않도록 주의하며, 클라이언트에게 기록의 필요성에 대해 설명하고 사전에 양해나 동의를 구해야 한다. 이러한 기록의 방법에는 메모, 녹음, 녹화 등이 있다.

효과적인 면접을 위해서는 무엇보다 클라이언트에 대한 비밀보장이 중요하다. 면접장소의 환경적인 면에서 뿐만 아니라 클라이언트에 대한 사회복지사의 태도도 중요하다. 사소한 것이라도 클라이언트가 비밀을 유지하기 원한다면 사회복지사는 클라이언트의 비밀을 가볍게 취급하지 않아야 하며, 전문적관계의 유지에 대한 책임을 이행하여야 한다.

5 사회복지실천 면접 과정

사회복지실천 면접에는 시작단계, 중간단계, 종결단계가 있으며, 각각의 단계에는 목적과 목표가 있다. 모든 면접은 클라이언트의 감정표현을 통한 행동 변화와 문제해결능력을 향상시키는 데 초점을 맞추어야 한다. 또한 모든 면접 시 사회복지사는 클라이언트에 대한 존중과 더불어 개별성 및 문제의 다양성에 대해 인정해야 한다.

1) 시작 단계

면접의 시작단계는 사회복지사와 클라이언트의 첫 만남으로써 가볍게 인사를 나누고 클라이언트의 이름을 부르면서 맞이하면 좋다. 이 시기는 클라이언트가 가장 불안정하고 불안감 및 초조감을 느끼는 시기이므로 최대한 편안한 분위기를 느끼도록 해야 한다. 옷을 받아 걸어준다던지 의자에 앉을 것을 권유한다던지 등의 관심과 배려를 통해 클라이언트이 비언어적인 부분들(어떻게 인사하며, 어떤 옷을 입고, 어떤 표정이며, 어떻게 행동하는지 등)을 관찰할 수도 있다.

이 단계에서는 일상적인 대화를 통한 상호작용으로 친밀감과 안정감을 갖도록 배려하면서 클라이언트가 면접에 적극적으로 참여할 수 있도록 격려하고 긴장감을 해소할 수 있도록 한다. 만남 초기 이야기 주제로는 날씨, 물가, 교통 문제, 식사, 스포츠 등 클라이언트가 쉽게 응답할 수 있는 개방적인 것들이 좋다. 반면 종교나 정치 등 개인에 따라 예민할 수 있는 주제는 적절하지 않다.

면접 시작 단계에서 사회복지사는 클라이언트에게 면접의 목적을 명확히 하고 클라이언트가 가지고 있는 욕구나 문제에 대해 표현하도록 격려한다. 그리고 사회복지사는 클라이언트에 대한 관심과 공감을 보여줌으로써 신뢰관계를 형성하고 현재 상황을 평가한다. 이때 면접의 내용은 일반적인 것에서 개인적인 것으로, 근래에서부터 발달과정상의 생육력으로, 뚜렷하고 의식적이고 익숙한 것에서부터 덜 명확한 의식에 관한 것으로 옮겨간다(김기태 외, 2007).

2) 중간 단계

중간단계의 면접에서 사회복지사와 클라이언트는 공통의 면접목적을 달성하기 위해 적극적으로 참여하게 된다. 또한 문제해결의 장애가 파악되고 이 장애를 제거하는 방법이나 계획의 수정 등이 이루어지기도 한다. 사회복지사는 전문적 가치와 전문기술을 중심으로 클라이언트의 문제해결과정을 돕고 긍정적 관계를 유지해 나갈 수 있도록 점검한다.

3) 종결 단계

면접의 마지막 단계는 종결이며, 이 종결의 준비는 면접 초기 단계부터 이미 시작되었다. 면접의 목적이 달성되었거나 시간이 마감되었을 때 사회복지사는 종결하기 위해 준비해야 한다. 종결에서는 사회복지사나 클라이언트 모두 불편해질 수 있으므로 내용이나 시간에서 뿐만 아니라 감정 면에서도 종결준비가 되어있어야 한다. 성공적 면담의 종결을 위해 사회복지사는 첫째, 클라이언트에게 면담종결에 대한 느낌을 나누도록 격려하고, 둘째, 사회복지사가 클라이언트에 대한 긍정적 감정을 표현하며, 셋째, 클라이언트에게 면담의 내용을 요약한다. 면담을 요약하는 것은 개입과정에 대한 초점을 유지하게 하고 그 내용이 서비스와 일치하는지 점검하는 데 도움이 된다. 다음 단계로 클라이언트와 사회복지사는 추후 면접을 계획한다. 만약 마지막 면담이거나 단회 면담이라면 클라이언트에게 작별인사를 할 수 있는 기회를 주고, 새로운 문제가 발생하거나 어려움이 있을 때 언제든지 방문할 수 있다는 가능성을 제시한다(양정남 외, 2007). 종결은 전체 면접에 대한 인상을 결정하기 때문에 충분한 준비를 통해 바람직한 관계를 유지할 수 있도록 해야 한다.

6 사회복지실천 면접기술

면접이란 상호간의 의사소통이며, 의사소통은 상호간의 생각이나 의견을 언어적, 비언어적으로 표현하고 이에 대한 반응을 다시 언어적, 비언어적으로 표현하는 과정이라 할 수 있다. 사회복지사는 클라이언트와의 면접에서 명확하고 효과적인 의사소통을 하기 위하여 다양한 기술을 사용하게 된다. 그러나 이러한 기술보다 더 중요한 것은 클라이언트를 진정으로 이해하고 도우려는 마음이다. 즉, 사회복지사의 관점에서 보고 이해하려하지 말고 클라이언트를 통해 알고자 하는 태도를 가져야 한다. 여기에서는 경청, 관찰, 질문하기의 기술들을 중심으로 정리하였다.

1) 경청

경청은 상대방에게 관심을 기울이고, 상대방의 이야기에 집중하여 잘 들어주는 것이다. 클라이언트의 언어적·비언어적 표현에 대한 경청은 성공적인 상담의 주요요인이라 할 만큼 면접의 가장 기본적이면서도 중요한 기술이다. 따라서 경청이란 단순히 듣는 것(hearing) 이상으로 상대방의 생각과 감정을 이해하기 위한 적극적 청취(listening)를 말한다. 때로 경험이 부족한 초보 사회복지사는 자신이 무엇을 질문하고 어떻게 말해야 하는지에만 신경을 쓰다가 클라이언트가 말하는 것과 질문에 대한 응답을 듣는 것에는 소홀해지는 실수를 범하는 경우가 있다. 경청을 잘 하기 위해서 사회복지사는 수용적인 태도로 임하며, 클라이언트의 이야기에 언어적·비언어적으로 반응할 필요가 있다. 예를 들어 눈 맞춤이나 고개를 끄덕이기, 적절한 미소, 클라이언트 쪽으로 몸을 약간 기울여 이야기를 듣는 것, "그랬군요", "아...", "음.." 등으로 클라이언트의 감정과 상황을 최대한 이해하려 노력하며 존중하고 있다는 것을 표현할 수 있다. 다음은 면접에서의 구체적인 경청 기술이다.

(1) 들었던 내용을 반복해 주기

클라이언트가 이야기한 것을 명확히 하는데 도움을 준다. 예를 들어 '당신이 말하기를........'로 시작해서 클라이언트의 말을 반복해 줄 수도 있고, "요즘 너무 힘이 듭니다."라고 말하는 클라이언트에게 "요즘 너무 힘이 든다고요?"라며 클라이언트가 사용한 단어를 단순히 그대로 반복할 수도 있다.

(2) 바꾸어 말하기

클라이언트가 말한 내용이나 의미를 같은 뜻을 가진 다른 말로 바꾸어서 더 구체적이고 명확하게 표현하는 것이다. 바꾸어 말하기는 단순한 반복이 아니라 클라이언트의 언어적·비언어적 표현에 있어 핵심을 명확하게 하여 클라이언트 자신의 문제를 제대로 파악하고 이해하는데 도움이 되도록 한다. 예를 들어 "제가 듣기에는 ....하게 들리는데 혹시 ....하다는 것은 아닌가요?"나 머리 염색을 하겠다는 아이에게 "그러니까 너는 새로운 변화를 원하고 있구나" 등으로 표현할 수 있다.

(3) 요약과 해석하기

요약하기는 바꾸어 말하기와 비슷하다. 바꾸어 말하기는 바로 직전에 한 말에 대한 확인이지만 요약하기는 보다 긴 시간동안 이루어진 내용을 확인하는 것이다. 요약은 클라이언트의 생각, 행동과 감정들을 사회복지사의 언어로 정리해줌으로써 사회복지사가 클라이언트의 이야기를 경청하고 있었음을 나타내주는 동시에 정확히 이해하였는지를 확인할 수 있는 방법이기도 하다. 또한 클라이언트와의 면접에서 지난 면접시간 내용을 간략하게 요약함으로써 새로운 면접을 시작할 수 있으며, 주제를 벗어난 경우 요약을 통해 한 주제를 정리하고 다른 주제로 옮겨갈 수 있도록 해준다. "그러니까 지금까지 당신이 이야기한 것을 요약해 보면...."이나 "당신의 이야기를 종합해보면 ...." 등의 표현을 사용할 수 있다.

해석은 요약과 달리 클라이언트가 미처 알지 못하고 있는 문제까지 이해할 수 있게 되는 방법이다. 예를 들어 동생이 생긴 아이가 갑자기 대소변을 가리지 못하는 등의 행동을 보일 때 단순히 사실만 받아들이는 것이 아니라 동생이 태어나면서 불안을 느낀 아이가 퇴행행동을 통해 엄마의 관심과 사랑을 원하는 것이라고 이해하는 것이 해석이다. 때로 사회복지사는 클라이언트가 명확히 이야기해주지 않거나 인정하지 않으려는 부분에 대해서 그 이면의 진실을 이해해야 할 때가 있다. 그러나 클라이언트의 성격을 파악하지 못했거나 해석의 근거가 없을 때에는 섣불리 해석하지 말아야 한다. 해석은 클라이언트가 거의 깨닫고 있으나 확실하게 개념화하지 못하고 있을 때 조심스럽게 하는 것이 중요하다. 그렇지 않으면 클라이언트는 심리적으로 불안해질 수 있다.

(4) 반영하기

반영은 클라이언트의 말과 행동에서 표현된 기본적인 감정이나 생각 및 태도를 사회복지사가 다른 참신한 말로 부언해 주는 것을 말한다(나동석·서혜석, 2008). 즉 클라이언트가 한 말을 그대로 다시 반복하는 식의 반영보다는 가능한 한 다른 말을 사용하면서 클라이언트의 감추어져 있는 내면의 감정을 정확히 파악하여 전달해주는 것이 좋다. 또한 사회복지사는 클라이언트가 말로써 표현하는 것뿐만 아니라 몸짓, 눈빛, 억양 등의 표현에 대해서도 반영해 줄 필요가 있다. 예를 들어 동생의 잘못으로 싸운 후 엄마에게 꾸중을 들은 누나에게 "저런, 동생이 잘못한 일인데 엄마가 너만 야단치셔서 많이 억울했겠구나...", "당신은 .....라고(하게) 느끼는군요." 라고 하는 것이다.

(5) 격려하기

클라이언트가 계속 이야기를 하거나 표현할 수 있도록 도와주는 기술이다. "그 부분을 더 이야기해 주시겠어요?", "그리고 그 다음에는 어떻게 되었나요?" 등의 표현으로 격려해줄 수 있다.

(6) 침묵 탐색하기

면접하는 과정에서 클라이언트가 더 이상 말이나 표현을 하지 않고 침묵을 지키게 되면 사회복지사와 클라이언트 모두에게 어색한 분위기로 인한 어려움이 생길 수 있다. 그러나 이러한 침묵도 중요한 의사소통의 한 수단이다. 면접이 서툰 사람일수록 면접 중의 침묵을 부담스러워한다. 클라이언트가 말을 멈추고 침묵하면 어색해하면서 자기의 면접기술이 서투르기 때문에 클라이언트가 말을 하지 않는 것으로 오해하여 말을 재촉하거나 자기편에서 말을 서두르는 실수를 할 수도 있다(엄명용 외, 2008). 또는 침묵을 무관심이나 저항 등의 의미로 해석하고 참지 못하는 경우도 있다. 일반적으로 의사소통과정에서의 침묵은 클라이언트가 어떻게 이야기를 할까 생각하고 있다는 의미일 수도 있고, 대답하고 싶지 않거나 또는 대답하기 곤란함에 대한 표현일 수도 있고, 말하는 도중 감정이 격해져서 이를 다스리기 위함이거나 경우에 따라서는 정말 할 말이 없어서 침묵할 수도 있다. 침묵은 나름대로 의미를 갖고 있으므로 상황에 따라 다르게 파악하려는 노력이 필요하다. 사회복지사는 클라이언트에게 생각하고 느낄 수 있는 충분한 시간을 주는 것이 바람직하지만, 침묵이 길어질 경우에는 원인을 파악하여 대응할 필요가 있다.

2) 관찰

관찰은 클라이언트가 말하고 행동하는 모든 것에 주의를 기울여 클라이언트나 그의 욕구와 문제를 이해하는 데 필요한 정보를 얻는 것이다. 때로 클라이언트는 언어적 표현과 비언어적 표현이 불일치하는 경우가 있는데 이때 사회복지사는 그 의미를 정확히 파악하여 면접을 진행하는 것이 중요하다. 예를 들어 말로는 "괜찮다"라고 하면서 주먹으로 탁자를 내리친다든지 목소리나 억양이

고조되어 있거나 "불안하지 않다"라고 말하면서 종이컵을 만지작거리는 등의 비언어적 표현은 언어적 표현보다 클라이언트의 감정상태를 더 잘 나타내고 있음을 알 수 있다. 그러나 비언어적 표현을 관찰한 결과에 대한 판단은 개인에 따라 다를 수 있으므로 항상 신중해야 한다. 클라이언트는 몸짓이나 표정과 같은 비언어적 방식으로 많은 정보를 주고 감정을 표현하므로 사회복지사는 다음과 같은 사항을 관찰해야 한다(조휘일·이윤로, 1999).

- 신체 언어 : 클라이언트의 앉아 있는 모습, 얼굴표현, 목소리의 변화, 손가락으로 탁자를 치는 행동 등이 무엇을 의미하는지 알아본다.
- 처음 꺼내는 말과 종결하는 말의 내용 : 이 내용은 중요한 경우가 많은데, 클라이언트가 자신의 자아나 환경에 대해 어떤 태도를 가지고 있는지 암시해 준다.
- 화제의 이동 : 대화 도중 어떤 화제가 나올 때 화제를 바꾸는 경우는 특별한 주제가 고통스럽거나 토론하기 싫다는 것을 의미한다.
- 반복적인 주제의 제시 : 클라이언트가 계속해서 한 주제를 제시하는 경우, 이는 클라이언트에게 매우 중요한 문제이거나 클라이언트가 도움을 받기 원하는 문제이다.
- 진술내용의 차이 : 클라이언트의 진술에 차이가 나는 것은 면접 내용이 클라이언트 자신에게 매우 위협적인 것이거나 공개하고 싶지 않다는 것을 시사한다.

3) 질문하기

면접과정에서 사회복지사가 클라이언트에게 필요한 정보를 얻기 위해 사용하는 중요한 기술 중 하나가 질문하기이다. 그러나 사회복지사가 너무 많은 질문을 하게 되면 클라이언트는 조사를 받는 것처럼 느낄 수 있으므로 적절히 사용해야 한다. 질문에는 개방형과 폐쇄형의 두 가지가 있는데, 일반적으로 개방형 질문이 폐쇄형 질문보다 더 많은 정보를 알려준다. 각각의 특징과 유의점을 살펴보면 다음과 같다.

(1) 폐쇄형 질문

폐쇄형 질문은 보통 "예"와 "아니오"로 대답할 수 있는 질문이나 이름, 주소, 나이 등과 같이 짧게 대답하여 사실적인 정보를 얻는데 사용할 수 있는 질문이다. 이러한 질문기법은 내용을 확인하고자 할 때 주로 사용할 수 있으나 클라이언트가 응답할 수 있는 범위가 한정되어 있다는 단점이 있다. 경험이 적은 사회복지사일수록 폐쇄형 질문을 자주 사용하는 경향이 있다. 폐쇄형 질문의 예로는 "여기까지 버스타고 오셨나요?", "당신의 직업은 무엇입니까?", "부모님과 함께 살고 계신가요?" 등의 형태로 이루어진다.

(2) 개방형 질문

개방형 질문은 클라이언트가 원하는 방식대로 응답할 여지가 있으며 자유롭고 폭넓게 답할 수 있는 질문형식이다. 일반적으로 개방형 질문은 '어떻게', '무엇'을 주로 사용하는 질문으로 다양한 정보를 필요로 할 때 유용하며 클라이언트와의 촉진관계형성에 유리하다. "여기까지 어떻게 오셨어요?", "그때 당신의 기분은 어떠셨나요?", "그 외에 다른 무엇이 있었나요?"와 같이 보다 많은 정보를 담고 자유롭게 응답할 수 있도록 묻는 형태이다.

(3) 질문시 유의할 점

질문을 할 때 적절하지 않거나 조심해야 할 사항들이 있다. 때로 사회복지사는 두세 가지 질문을 한꺼번에 하거나 클라이언트가 이전 질문에 충분히 대답하기도 전에 또 다른 질문을 하기도 한다. 이런 질문은 클라이언트가 대답하기 곤란하며 혼란스러울 수 있다. 예를 들어 "결혼생활은 만족하십니까?", "특별한 어려움은 없습니까?", "남편과의 관계는 어떤가요?", "시댁과의 관계는 원만한 편인가요?"와 같이 연속적으로 질문할 때 구체적 내용의 초점에서 벗어날 수 있으므로 가급적 질문은 한번에 하나씩 하는 것이 바람직하다.

'왜'라고 시작되는 질문도 피하는 것이 좋다. '왜'로 시작되는 질문은 반감이나 불쾌감, 비난을 암시하여 응답자를 방어적으로 만든다. "왜 남편과 사이가 나빠졌나요?", "왜 그렇게 행동했어요?" 등의 질문은 "무엇 때문에 남편과의 사이가 나빠졌나요?", "어떻게 그런 행동을 하게 되었나요?" 등으로 바꾸어 질문하는 것이 좋다. 이 외에도 주제에서 벗어나거나, 단순한 호기심으로 하는 질문은 피해야 하며, 대명사를 많이 사용하거나 모호한 질문은 피하고 구체적으로 질문하는 것이 바람직하다. 또한 사회복지사가 생각하는 대로 직접 혹은 간접적으로 클라이언트의 응답을 유도, 암시하는 유도형 질문도 잘못된 질문형식이다. 예를 들면, "당신은 정말 그렇게 되길 원하지 않지요? 그렇지요?", ".....라고 생각하지 않나요?" 등으로 사회복지사의 생각을 답변으로 유도해서는 안 된다.

7 사회복지실천기록

사회복지실천에 있어서 기록은 클라이언트에 대한 정보를 담고 있으며, 서비스의 목적, 전달과정, 활동결과 평가 등의 사회복지실천활동 전반에 대해 문서화한 것으로 중요한 역할을 한다. 이러한 기록은 클라이언트에게 제공되는 서비스의 질과 사회복지사의 책임성을 높여 사회복지실천과 밀접한 관련을 갖는다.

1) 기록의 목적

사회복지사는 클라이언트, 기관, 지역사회에 대한 윤리적·법적 책임을 가지고 자신이 전달하는 서비스를 기록하고 설명해야 하며 평가해야 한다. 여기에서는 기록의 목적을 윤현숙 등(2001)이 학자들의 견해를 종합하여 제시한 내용을 토대로 정리한 설진화(2010), kagle(1997)의 기록기술의 목적 및 활용을 정리한 황철수 외(2010), Ames(1998)와 kagle(1997)의 내용을 정리한 이미선 외(2008)와 구혜영(2010)의 내용을 중심으로 살펴보고자 한다.

(1) 사회복지실천활동의 문서화

사례의 시작부터 종결되는 시점까지 클라이언트에게 제공되는 모든 것들이 기록되어야 한다. 즉, 클라이언트의 욕구, 제공된 서비스의 내용과 과정, 목표달성 성과 등을 기록으로 남겨서 문서화해야 한다. 문서화된 기록은 사회복지기관이 약속한 프로그램 및 서비스를 실제로 행하고 있다는 것을 보여주며, 기관이나 프로그램에 대한 재정적 지원을 정당화해준다. 또한 기록은 제공한 서비스 및 사회복지활동을 입증할 수 있으며, 필요시 법적 증거로도 활용될 수 있다.

(2) 효과적 서비스를 위한 모니터

체계적으로 기록한 내용은 클라이언트에게 제공한 서비스 활동을 점검, 평가, 수정하고 지속적으로 모니터하기 위해 사용된다. 즉 기록은 효과적인 서비스를 위한 점검, 평가, 수정 등을 위한 기초자료가 되며 서비스의 효과성과 효율성, 서비스 질을 평가하여 보다 나은 서비스를 제공할 수 있게 된다.

(3) 사례의 지속성 유지

기록은 담당 사회복지사의 부재시(휴가, 다른 부서 배치, 사직, 이직 등) 인수받은 다른 사회복지사가 사례에 대한 현재까지의 진행과정을 파악하여 클라이언트에게 지속적인 서비스를 제공할 수 있게 해주는 기능을 하게 된다. 또한 서비스 활동에 대해 문서화함으로써 서비스의 중복과 누락을 막아 효과적이고 지속적인 서비스를 제공할 수 있도록 해준다.

(4) 전문가 간의 의사소통의 활성화

기록은 다양한 전문가들이 함께 팀 접근을 행할 경우 전문가 간 의사소통을 원활하게 해 주는 도구로 활용된다. 즉 여러 전문직 구성원이 동일한 클라이언트에게 서비스를 제공하는 데 있어서 각 전문직의 관점과 정보를 공유하여 개별적 노력을 조정할 수 있으며, 전문적 공조체계의 도구로 진정한 팀 활동에 기여하게 된다.

(5) 슈퍼비전의 활성화

기록은 지도·감독 및 자문에 활용된다. 교육받는 학생이나 실습생 또는 초보 사회복지사 등을 지도하는 교육 자료로 활용될 수 있으며, 슈퍼비전을 통해 사회복지사들의 서비스 활동을 점검하고 감독하는 데 활용된다. 즉 기록은 슈퍼비전, 자문, 동료들의 피드백 등을 받을 수 있는 도구가 되어 서비스의 질적 향상에 도움이 된다.

(6) 클라이언트와의 정보공유

기록은 클라이언트와 정보를 공유하고 의사소통 할 수 있는 도구가 되며, 클라이언트가 사회복지실천활동에 적극적으로 참여하게 도울 수 있는 수단으로 활용될 수 있다.

(7) 행정적 자료

기록은 클라이언트의 욕구, 서비스의 유형, 직무관리, 직원의 직무수행, 자원의 분배 등의 행정적 결정을 위한 정보를 제공하는 중요한 자료가 된다.

(8) 조사연구를 위한 자료제공

기록은 사회복지서비스와 관련된 연구에 있어 기관이나 연구자에게 풍부한 자료와 귀중한 정보를 제공할 수 있다.

2) 좋은 기록과 좋지 않은 기록

기록의 형태에는 메모, 녹음, 녹화 등이 있으며, 이를 사용하기 전에는 반드시 클라이언트의 동의를 얻어야 한다. 사회복지사는 기관에서 사용하는 양식이나 서식, 방침을 검토하여 사전에 준비해야 하며, 클라이언트를 만나는 과정이나 이후에도 얻어진 정보에 대해서 간단하게 메모해 두는 것이 좋다. 그러나 면접과정에서 클라이언트가 불편해하면 메모는 가급적 최소한으로 하거나 중단하는 것이 좋다. 또한 개인정보 유출방지를 위해 기록물 보관에 주의해야 하며, 중요한 단어나 문장 위주로 사실적 내용과 약속 등을 정확하게 기록해야 한다.

다음은 사회복지실천에 있어서 좋은 기록과 좋지 못한 기록의 특징을 나타낸 것이다(Kagle, 1991; 설진화 2010에서 재인용).

구분	특징
좋은 기록	· 서비스의 결정과 행동에 초점을 둔다. · 사정, 개입, 평가의 기초가 되는 클라이언트와 상황에 관한 정보가 들어있다. · 각 단계에서 목적, 목표, 계획, 과정과 진행을 포함하여 서비스 전달에 관한 정보가 들어있다. · 상황묘사와 사회복지사의 견해가 명확하게 분리되어, 별도의 제목하에 씌어 있어서 읽는 사람들이 사회복지사의 관찰사항과 해석을 구분하여 이해할 수 있다. · 구조화되어 있어서 정보를 효과적으로 문서화할 수 있고, 쉽게 찾아낼 수 있다. · 서비스 전달이 잘 묘사되고 모든 문서가 정확하여 유용하다. · 기록이 간결하고, 구체적이며, 타당하고, 명확하며, 논리적이고, 시기적절하며, 의미 있고, 사실에 근거한다. · 전문가적 윤리를 바탕으로 한다. · 수용된 이론에 기초해 있다. · 문가의 견해를 담으면서도 클라이언트의 관점을 무시하지 않는다.
좋지 않은 기록	· 부정확한 사정, 잘못된 판단, 비윤리적 행동, 부적절한 개입을 담고 있다. · 정보가 너무 많이 또는 너무 적게 기록되고 조직화되어 있지 않아 필요한 사람에게 정보를 제대로 제공하지 못한다. · 뒷받침이 되는 관찰과 평가 없이 결론을 내려 기록상 과잉단순화가 나타난다. · 초점이 없고, 모호하며, 편견에 치우쳐 있고, 추리에 의존하며, 정확하지 않다. · 맞춤법상의 오류가 있다. · 반복된 표현, 장황한 표현, 진부한 용어를 사용한다. · 의미가 없고, 비판적이며, 과장되게 표현한다. · 클라이언트와 상황에 대한 독단적 견해의 표현, 특히 클라이언트에 대한 비난 또는 부정적 낙인을 붙인다. · 행위자가 식별되지 않는 수동태 문장으로 표현한다.

3) 기록의 유형

(1) 과정기록

과정기록이란 사회복지사와 클라이언트 간에 있었던 일을 그대로 기록하는 방식으로서 의사소통의 내용이나 비언어적 표현까지 포함된다. 과정기록의 장점은 슈퍼비전이나 교육적 도구, 클라이언트와의 교류에 대한 기록과 분석, 클라이언트와의 상호작용에 대한 이해, 어려운 사례를 다루거나 새로운 기술 등을 개발할 때 유용하다는 것이다. 단점은 기록하는 시간이 너무 많이 소요되어 비효율적이며 완벽한 기록은 불가능하므로 정보가 불완전하고 왜곡될 가능성이 있다는 것이며, 이를 보완하기 위해서 녹음이나 녹화를 하기도 한다.

(2) 이야기체기록

이야기체기록은 이야기하듯이 서술해 나가는 기록형태이다. 이야기체기록은 형식에 얽매이지 않으며 일정한 틀이나 양식이 없기 때문에 사례마다 주제를 정하여 정리할 수 있고, 총괄적인 기록이 가능하다. 이야기체기록의 장점은 클라이언트의 상황, 서비스의 특수한 본질을 반영할 수 있다는 점과 기록의 융통성을 들 수 있다. 단점으로는 시간이 많이 소요된다는 점과 지나치게 단순화되거나 초점이 흐려질 우려가 있다는 점, 기록자의 관점이나 문장력에 따라 기록의 질이 좌우될 수 있다는 점이므로 단점과 한계를 보완하기 위해 사례노트를 사용하기도 한다.

(3) 문제중심기록

문제중심기록은 병원이나 정신보건센터 등에서 여러 전문직이 함께 일할 때 흔히 사용되는 기록의 형태이다. 문제중심기록은 현재 제시되고 있는 문제를 중심으로 구성되며 각 문제를 해결하기 위한 계획을 간결하게 기록한다. 클라이언트의 강점보다는 문제에 중점을 두고, 클라이언트의 능력을 덜 중요시하는 경향은 문제중심기록의 단점으로 지적되고 있다.

가장 많이 사용하는 방법은 SOAP이며 SOAP식 구성은 다음과 같다.

· S(Subjective Information):클라이언트 입장에서 본 주관적 정보로서 클라이언트나 가족으로부터 얻는 기본적 자료 및 클라이언트의 인식과 감정 등을 포함한다.
· O(Objective Information):전문가의 관찰, 실험 등에서 얻은 객관적 정보로서 관찰 및 검사 결과와 체계적 정보 등을 포함한다.
· A(Assessment):주관적 정보와, 객관적 정보를 검토해서 얻은 전문가의 해석이나 결론 등을 말한다.
· P(Plans):문제를 해결하기 위한 방법이나 계획을 말한다.

4) 요약기록

요약기록은 사회복지기관에서 가장 많이 사용하는 기록형태이다. 중요한 정보, 개시일, 사회력, 행동계획, 개입활동, 시간의 경과에 따라 변화된 상황 등을 요약하여 기록한다. 장점은 사례가 장기간 지속될 경우 유용하다는 것과 전체 서비스과정을 고려하면서 쉽고 짧게 사용할 수 있다는 것이다. 단점은 클라이언트의 언어적 표현이나 비언어적 표현 등이 사실적으로 전달되지 않을 가능성과 클라이언트나 사회복지사의 생각이나 느낌이 잘 드러나지 않을 수 있다는 것이다.

제8장

사회복지실천의 과정론

본 장에서는 사회복지실천이 실제에 있어서 어떠한 과정을 거쳐서 전개되는 것인지에 대해서 배운다. 사회복지사와 클라이언트가 처음 만나서부터 문제해결을 통해 종료할 때까지 사회복지사는 전문가로서 전문지식과 기술을 가지고 클라이언트와 의도적인 관계를 갖게 된다. 변화하는 이러한 시기를 전통적인 개별사회사업에서는 사회조사, 사회진단, 사회치료 등으로 표현하여 왔다. 이러한 의미를 포함해서 여기에서는 사회복지실천의 과정에 대한 변천과 기본틀 그리고 실천과정을 개시기, 전개기, 종결기로 나누어 살펴보기로 한다.

1 사회복지실천과정에 관한 변천 및 기본 틀

1) 전통적인 개별사회사업에 있어서의 과정

사회복지실천의 과정은 전통적으로 개별사회사업(Casework)에 의해 전개되어 왔다. 개별사회사업은 일정의 원조상황 하에서 전문가인 사회복지사와 클라이언트 사이에서 의도적인 원조활동을 전개하는 과정이다. 이러한 전통적 입장에 있어서 개별사회사업은 진단주의와 기능주의로 나눌 수 있다. 진단주의 개별사회사업은 조사, 진단, 치료를 과정으로 보고 있다.

그리고 진단주의 개별사회사업은 클라이언트가 놓여있는 사회·심리적 상황을 명확하게 하기 위해서 진단이 보다 효과적인 원조를 가능하게 한다는 입장에 서있다.

반면에 기능주의 개별사회사업은 실천과정을 초기국면, 중기국면, 종결국면이라고 하는 시간적 경과로 보고 있다. 그 이유는 진단주의 개별사회사업과는 달리 기능주의 개별사회사업은 그 상황 하에서 클라이언트가 무엇을 필요로 하고, 또 무엇이 가능한지를 판단하는 것이 궁극적으로 클라이언트의 문제해결로 연결된다고 보기 때문이다. 따라서 사회복지사는 소속 기관의 기능을 달성하기 위한 과정에 있어서 시간적 단계를 의도적으로 활용할 필요가 있다고 보고 있다.

헬렌 펄만(H. Perlman)은 기본적으로는 진단주의 개별사회사업 입장을 취하면서 기능주의 개별사회사업의 견해를 받아들이려 시도했다. 펄만은 개별사회사업을 문제해결의 과정으로 보고 문제에 직면한 클라이언트와 기관의 기능을 달성하는 개별사회사업가와의 역할관계를 중시했다. 펄만은 개별사회사업의 과정을 개시, 문제해결을 위한 고찰로서 진단, 문제해결이라는 종결로 보았다.

2) 문제해결을 위한 다양화와 과정

(1) 진단주의 개별사회사업에 대한 비판

전통적인 개별사회사업이론은 실천체계화를 목표로 하고 있지만, 항상 그 유효성이 의문시되어왔다. 미국에서는 1960년대 후반 이후 공민권운동을 배경으로 한 빈곤전쟁이나 복지권 운동 중에서 전통적 개별사회사업이론 특히 진단주의 개별사회사업이론에 대한 비판이 높았다. 진단주의 개별사회사업은 프로이드의 정신분석학을 도입함으로서 사회심리적 접근을 기본적으로 표방하면서 그 후에 개인에 초점을 맞추긴 하지만, 개인을 둘러싸고 있는 환경에 대한 관심이 옅어지게 되었다는 점이 주요 비판 대상이 되었다.

진단주의 개별사회사업의 과정은 의학의 진단·치료절차를 토대로 한 것이라는 것과 클라이언트의 퍼스낼리티는 병리적 문제를 가진 치료의 대상으로 바라보는 경향이었기 때문에 진단주의 개별사회사업을 비판하는 사람들은 이것을 의학모델이라고 불렀다. 이와 같이 진단주의 개별사회사업이론에 대한 비판과 함께 그 후 다양한 노력들이 이루어져 왔으나, 빈곤문제에 관심을 가진 연구자와 원조를 어느 국면에 한정시켜 정밀화를 시도하는 연구자 등에 따라 특히 1970년대 이후 다양한 접근방법이 주장하게 되었는데 생활모델이 대표적인 예라 할 수 있다.

(2) 생활모델

생활모델은 생태학적 관점을 실천기술로 도입해서, 개인만이 아니라 집단에 대한 원조에 대해서도 통합적인 접근을 시도하고 있다. 생활모델에서는 인간과 환경과의 상호작용에 대해서 착안한다. 심리요법에 편중된 의학모델에서는 개인의 내면적 문제에 관심이 있을 수밖에 없었지만, 이에 비해서 생활모델은 인간과 환경이 서로 영향을 주고 받는 것, 다시 말하면 어느 것도 문제의 원인 또는 결과는 아니라는 생각하고 개인이나 가족과 그것을 둘러싸고 있는 환경간의 접촉면에 있어서의 부적절한 상호작용이 문제를 일으킨다고 보고 있다. 실천의 목표는 개인이나 가족의 환경에의 적응력을 높이는 것과 동시에 환경 면에서 차지하는 가족 등의 부적절한 대응을 수정할 수 있도록 독려하는 것에 있다.

생활모델의 과정은 시간적 흐름에 따라 초기단계, 진행단계, 종결단계로 구분되어 종래의 의학적 용어나 개념이 배제된 것에도 특징이 있다. 예를 들면 생활모델에서는 전통적 개별사회사업이론이 진단(diagnosis)이라고 하는 부분에 대해서는 사정(assessment)으로, 처우(treatment)는 개입(intervention)이라는 용어로 바뀌게 되었다. 그러나 현상에서는 생활모델은 전체로서의 개념이 추상적이며, 문제분석에서는 유효하지만 실천에 적용하는 구체적인 방법론은 준비되어 있지 않은 것으로 평가되어지고 있다. 다음은 생활모델에 있어서 대표적인 모델들이다.

① 행동주의모델

행동주의모델은 학습이론을 개별사회사업이론에 도입한 것으로 조건반응의 소거 또는 강화에 의해서 특정의 증상을 해결하려 시도한다. 조건반응의 소거 또는 강화는 직접 간접의 자극을 가하는 것에 따라서 행해진다. 따라서 행동주의모델에서는 대상이 되는 문제를 규정하고 그것에 대해서 조건부여 방법을 선택해서 클라이언트를 움직일 수 있도록 하는 것이 과정이다.

② 위기개입모델

위기개입은 지역정신보건의 영역에서 발달해 온 위기이론을 개별사회사업이론에 도입한 것이다. 위기이론에 따르면 위기상황이라는 것은 개인 또는 가족이 일상생활을 영위해 감에 있어서 지금까지의 방어기제로는 극복할 수 없는 생활곤란에 직면하면서 균형을 잃은 상태로 빠지게 된 것을 의미한다. 위기상황기간은 통산 1~6주간이며 그 기간에 적절한 대응을 하지 못하면 개인이나 가족은 위기상황 이전의 방어기제 수준으로 회복할 수 없게 된다. 개별사회사업이론에 있어서의 위기개입은 위기상황에 있는 개인이나 가족의 원조를 목표로 하고 있다. 그 과정의 특징은 클라이언트가 위기상황에 놓여 있기 때문에 원조기간이 비교적 단기(短期)인 것이다. 그리고 클라이언트가 문제를 기관에 가지고 오도록 기다리고만 있지 않고 적극적으로 찾아가 위기에 개입하는 특징도 갖고 있다.

③ 과제중심모델

과제중심모델은 진단주의 개별사회사업이론을 중심으로 한 전통적 개별사회사입이 비교적 상기에 걸쳐서 원조를 행하고 있는 것에 대해서 그것으로는 효과가 보이지 않고 클라이언트도 내방(來訪)하지 않게 됨에 따라 단기간에 집중해서 계획적인 원조를 제공하는 것을 강조하고 있다. 클라이언트가 직면하는 문제는 다양하지만 과제중심모델에서는 클라이언트 자신의 힘으로 해결 가능한 것을 우선으로 하고 있다. 원조는 먼저 해결시켜야만 하는 구체적인 문제를 선정해서 원조목표를 정한다. 그래서 원조목표달성을 위해서는 과제를 명확하게 하고 과제해결을 위한 전문가와 클라이언트와의 역할 및 절차를 서로 확인한다. 그 후 과제가 달성되었는지에 대해서 전문가와 클라이언트의 평가가 이루어진다.

3) 사회복지실천과정의 기본 틀

사회복지실천과정에 대한 다양한 이론이나 접근방법은 각자 독자적인 이론적 근거를 가지고 있지만 전통적 개별사회사업에 있어서 몇 가지 공통점을 찾을 수가 있다(福祉士養成講座編成委員會編, 1992: 96-97). 첫 번째는 개시부터 종결까지의 시간적인 경과를 중시한다는 점이다. 이점은 진단주의 개별사회사업의 과정으로 접수(Intake), 사회적 진단, 원조에 해당된다. 그러나 이러한 시간적 구분은 과정내에 있어서 절차가 항상 잘 진행한다고 보거나 과정상의 역행을 인정할 수 없다는 것을 의미하는 것은 아니다. 원조는 원조자와 클라이언트와의 원조과정에 있어서 일련의 시행착오 속에서도 진행 되어간다. 문제의 파악과 원조의 실시에는 결과에 관한 평가와 문제의 재분석이 반복되어진다. 이 시간구분의 전개는 <그림 8-1>과 같다.

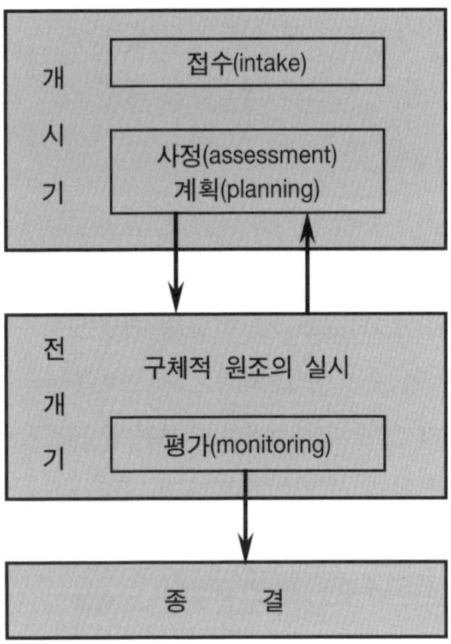

〈그림 8-1〉
시간구분에 의한 사회복지실천과정

두 번째는 문제해결에 있어서 클라이언트 중심의 사고이다. 개별사회사업 원조의 과정은 클라이언트의 생활상황에 근거하여 그 생활의 변화를 도모하고 클라이언트 자신이 자신의 욕구를 해결하기 위해 역할을 하게 되는 것이다. 결과적으로 클라이언트의 퍼스낼리티의 변화는 물론 클라이언트 자신을 둘러싼 환경에 관심을 갖게 되는 것이다. 여기에서는 지금까지의 연구 등을 기초로 해서 사회복지실천과정을 원조의 개시기, 전개기, 종결기로 구분해서 그 각각에 대해서 검토해 보도록 하겠다.

2 개시기

원조는 클라이언트가 자신의 의지로 전문기관을 찾아서 개시되는 경우와 클라이언트는 원조에 대해서 소극적·거부적인데도 기관 및 시설 측의 판단으로 개시되는 경우도 있다. 원조의 개시기는 클라이언트와 사회복지사가가 해결해야만 하는 문제를 명확히 해서 클라이언트가 사회복지의 원조를 이용하면서 문제를 해결해 가려는 의지를 형성하고 원조의 절차와 목표에 관해서 양자와 확인하는 일이 목적이 된다. 또, 이 시기에 클라이언트와 워커와의 신뢰관계를 구축되어 있는 것이 그 후의 실천과정을 전개하는 데 있어 매우 중요하다.

1) 접수(Intake)

(1) 접수의 개요

접수는 인테이크(intake)의 번역어로서 개별원조는 접수에 의해서 개시된다. 전문적 원조는 전문가인 사회복지사와 클라이언트와의 만남에서 시작된다.

일반적으로 접수는 문제를 가지고 들어오는 시점이며, 면접이라는 형식을 거쳐 클라이언트의 문제가 무엇인지를 판단하게 된다. 이 단계의 면접은 1회 또는 몇 차례로 완료하는 것이 통례이다. 문제를 가지고 오게 되는 상황에는 클라이언트 본인으로부터의 상담의 경우도 있지만, 가족이나 친족으로부터의 상담 또는 지역의 전문기관으로부터의 소개 등도 있다. 또 생활시설이나 이용시설에서는 전문가인 사회복지사가 문제를 발견하고 접근하는 경우도 있다. 따라서 전문가가 관심을 가져야 할 것은 클라이언트가 어떻게 기관과 접촉을 하게 되었는지를 알아야 한다. 즉 그것이 자발적인가 그렇지 않았는가를 알아야 한다는 것이다. 클라이언트가 자발적으로 기관을 찾아 온 경우라면 일반적으로 클라이언트들은 비교적 긍정적 감정을 가지고 있을 것이다. 비자발적인 참여의 클라이언트들은 대체로 부정적 감정을 가지고 있다.

이러한 경우는 사회복지사가 좀더 적극적으로 클라이언트에게 다가가는 것이 필요하며, 신뢰관계형성을 위해서 구체적 원조나 원조에 시간을 늘여서 해결해야 할 문제를 명확하게 하는 것이 무엇보다 중요하다. 자발적인 참여의 클라이언트의 경우에는 직면해 있는 문제에 관해서 다음에서 설명하는 접수의 기능에 해당하는 작업이 이루어진다.

(2) 접수(intake)의 기능

① 정보수집과 문제의 명확화

접수는 실제로 원조를 제공해 갈 준비작업을 하는 단계이기도 하다. 그렇기 때문에 먼저 클라이언트의 이름, 가족구성, 주소, 필요하면 수입 및 소득 등의 기본적인 정보가 수집된다. 이 작업은 생활시설이나 이용시설의 클라이언트로부터의 상담인 경우에는 전부 시설측에서 제공받을 수 있기 때문에 일부 생략된 것만 보충하면 된다. 또 접수에 있어서는 클라이언트가 직면해 있는 문제나 걱정을 명확히 하는 것이 목적이기 때문에 클라이언트의 직접적인 얘기를 듣지 않는 형태에서는 가능한 한 정보수집을 피하는 것이 바람직하다.

접수단계에 있어서의 담당자는 클라이언트의 얘기를 경청하고, 필요로 하는 원조의 내용을 명확히 한다. 다만 필요로 하고 있는 원조와 해결해야 할 문제가 다른 경우도 있다. 이 점은 사정으로부터 원조의 전개기에 있어서 사회복지사와 클라이언트가 공동작업을 하는 중에 명확해지게 된다.

② 역할과 서비스 내용의 명확화

접수단계의 문제해결에 있어 사회복지사의 역할과 사회복지사가 소속하고 있는 기관이나 시설이 제공하는 서비스에 관해서 클라이언트에게 설명한다. 이것은 사회복지제도에 보장되어 잇는 이용자의 권리를 명확하게 함과 동시에 과도한 의존이나 불신을 피하기 위해서도 필요한 것이다. 생활시설 등의 경우는 입소할 당시 이용자는 입소시설의 기능을 이해할 수 있도록 하겠지만 개별 문제에 관해서도 직원이 전부 해결해 주는 것은 아니다라는 것과 직원의 역할 등을 설명할 필요가 있는 것이다.

③ 타 기관·시설에의 송치 및 소개

접수단계에서의 원조요구의 확인작업에서는 그 원조가 해당기관이나 시설에서는 제공할 수 없는 것이 명확해지는 경우도 있다. 이 경우는 상담을 의뢰받은 기관이나 시설이 클라이언트에게 다른 기관이나 시설을 소개하거나 그 상담을 적절한 기관에 송치하게 된다. 이 경우도 정보의 제공이나 송치는 사무적으로 행하지 않고 클라이언트와의 면접에서 해당기관이나 시설에서는 왜 대응할 수 없는지에 관해서 그 문제에 대응할 시설이나 기관에 관해서 이해하기 쉽도록 설명하는 것이 필요하다. 또 필요에 응한 상대방 기관·시설과의 연락도 취하는 등 사회복지 서비스의 이용이 계속해서 원활하게 이루어질 수 있도록 배려하는 것도 필요한 원조이다.

(3) 이중불안에 대한 대응

① 이중불안과 대응

자신이나 가족의 힘만으로는 해결할 수 없는 문제에 직면하면서 사회복지기관이나 시설에 자발적으로 상담을 하려고 오는 사람은 이중의 불안을 안고 있다. 하나는 현재 직면하고 있는 문제로부터 가지게 되는 불안이다. 또 다른 하나의 불안은 지금 직면하고 있는 문제에 관해서 상담을 받게 될 기관이나 시설의 직원이 본인을 어떻게 대응해줄까 하는 불안이 있다.

사회복지사는 접수의 단계에서 클라이언트의 얘기를 경청하고 이러한 이중의 불안을 완화하기 위한 원조를 시작하게 된다. 클라이언트의 입장에서는 다른 사람에게 자신의 문제를 얘기하는 것은 자신의 내부에 복잡하게 얽힌 불안을 토해냄으로써 불안이 완화됨과 동시에 그 문제를 자기 자신이 정리할 기회도 된다.

접수단계에서 제공되는 이 원조는 클라이언트의 문제해결의욕을 높여줌과 동시에 사회복지사와 클라이언트와의 신뢰관계를 형성하는 첫걸음이 된다. 또 접수단계에서 해당기관이나 시설에서 취급할 문제가 아니라는 것이 명확하게 되어 다른 사회복지기관·시설에 의뢰할 경우에도 이러한 대응이 있으면 클라이언트의 사회복지기관·시설에 대한 이미지가 좋아지게 되어 앞으로 원조를 제공하게 될 기관이나 시설과도 자연스럽게 연계될 수 있다.

② 대응 시의 유의점

이중불안의 대응에 있어서 유의할 점은 사회복지사가 성급히 클라이언트의 불안을 완화하려는 나머지 안이하게 문제해결을 떠맡아 실패하는 일이 없도록 해야 한다. 문제해결의 주역은 원조자가 아니라 어디까지나 클라이언트인 것이다. 문제해결 과정에서는 우여곡절이나 좌절 등이 예상된다. 접수단계에서의 안이한 격려나 책임을 저버리는 것은 과도의 의존이나 문제해결이 순조롭게 진행되지 않을 때 클라이언트는 워커 또는 소속기관이나 시설에 대한 불신이 생길 가능성도 있다.

2) 사정(Assessment)과 계획(Planning)

(1) 사정과 계획의 개요

① 사정(Assessment)

사정은 문제해결에 대한 원조를 시작하는데 있어서의 사전평가이다. 이 사전평가에서는 다양한 문제들 중에서 개별원조의 대상이 되는 문제를 선정하기 위해서 자료의 수집과 분석이 이루어진다. 한편 해결해야 할 문제는 당초 클라이언트가 가지고 온 문제와는 다른 경우가 있다. 대응할 현상은 같다고 할지라도 그 문제의 원인이 되는 문제는 클라이언트의 이해와는 다른 점에 있는 경우 등이 그 예에 해당된다.

② 계획(Planning)

계획은 원조의 구체적인 방법을 선정하고 실시계획을 세워서 당면의 목표를 설정하는 작업이다. 사회복지사는 사정에 있어서도 계획에 있어서도 클라이언트의 참가를 촉구할 필요가 있다. 클라이언트 자신이 문제를 인식하고 해결 방법을 선택하지 않는다면 클라이언트가 문제해결의 길목을 스스로의 힘으로 도달하려는 의욕을 갖기가 어려워진다.

(2) 자료의 수집

① 클라이언트의 이해

문제를 해결하기 위해서는 문제상황과 함께 클라이언트와 클라이언트를 둘러싸고 있는 상황에 대해서 이해할 필요가 있다. 자료수집에 있어 제일 중요한 것은 클라이언트이다. 클라이언트로부터는 생활력이나 가족상황, 현재 직면하고 있는 문제에 대한 지금까지의 대응이나 그 문제가 주고 있는 불안이나 갈등을 들을 수 있다. 생활력을 물어보는 것은 정신분석학적 견지에서의 그 사람의 퍼스낼리티에 대해서 알려고 하는 것의 목적이 아니라, 클라이언트나 가족이 형성해 온 고유의 문화를 인식하고 그것을 존중하면서 실천계획을 세우는 것을 목적으로 하기 때문이다. 클라이언트의 퍼스낼리티나 정신적 상황에 관해서 알 필요가 있는 경우에는 임상심리사나 정신과 의사의 협력을 받도록 한다.

자료는 의사나 교원 등의 전문가로부터도 수집된다. 이 경우 사회복지사는 클라이언트에 대해서 그러한 정보를 얻는 것의 필요성을 설명하고 허락을 받는 노력을 해야 한다. 사회복지사가 어떠한 기관과 연계를 하려고 하는지 클라이언트에게 알리는 것은 실천단계에서도 필요한 것이다.

② 클라이언트 가족에 대한 이해

클라이언트의 가족에 대한 정보는 그 가족의 위치나 실천단계에서의 가족의 협력체제를 알고 있는 것은 중요하다. 사례에 의하면 문제에 대한 이해가 클라이언트와 가족이 서로 다르기도 하고 전혀 반대의 의견을 보이기도 하는 경우가 있다. 사회복지사는 어느 쪽의 입장에도 서지 않고 어디까지나 객관적 입장에서 정보를 수집해야 한다. 사회복지사가 안이하게 어느 한쪽의 입장에 동조를 하는 것은 원조제공을 곤란하게 할 것이다.

③ 클라이언트가 처해 있는 상황에 관한 정보수집

전통적 개별사회사업은 정신분석학적 관점을 편중시킨 결과 자료는 한결같이 클라이언트와 그 가족으로부터 얻게 되는 경향이었다. 그러나 이러한 자료수집과 분석은 문제의 원인을 개인의 결함으로 돌리기 쉽다. 자료수집은 클라이언트가 처한 환경에서 살펴볼 필요가 있다. 이때 사회복지사는 수집된 비공식적 자원(informal resource)인 가족이나 이웃, 친구 등과 공식적 자원(formal resource)만으로 클라이언트에 관한 정보를 얻는 것이 아니라, 클라이언트 개개인의 비공식적(informal)상황과 공식적(formal)상황, 그리고 클라이언트의 관계에 대해서도 정보를 수집할 필요가 있다.

④ 생태도(eco-map)의 작성

클라이언트가 어떤 사회자원과 연결되어 있어 그것과 어떤 관계를 가지고 있는가는 실천계획을 세우기 위해서 필요한 정보이다. 가족중심 개별사회사업을 제창하는 A.하루토만은 생태학시점을 받아들이면서 클라이언트만이 아닌 가족 전체를 원조해가기 위해서 가족이라는 시스템과 가족을 둘러싸고 있는 시스템의 상호관련상황을 명확하게 하는 생태도를 작성할 것을 제안하고 있다. 생태도는 가족 내의 인간관계나 클라이언트나 가족의 사회자원과의 관계를 하나의 도식으로 그려내려고 하는 것이다.

사회복지사는 생태도를 작성함에 의해 원조제공과정에 있어서 클라이언트의 비공식적 자원(informal resource)이나 공식적 자원(formal resource)인 사회자원의 이용방법을 전망할 수 있다. 또 생태도의 작성에 클라이언트가 동참함으로서 클라이언트의 상황을 객관시 할 수 있으며 문제의 소재를 알아낼 수 있다는 장점도 있다. 물론 클라이언트가 그 가족에게 참가할 것을 권하는 경우는 충분한 설명을 통해 합의를 얻는 것이 전제된다. 생활시설 등에서 응용하는 경우는 입소자간의 관계나 직원과의 관계 그리고 가족과의 관계 등이 생태도에 기입될 것이다.

(3) 계획(Planning)

① 실시과정의 계획화

수집된 자료는 해결해야 할 문제와 원조의 절차를 명확하게 하는 시점부터 분석된다. 사회복지사는 클라이언트의 생활 전부에 관여할 이유는 없으며 원조의 대상으로서 명확화 된 문제에 대해서 원조계획을 세우기 때문이다. 해결되어야 할 문제는 클라이언트가 자기 자신의 힘으로는 처리할 수 없기 때문에 기관이나 시설에 의뢰된 것이다. 따라서 사회복지사는 지원을 받아도, 한번에 문제를 해결하는 것이 곤란한 경우가 많다. 여기서 계획에 있어서는 당면하고 있는 과제와 목표를 정함과 동시에 문제해결에 이르기까지의 단계에 대해서도 길을 만들어 둘 필요가 있다. 실시과정이 계획화되어 있으면 원조의 전개과정이 순조롭게 진행되지 않는 경우나, 침체될 경우에 그것이 어떤 단계에서 일어난 것인가, 어디까지 달성되었는가를 명확하게 알 수 있어 문제의 재사정이나 계획의 변경도 용이하다.

② 설명과 동의(informed consent)

사회복지사는 클라이언트가 문제해결에 몰입하도록 측면에서 도와주는 것이 임무이다. 따라서 계획단계에서는 클라이언트의 참가를 얻어 사회복지사의 역할, 사회복지관련제도 이용의 의미 등을 확인시켜 동의를 얻는 것이 필요하다. 이 때 클라이언트가 해결해야 할 문제, 원조실시의 의미나 절차 등을 알 수 있도록 설명하고 합의를 얻는(inform-ed consent)것이 클라이언트의 권리옹호와 보다 효과 있는 원조의 전개로서 필요하다. 이 작업은 원조를 전개하는 각 단계에서 제도를 이용하는 경우가 있으면 반복해서 행하는 것이 바람직하다.

3 전개기

원조의 실시는 클라이언트와 클라이언트를 둘러싸고 있는 환경, 양자의 상호관계, 각각에의 작용에 의해 구성된다. 사회복지사는 제공한 원조의 효과를 항상 파악하고 필요하면 사정의 단계에 돌아가 문제를 재검토하고 원조계획을 수정하기도 한다. 구체적인 원조는 개별의 사례에 따라 다르며, 그것을 정식화하는 것은 오히려 원조내용을 경직화시킬 수도 있을 것이다. 중요한 것은 클라이언트의 보조에 맞춘 원조를 전개하여 클라이언트에 따른 문제해결을 실현해 가는 것이다.

1) 클라이언트에 따른 문제해결

(1) 개입(intervention)

사회복지실천기술의 목적은 클라이언트의 퍼스낼리티를 변혁하는 것은 아니다. 전통적 개별사회사업에서 사용되고 있던 처우(treatment)는 클라이언트의 퍼스낼리티에 병리적인 문제가 있는 것으로 단정지어 사회복지사는 그 치료를 행하는 존재로서 생각되는 경향이 강했다. 이에 대해서 최근에는 클라이언트의 생활을 중시하는 입장에서 실시하는 원조를 개입이라고 부르게 되었다. 또 이 개념을 사용하는 것에 의해 클라이언트만이 아니라 클라이언트를 둘러싸고 있는 환경이나 양자의 상호관계에도 깊은 관심을 갖게 되었다.

문제해결은 클라이언트 자신에 의해 이루어진다. 사회복지사는 클라이언트의 문제해결 과정을 신뢰관계를 배경으로 해서 전문적 입장에서 원조한다. 그것은 결코 클라이언트의 사회복지사에 대한 의존적 관계는 아니다. 신뢰관계는 사회복지사의 전문적 권위와 사회복지사가 이용자의 권리를 옹호하는 자세로부터 형성되어지는 것이다.

클라이언트 중에는 현상에 불만이나 불안을 안고 있어도 원인이 되는 문제를 느끼지 못하는 사람도 있다. 이러한 사례에서는 클라이언트의 노력이 헛되게 되기도 하며 클라이언트 자신에게 문제해결 의욕이 솟아나지 않는 경우도 흔히 있다.

(2) 옹호(advocacy)

사회복지실천기술의 과정에서 클라이언트가 자신의 문제를 명확하게 인식하고 있지 않아도 상담을 하러 온 것을 전제로 해서 개시될 수 있는 것이 통례이다. 그러나 생활곤란에 처해 있어도 상담하러 찾아올 수 없는 사람들도 있다. 그들은 빈곤이나 장애, 고령 등에 의해 사회복지제도를 비롯하여 여러 가지 사회자원 활용으로부터 멀어지고 있는 사회적 약자이다. 옹호는 이러한 사람들의 권리를 보호하고 대변하기 위해서 사회복지사는 소리 없는 욕구를 적극적으로 찾아서 그들이 이용할 수 있는 사회제도에 대한 정보를 제공하고 실제로 이용할 수 있도록 연결시켜 가는 기능이다. 이러한 견해는 1960년대 후반의 개별사회사업에 대한 대응으로서 나타나 진단주의 개별사회사업에서도 도입되어 왔다.

지역 속에서 고립해 있는 사람이나 가족을 발견하는 것은 지역의 네트워크 만들기라고 하는 간접지원기술의 과제이기도 하다. 개별사회사업에서는 문제해결을 필요로 하는 개인이나 가족을 직접 찾아가서 옹호의 기능을 살려 그들의 욕구나 문제해결의 전망을 이끌어 내어 가는 것이 필요하다. 생활시설이나 이용시설의 경우에는 이미 제도 이용이 행해지고 있어 문제는 없으나 간혹 조용하고 얌전한 이용자가 문제없는 이용자로 착각되는 경우가 흔히 있다. 따라서 사회복지사는 지역의 사회복지시설 및 기관 내에서 클라이언트의 소리 없는 욕구를 찾아내는 것이 매우 중요하다.

2) 원조방법

(1) 원조방법의 종류

지금까지 개별사회사업실천에 있어서 사용되어져 온 원조방법에는 다음의 3가지로 분류할 수 있다(中村優一, 1980:42). 첫째는 사회복지사의 담당이 단독인지 협동인지 하는 문제이다. 단독이란 한 사람의 사회복지사가 한 사례를 전적으로 책임을 지는 경우, 2인 이상의 사회복지사가(사회복지사, 심리학자, 정신과 의사 등의 팀 구성을 생각할 수 있다) 부부나 부자(父子)를 각각 분담해서 원조활동을 협동하는 것을 말한다. 둘째는 클라이언트와의 관계가 직접적인가 간접적인가 하는 것이다. 이것은 클라이언트를 문제의 중심에 두고 문제해결을 시도할 것인가, 클라이언트의 주변을 변화시킴으로서 클라이언트가 적응하기 쉬운 환경을 만드는 것에 중점을 둘 것인가 하는 차이이다. 셋째는 심리적 원조인지, 구체적 서비스 인지에 관한 것이다. 이것은 가족관계의 조정이나 사회적 부적응의 조정 등 심리적인 측면에 중점을 두는 경우와 기초생활보장과 같은 경제적으로 구체적인 서비스인지의 차이이다. 이상의 원조의 종류 중 가장 중심이 되는 원조는 클라이언트에 직접적인 원조이다.

(2) 직접적 원조와 간접적 원조

클라이언트에게 직접적인 원조 형태는 일반적으로 면접에 의하는 경우가 많다. 면접을 통해서 형성되어진 인간관계를 활용해서 클라이언트의 문제해결을 돕게 된다. 심리요법은 대상자와 인격내면에 파고 들어가는 정도에 따라 지지적 수준, 표현적 수준, 통찰적 수준으로 나누어진다.(中村優一, 1980:44~45)

개별사회사업의 입장에서 보는 경우 위의 지지적 수준이 직접적 원조의 기본이 되는 입장이다. 직접적 원조의 기법으로서 안내, 충고, 공감, 격려 등을 들 수 있다. 간접적인 원조는 주로 클라이언트의 주위 환경을 정비하는 것이다. 또 사회자원을 정비하는 것도 간접적인 원조에 포함된다. 최근 사례관리(Case Management) 기법에 의한 원조의 방법과 내용이 전개되어지고 있지만, 이러한 활동도 환경을 정비한다는 의미에서는 간접적인 원조이다.

(3) 원조내용의 평가(monitoring)

원조내용의 평가(monitoring)는 계획되어진 원조가 클라이언트에게 효과적으로 잘 전달되었는지의 유무를 판단하고 새로운 사정과 계획에 연결되는 활동이다. 원조목표의 달성도를 클라이언트와 기관, 시설 등이 점검하는 어디까지나 클라이언트의 권리확보를 위한 그 유무를 점검하는 활동이다.

4 종결기

1) 클라이언트의 자립

(1) 종결의 형태와 조건

사회복지실천을 통한 원조는 종결을 목표로 구체적인 원조를 실시하게 된다. 종결의 조건은 첫째 대상인 문제가 클라이언트의 힘에 의해 해결되어진 경우, 둘째, 문제가 해결되어진 것에 대해서 사회복지사와 클라이언트의 판단이 일치했을 경우, 셋째, 앞으로 몇 가지 해결해야할 문제는 남아 있다 하더라도 그 해결은 클라이언트가 스스로 대응할 수 있을 경우, 넷째, 이상의 사항이 사회복지사와 클라이언트가 서로 공통의 이해를 가지고 있을 때이다.

이러한 개별원조가 종결하게 되면 사회복지사와 클라이언트와의 원조관계도 소멸되어지게 된다. 다만, 생활시설이나 이용시설의 경우는 그 시설을 계속 이용하고 있으면 개별적인 상담에 관한 원조는 종결을 하지만, 시설이용자와 시설종사자로서는 관계는 계속되어지게 된다. 그리고 원조 도중에 퇴소하는 경우에는 어쩔 수 없이 종결하는 경우도 있다. 한편 사회복지사가 원조의 범위에서 벗어나는 경우도 있다. 이것은 원조의 전개기에 있어서 원조내용이나 클라이언트와의 커뮤니케이션의 부족함의 결과일 수도 있으므로 종결을 하기보다는 일단 원조를 중단하고 사회복지사는 문제의 사정으로 다시 돌아가 다시 클라이언트와의 원조관계를 형성하도록 노력함이 필요하다.

(2) 종결의 의미

개인이나 가족은 스스로의 힘이나 자신들이 동원 가능한 공식적, 비공식적 사회자원을 활용하면서 일상생활에 있어서 곤란한 문제를 해결하고 있다. 스스로 이 문제해결에 있어서 곤란을 경험할 때 개별원조에 따라 사회복지사와의 관계가 시작된다. 원조 대상인 문제가 해결되었음에도 불구하고 원조관계를 연장하는 것은 그 개인이나 가족이 가진 문제해결능력 전체를 저하시키는 결과를 초래하기도 한다. 사회복지사의 필요 이상의 관계는 의존관계를 만드는 원인이 되기도 한다. 클라이언트가 하나의 원조과정을 경험하는 가운데 문제대처능력을 향상시키고 자립한 생활을 영위하도록 하기 위해서도 사회복지사는 위도적인 종결을 준비하여야만 한다.

(3) 종결을 위한 준비

개별원조에 있어서 종결을 계획적으로 추진하기 위해서 사회복지사는 종결을 향한 준비를 원조 전개기의 후반부터 시작한다. 클라이언트에게 종결이 다가왔음을 알리고, 클라이언트 자신도 종결에 대한 인식을 하고 준비를 하도록 하게 한다. 이 때에 종결까지 해야 할 과제를 명확히 하는 것은 대단히 중요하다. 클라이언트 중에는 원조의 종결에 대해 불안을 가지는 경우도 있다. 사회복지사는 지금까지 클라이언트의 문제해결에 대한 노력과 성과를 긍정적으로 평가하고 문제에 대한 대처가 클라이언트 자신의 노력으로 가능하게 되었다는 사실을 알려주고 클라이언트의 불안을 없애도록 한다.

2) 종결에 있어서 원조내용

(1) 문제해결과정의 평가

사회복지사는 종결에 즈음하여 문제해결과정의 평가를 클라이언트와 함께 한다. 이것은 종결을 위한 준비과정에서 경험한 것처럼 구체적인 문제해결과정을 확인하는 것, 클라이언트가 활용한 자원의 종류와 활용방법을 확인하는 것이 그 내용이 된다. 클라이언트에 의한 문제해결과정에서의 실패도 교훈으로서 받아들이고 사회복지사가 긍정적으로 평가하는 것은 클라이언트의 불안을 제거하고 생활의욕을 증진하게 된다. 또 문제해결과정을 확인하는 것은 클라이언트가 다음 기회에 같은 문제에 직면했을 때, 이번에는 클라이언트 자신이 주체적으로 다양한 사회자원도 활용하면서 문제해결을 해결해 갈 수 있을 것이다.

사회복지사는 클라이언트와의 평가에 있어서 사회복지사 자신이 앞으로 다른 클라이언트에게 원조를 전개함에 있어서 유의점을 클라이언트의 평가로부터 배우는 자세가 필요하다. 하나의 원조를 통한 경험은 사회복지사의 성장과 기술향상에 도움이 되는 것이다.

(2) 남은 문제확인

개별원조는 클라이언트가 안고 있는 모든 문제를 해결하는 것을 목표로 하지는 않는다. 일상생활을 영위하는 클라이언트는 항상 새로운 문제가 다양한 측면에서 발생하게 된다. 이러한 모든 것을 개별원조의 대상으로 하는 것은 불가능하고, 그것을 목표로 하게 되면 클라이언트의 의존성을 발생케 할 수도 있다. 따라서 종결의 시점에서는 원조대상인 문제는 해결되었지만, 클라이언트가 그 후 해결해야 할 문제는 조금이라도 남아 있을 것이다. 사회복지사는 클라이언트가 앞으로 해결하여야만 될 문제를 클라이언트와 함께 명확하게 하고, 그 해결을 위한 방안을 서로 모색함이 필요하다.

또 현 시점에서는 문제가 되지 않지만 앞으로 클라이언트가 대처해야만 하는 문제를 예상할 수도 있다. 자녀의 진학이나 취직, 수발자의 고령화 등은 그러한 예로서 세월이 지나도 반드시 클라이언트가 직면하는 문제이다. 이러한 것은 어느 가족이라도 직면할 가능성이 있는 문제로서 적절한 대응이 이루어지면 쉽게 해결할 수 있다. 사회복지사는 클라이언트의 앞으로 생활전망을 명확히 하고 장래문제에 대해서도 시사를 제공하고 클라이언트가 그것을 향해 대응할 준비를 할 수 있도록 원조하는 것이 필요하다.

(3) 재이용의 가능성

원조의 종결은 그 후 클라이언트가 사회복지시설·기관을 전혀 이용하지 않는 것을 의미하는 것은 아니다. 또 생활시설 등의 개별원조의 경우는 하나의 문제가 해결되어도 입소생활이 계속되어지는 속에서 새로운 문제가 발생할 가능성도 있다. 클라이언트는 다음 기회에는 주체적으로 사회복지시설·기관의 이용할 수도 있다. 사회복지사는 클라이언트가 다시 내담자로 올 수 있다는 것을 예상하고, 재이용에 대해서도 준비가 되어 있음을 클라이언트에게 전달하는 것도 매우 필요하다.

제9장

사례관리

1 사례관리의 개념

사회복지실천에서 여러 가지 사례들을 사례별로 관리하는 것이 사례관리(case management)라고 할 수 있다. 즉 사례관리는 여러 가지 문제들로 인하여 사회적 활동에 제약을 받고 있는 사람들에게 복합적인 대인서비스를 제공하는 실천방법을 의미하며, 사례관리에 대한 비슷한 용어는 케어매니지먼트(care management), 케이스매니지먼트(case management), 케어관리, 케어조정(care coordination), 사례조정(case coordination), 서비스통합(service integration), 서비스조정(service coordination) 등 여러 가지로 사용되고 있다(Netting, 1992; Secord, 1987).

사례관리(case management)는 사례(case)와 관리(management)의 합성어로서 사례(case)는 경우, 문제, 사건, 사정, 진상 등으로 해석된다. 또한 관리(management)

는 사회복지실천에서 복지수급권자의 사회복지 욕구를 만족시키거나 혹은 기대수준 이상으로 충족시키기 위한 수단이라 할 수 있다. 사례는 개인에게 보호를 제공하는데 초점을 두는 임상적 관례에서 유래되었으며, 관리는 조직 및 제도의 관례에서 나왔다고 할 수 있다(배창진 외, 2003).

사회복지실천에서는 협의의 의미로서 사례관리를 '여러 가지 욕구를 가진 사례관리대상자(client)의 복지를 체계적으로 관리·활동하는 것'이라고 하며, 광의의 의미로 '대상자의 기능과 복지를 위한 공식적·비공식적 조직을 구성하고, 조정·유지하며, 지원하여 주변의 제반 사회·환경적 요소까지 포괄적으로 관리하는 것' 이라고 한다. 그리고 시회복지실천에서 가장 넓게 사용되는 형태의 사례관리는 서비스전달체계(managed service delivery system)이다(Ashley, 1988).

1980년대 이후 미국, 영국, 캐나다 등에서 사례관리는 정신장애인을 비롯하여 노인, 아동, 신체 및 발달 장애인과 같은 다양한 대인서비스 영역에서 주목받아 왔다(Rothman, 1991). 사례관리가 사회복지실천현장에서 활용되고 대상자의 욕구충족과 권리를 보장할 수 있는 중요한 방법으로 쓰이고 있지만 합의된 개념 정의는 없다고 할 수 있다.

목슬레이에 의하면 사례관리란 복합적인 욕구(need)를 가진 사람들의 기능화와 복지를 위해 공식적·비공식 지원과 활동의 네트워크를 조직하고 조정·유지하는 것이라고 하였다(Moxley, 1989). 또한 머레이는 '사례관리란 양질의 비용효과적인 성과를 도모하기 위하여 의사소통과 이용 가능한 서비스를 활용하여 개인의 보건욕구를 충족할 수 있도록 선택과 서비스를 사정하고, 계획하고, 실행하고, 조정하고, 점검하고, 평가하는 하나의 협력적인 과정'이라고 정의하고 있다(Mullahy, 1995). 또한 바우어는 사례관리의 요소로서 사정과 문제 확인, 계획, 서비스의 전달과 조정, 클라이언트의 다중적 서비스 욕구가 충족되고 있는가를 확실히 하기 위한 점검 등을 정의하고 있다(Bower, 1992). 사례관리의 특성에 대해서 엄명용 등은 다음과 같이 설명하고 있다(엄명용 외, 2000 재인용).

① 다양하고 복합적인 욕구를 가진 클라이언트를 대상으로 한다.
② 클라이언트의 문제해결과 치료보다는 욕구충족과 보호에 더 중점을 둔다.
③ 클라이언트의 사회적 기능과 독립을 극대화하기 위해서 보호의 연속성과 책임성을 보장한다.
④ 서비스의 효과성(effectiveness)과 효율성(efficiency)을 높이기 위해 포괄적인 서비스를 제공하고 서비스의 조정과 점검을 실시한다.
⑤ 클라이언트와 그들의 사회환경과의 상호작용에 관심을 집중시키며 다양한 지원체계의 광범위한 서비스를 활용한다.
⑥ 가정방문, 안내, 의뢰 등과 같이 클라이언트에 대한 적극적인 접근을 강조한다.
⑦ 클라이언트 수준에서 클라이언트 각자의 욕구를 개별화하며, 개입과정에서 클라이언트의 참여와 자기결정을 촉진시킨다.
⑧ 개별적인 실천기술과 지역사회 실천기술을 통합한 형태이다.

이러한 사례관리의 독특한 특징은 케어를 제공하는데 국한되기보다는 질환 내지 사례의 연속성을 따라 대상자의 욕구에 부응하도록 노력한다. 그러므로 사례관리는 체계, 역할, 기술, 과정, 그리고 서비스를 모두 포함하고 있다고 설명할 수 있다(배창진 외, 2003).

사례관리 접근의 기본원칙에 대해서 존슨과 루빈은 키워커(Keyworker)인 사례관리자가 대상자의 복잡한 서비스 전달체계를 연결시켜 대상자로 하여금 적절한 서비스를 받을 수 있게 하는 책임을 가지는 것이라고 설명하고 있다(Jonson and Rubin, 1983).

이러한 정의를 종합하면 사례관리란 사회복지 서비스 분야에서 여러 가지 욕구와 문제를 가진 사례관리대상자에게 사회적 기능을 향상시키고 서비스를 연속적으로 실시하며, 비용효과를 증대시키기 위하여 공식·비공식적 지원을 조직하고 조정·유지하는 것이라 할 수 있다.

2 사례관리의 목적

사례관리의 목적은 여러 가지 욕구를 가진 사례관리대상자들의 기능화와 복지를 위해 공식적, 비공식적 지원을 조직하여 대상자의 서비스 이용을 증진시키고, 사례관리자의 능력을 향상시켜 사회복지서비스의 효과성을 향상시키는 것이다. 그러므로 사례관리자 뿐만 아니라 사회적 지원망의 발전시키고, 효율적인 서비스를 전달하기 위해 노력해야 한다. 무어는 사례관리의 목적을 다음과 같이 정리하고 있다(Moore, 1990 ; 배창진 외, 2003 재인용).

① 클라이언트가 서비스와 자원들에 가능한 한 용이하게 접근하도록 클라이언트의 생활기술을 최대한 증진시킨다.
② 클라이언트의 복지와 기능화를 증진시키기 위해 사회적 망과 관련하여 사회복지 서비스 제공자들의 능력을 개발한다.
③ 가능한 한 가장 효율적인 방법으로 서비스와 지원이 전달될 수 있도록 하고 동시에 서비스의 효과성을 증진시킨다.
④ 환경의 이용을 원활히 하기 위해 각 개인의 잠재 가능성을 개발하고 그 활용을 극대화시킨다.
⑤ 가족들과 일차 집단들의 보호능력을 극대화시킨다.
⑥ 일차적인 보호자원들과 공적 보호체계들을 통합시킨다.
⑦ 개인들과 1차적 집단들의 욕구를 충족시키기 위한 공적 보호체계의 능력을 극대화시킨다.

한편 김성천 등은 사례관리의 목적을 ① 보호의 연속성, ② 서비스 전달의 비용-효과성 증진, ③ 서비스에 대한 접근성과 책임성의 증진, ④ 가족과 1차 집단의 보호능력 향상, ⑤ 클라이언트의 사회적 기능 향상으로 서술하고 있다(김성천 외, 2000).

3 사례관리의 역사

미국 매사추세츠주의 자선조직이사회가 1863년에 수립한 공공휴먼서비스가 최초의 사례관리로 기록되고 있다(Weil, 1985). 그 후 리치몬드는 사례관리의 원조라고 할 수 있는 사례조정의 모델을 개발하였으며(Richmond, 1901), 지금까지 사회복지실천의 전통적인 분야로 발전하여 오고 있다(Jonson and Rubin, 1983).

근대에 들어와 사례관리가 사용된 역사적 사건으로 영국에서 일어난 아동학대 사건을 들 수 있는데, 아동이 사망한 경우가 발생하여 그 원인을 분석하는 가운데 아동과 아동이 포함되어 있는 가정에 대한 서비스가 분리되었기에 사망에 이르렀다는 결과가 대두되어 사회서비스국의 통합으로 사회복지실천에서 사례관리 서비스가 중시되게 되었다(최송식, 1995). 1960년대 후반 미국에서는 정신병원에서 만성적 정신질환자의 퇴원과 사회적응에 초점을 두고 탈시설화와 지역사회보호정책이 등장하게 되어 정신질환자의 여러 가지 욕구에 부응하는 서비스 제공과 조정과 통합이 필요하게 되었다(Weil, 1985; 배창진, 2003 재인용). 존슨과 루빈에 의하면 사례관리가 전통적인 개별사회사업에 그 뿌리를 두고 있다고 한다(Jonson and Rubin, 1983). 현대적인 의미의 사례관리는 1970년대에 들어서면서 시작되었는데, 1974년 고령자를 위한 프로그램에서 사례관리(care management)라는 용어가 최초로 쓰이기 시작하였다(류상열, 2000).

미국, 영국, 캐나다, 일본 등 선진국의 사회복지 서비스에 있어서 1980년대 이후 사회적인 지원망(Social Support Network)이나 사례관리(case management)라고 하는 전문용어가 사용되고 개별사회사업, 집단사회사업, 지역사회조직과 함께 새로운 실천방법으로서 사례관리가 활용되었다. 사례관리가 개별사회사업보다 진보된 방법론으로 활용되기 시작한 역사적 동기로 ① 탈시설화의 영향, ② 서비스 전달의 지방화, ③ 복합적인 욕구를 가진 클라이언트의 등장, ④ 기존 서비스의 단편성, ⑤ 사회적 지원체계에 대한 인식 제기, ⑥ 서비스 비용 억제를 들 수 있다(배창진 외, 2003).

현재 우리나라에서는 1990년대 사례관리의 개념과 모델에 대한 연구가 시작된 이후 다양한 사례관리 적용의 필요성이 논의되고 있으며, 장애인복지, 노인복지, 정신보건, 의료영역 등에서 적용되고 있다(이준상 외, 2004). 또한 사례관리에서는 사회적 지원체계와 지원망의 중요성을 강조하고 있으며, 대상자들의 욕구와 문제를 해결하는데 효과가 있는 것으로 나타나고 있다.

4 사례관리의 모델

사례관리모델은 대상자의 욕구와 수준에 따라 사례관리 활동의 정도, 수준, 그리고 범위가 다양하게 제시되고 있다. 또한 사례관리의 목적과 사례관리자의 기술 및 방법에 따라 다르게 정해진다고 할 수 있다.

제론은 사례관리모델에서 기능적으로 제약을 받고 있는 장애성인들에 대해 제공되는 서비스의 형태, 기관의 목적, 사례관리자의 권위, 자금의 지원처,

기금의 형태, 서비스 내용 및 기간, 클라이언트의 욕구에 따른 장기보호성인장애인들에 대한 서비스프로그램을 제시하였다. 이는 장애인에 대한 사례관리적용을 보다 구체적으로 다루고 있다(Geron, 1999 ; 이준상 외, 2004 재인용). 또한 레빈과 플레밍은 사례관리모델을 ① 일반주의자, ② 전문가, ③ 치료자, ④ 가족, ⑤ 심리사회적 재활, ⑥ 지지적, ⑦ 자원봉사자 등, 사례관리자의 역할을 중심으로 분류하였다(Levin and Fleming, 1985).

최근 학자들은 사례관리모델을 서술하기 위하여 ① 주장적, ② 집중적, ③ 재활-지향적, ④ 발달 및 후천적, ⑤ 강점, ⑥ 임상적 등의 용어를 사용하고 있다(Bachrach, 1989; Bond et al., 1988; Bush et al., 1990; Kanter, 1991). 에거트 등은 세 가지 집중적 사례관리모델, 즉 ① 가정보건의료팀, ② 근린지역팀, ③ 중앙집중화된 개인모델을 확인하고 있다(Eggert, Friedman and Zimmer, 1990). 이 모델들은 사례관리대상자의 사정과 연루된 재사정의 본질, 제공된 직접적 서비스의 종류, 그리고 위기개입이 활용되거나 이용될 수 있는가 하는 견지에서 각각 다르게 표현되고 있다.

로스만은 ① 접근, ② 인테이크, ③ 사정, ④ 목표설정, ⑤ 개입계획, ⑥ 자원확인과 목록화, ⑦ 공식적 연계, ⑧ 비공식적 연계, ⑨ 점검, ⑩ 재사정, ⑪ 성과평가, ⑫ 기관간 조정, ⑬ 상담, ⑭ 치료, ⑮ 옹호 등 15가지로 나열된 연계기능을 포함하는 사례관리모델을 주장하고 있다(Rothman, 1991, 1994).

세스타 등은 사례관리가 사용되고 있는 장소와 더불어 일차적 케어사례관리, 의학적 및 사회적 사례관리, 사적 사례관리, 그리고 간호 사례관리의 네가지 유형으로 구분하였다(Cesta et al., 1998). 구체적으로 설명하면, 일차적 케어 사례관리모델에서는 의사가 사례관리자로 기능한다. 사례관리자로서의 의사는 환자의 케어서비스를 조정하고 관리하는데 책임을 갖지만, 어떤 건강유지조직들은 간호사를 일차적인 사례관리자로 활용하기도 한다. 둘째, 의학적 및 사회적 사례관리모델은 입원의 위험성이 있는 환자 집단의 장기적인 케어에 중점을 둔다. 셋째, 사적 사례관리모델은 전통적인 환자 케어 프로그램 밖에 있는 환자들이 이용한다. 이 유형의 사례관리에서 사례관리자는 주로 간호사들이 많은데, 자영업자, 독립된 실천가이거나 관리된 케어조직이나 다른 제3자들과 케이스별로 비용을 받고 일한다. 넷째, 간호사례 관리모델로서 이 접근은 간호사를 사례관리자로 활용하고, 간호사인 사례관리자는 환자케어 서비스와 기대된 성과의 촉진자, 조정자, 그리고 관리자로서 기능한다.

황성철은 한국적 상황에 맞는 사례관리 실천모형을 단순형, 기본형, 종합형, 전문관리형으로 제시하였다(황성철, 1995). 먼저, 단순형 사례관리모형은 사례관리의 근본적인 목적을 지역사회의 자원 및 서비스와 연계시키는 데 초점을 둔다. 따라서 사례관리자는 주로 중재자의 역할을 수행한다. 둘째, 기본형 사례관리의 근본목적은 대상자와 서비스의 연계를 도모할 뿐만 아니라 대상자의 동기부여 및 자조능력의 배양을 포함한 상담서비스를 제공하는 것이다. 이러한 기본형에서 강조되는 것은 사례관리자가 단순히 서비스의 중개자에만 만족할 수 없고 대상자의 일차적인 상담가가 되어야 한다는 점이다. 셋째, 종합형 사례관리모델의 근본적인 목적은 대상자와 서비스의 연계를 도모하기도 하지만 대상자의 문제 상황과 행동을 치료하는데 강조점을 둔다. 넷째, 전문관리형으로 사례관리자는 일반적으로 간접적 서비스로 분류되는 대상자의 가족과 지역사회를 대상으로 하는 활동뿐만이 아니라 상담 또는 치료의 직접적인 서비스를 제공한다. 사례관리자는 관리자로서의 과업과 책무를 수행하기도 한다. 또한 조직에서 계획, 의사결정, 점검, 조정, 자원배분, 통솔의 역할을 담당하는데 사례관리자도 대상자에 대한 직접적인 서비스 제공과 간접적인 가족 및 지역사회를 대상으로 하는 활동에서 이러한 역할을 수행한다. 전문관리형은 조직 내에서 전문가로서의 위치와 권위를 갖고 사례관리의 직접적인 목적과 간접적인 목표를 동시에 추구하는 과정에서 관리자적인 기능도 수행한다. 따라서 전문관리형은 특수하고 전문적인 영역에서 보다 잘 적용될 수 있을 것이다.

5 사례관리의 구성요소와 기능

1) 사례관리의 구성요소

사례관리의 기본적 구성요소로서 사회복지실천에서 사례관리를 필요로 하는 사례관리대상자, 사례관리를 실시하는 기관에 배치되어 있는 사례관리자, 대상자의 욕구를 충족시키는 사회자원, 사례관리를 실시해 가는 과정으로 정리할 수 있다(이근홍, 1996; 조추용 외, 2003; 배창진 외, 2003).

(1) 사례관리대상자(client)

사례관리의 구성요소로서 사례관리대상자는 여러 가지 문제와 욕구를 가지고 있으면서 이를 스스로 충족시키거나 해결하지 못하는 원조를 필요로 하는 클라이언트를 말한다. 즉 이들은 ① 복수의 또한 복잡한 신체적·정신적 손상을 갖고 있는 대상자, ② 복수의 서비스를 필요로 하고 있거나 혹은 받고 있는 대상자, ③ 시설입소가 검토되고 있는 대상자, ④ 서비스가 충분히 제공되고 있지 않은 대상자, ⑤ 받고 있는 서비스가 부적절한 대상자, ⑥ 돌보아 줄 가족구성원이 없거나 혹은 충분하지 못한 대상자, ⑦ 가족구성원만이 돌보고 있는 대상자, ⑧ 행정 서비스 이외의 비공식적인 지원을 필요로 하고 있는 대상자, ⑨ 행동이나 태도가 다른 사람이 참을 수 있는 한도를 넘은 견디기 어려운 대상자, ⑩ 몇 번씩 입· 퇴원을 반복하거나 혹은 자기 자신의 건강관리를 할 수 없는 대상자, ⑪ 자신의 문제점이나 욕구에 대한 판단력이 애매한 대상자, ⑫ 금전관리가 불가능하거나 혹은 행정 서비스를 신청하는데 도움이 필요한 대상자, ⑬ 개인적인 옹호자가 필요한 대상자가 있다(이근홍, 1996). 이들은 대개 지역사회 내에서 필요로 하는 사회자원체계의 존재를 알지 못하거나, 사회자원체계와의 접근을 어려워하거나 이용방법을 모르는 대상자들을 말한다.

(2) 사례관리자

사례관리에 전문적인 지식과 기술을 소유하고 사례관리대상자와 사회자원체계와의 연계, 통합, 조정, 관계유지 등을 행하는 전문가를 말하며, 대상자의 욕구와 사회자원을 조정하는 전문가를 말한다. 사례관리대상자의 욕구를 파악하고 그 욕구를 적절한 사회자원과 조정하기 위해 사례관리자는 ① 대상자의 문제나 욕구를 파악하고 대상자를 위해 케어계획을 세울 수 있는 능력, ② 지역에 있는 잠재적인 사회자원의 이해 ③ 대상자나 기타 기관·단체와의 대화기술이 필요하다(배창진 외, 2003).

(3) 사회자원

사례관리대상자의 문제와 욕구를 해결하기 위해 동원할 필요가 있는 자원을 말하는데 사회자원으로는 가족구성원, 친척, 친구, 동료, 이웃, 자원봉사자 등과 같은 비공식적 자원과 행정이나 기업, 의료 및 사회복지법인 등의 공식적 자원이 있다. 이러한 여러 가지 사회자원을 사례관리대상자가 활용하고 각 사회자원이 가지고 있는 장점을 살려서 욕구를 충족시키도록 돕는 것이 중요하다.

(4) 사례관리의 과정

사례관리는 사례관리대상자의 문제와 욕구를 해결하기 위해 사회자원을 연결하고 조정해야 하는 과정이 필요하다. 사례관리를 시간적으로 전개해 가는 구성요소가 사례관리의 과정이다. 이 과정에는 접수, 사정, 목표설정과 케어계획 작성, 케어계획 실시, 자원조직화, 조정, 사후관리, 재사정, 점검, 평가 등으로 진행된다.

2) 사례관리의 기능

사례관리의 기능은 대체로 사례발견, 사례등록, 사정, 목표설정과 서비스 계획의 수립 및 개입실행, 그리고 개입결과의 측정과 평가 등이 있다. 목슬레이는 ① 사정, ② 계획, ③ 개입, ④ 점검, ⑤ 평가로 제시하였으며, 그린(Greene)은 사례관리의 기능을 ① 대상자 발견과 현장접근, ② 개인과 가족에 대한 사정과 진단, ③ 서비스 계획과 자원확인, ④ 필요한 서비스를 대상자와 연결, ⑤ 서비스 실행과 조정, ⑥ 서비스 전달의 점검, ⑦ 서비스를 획득하기 위한 옹호, ⑧ 평가라고 구분하였다. 이와 같이 여러 학자들에 의해 제시된 사례관리의 기본 기능을 사정, 계획, 연결, 옹호, 점검으로 정리하면 다음과 같다(Moxley, 1989; Vourlekis et al, 1992; Lamb, 1980; Lebin and Fleming, 1985; 배창진, 2003 재인용).

(1) 사정(assessment)

사정의 기본적인 목표로서 목슬레이는 클라이언트의 욕구내용이나 정도를 파악하는 것, 욕구에 대응하는 클라이언트의 능력을 파악하는 것, 욕구에 대응하는 비공식적 지원의 역량을 파악하는 것, 욕구에 대응하는 공식적 서비스의 역량을 파악하는 것이라고 한다. 사정의 방법으로는 질문항목별 일람표와 면접기법이 있다. 사정은 사례관리자 한명이 실시하는 경우가 많은데, 이것은 상호신뢰성을 확보하는 데 용이하다. 그러나 팀으로 구성된 사회복지사, 의사 등이 전문적인 입장에서 정밀하고 다면적인 사정을 실시하기도 한다.

(2) 계획(planning)

사례관리에서 계획은 다학문적이거나 상호 제휴적인 과정에 근거하고 대상자와 그들의 사회적 연결망인 구성원들로부터의 기본적 투입과 관련된다. 사례관리자는 포괄적 서비스 계획을 통하여 구성원과 여러 제공자들이 서비스 및 사회적 지원활동을 통합할 수 있도록 포괄적인 서비스 계획을 발전시키도록 한다. 사례관리대상자에 대한 서비스 전달을 계획할 때에는 주요 욕구들에 대한 파악, 서비스 전달과 사회적 지원의 역할 및 책임성 확정, 시간의 설정, 서비스 계획을 사례관리자가 점검하고 평가할 수 있도록 효과성에 대한 지표 설정이 필요하다.

(3) 연결(linking)

연결이란 사례관리에 필요한 모든 서비스 제공을 위하여 사례관리대상자를 의뢰하고 이동시켜 공식적 및 비공식적 모든 자원들을 연결하여 계속적으로 이용할 수 있도록 하는 것을 의미한다. 사례관리에서 서비스 이용에 방해가 되는 요소들을 극복할 수 있도록 사례관리대상자를 도와준다.

(4) 옹호(advocacy)

사례관리에서 사례관리대상자가 속하고 있는 집단이나 계층, 사회에서 형평성을 보장받을 수 있도록 사례관리대상자를 위해 중재하고 옹호하는 것을 의미한다.

(5) 점검(monitoring)

사례관리자는 대상자에 대한 서비스 계획의 이행과 성취를 점검해야 한다. 특히, 클라이언트의 상태, 대인서비스에 대해 계획된 서비스의 전달, 사회적 지지망 구성원 등을 포함하여 계속 추적하기 위해 노력해야 한다. 사례관리자는 이러한 점검을 통해 서비스들이 사례관리대상자에 대한 서비스 계획에서 제시한 방법으로 실천되고 있는 정도를 파악하도록 노력해야 한다.

6 사례관리자의 역할

사례관리자의 역할에 대해 학자마다 다양하게 정의하고 있다. 김성천 등은 사례관리자의 역할을 ① 사정자, ② 계획자, ③ 상담자, ④ 중개자, ⑤ 조정자, ⑥ 평가자, ⑦ 옹호자의 역할로 세분화라고 있다(김성천 외, 2000). 프랑켈과 겔맨은 사례관리자의 역할을 직접적인 개별적 지지자, 위기개입자, 단기간 치료개입자, 중개자 및 촉진자, 가능자·교육자·중재자, 옹호자, 서비스 조정자, 그리고 추적자의 역할로 구분하여 설명하고 있다(Frankel and Gelman, 1998: 29-44).

사례관리와 관련하여 사례관리자의 역할을 세스타 등은 임상전문가, 자문가, 조정자, 케어관리자, 교육자, 중재자, 옹호자, 성과평가자, 조사연구자, 위험관리자, 변화매개자, 전인적 케어제공자, 상담치료자 등 13가지를 중심으로 제시하고 있다(Cesta et al., 1998:37-55; 배창진 외, 2003 재인용).

구체적으로 살펴보면 먼저, 임상전문가로서 사례관리자들은 사례관리대상자의 케어에 대해 임상경험과 지식이 풍부해야 한다. 그들은 임상실천에서 우수한 역할을 수행한다. 그들은 사례관리대상자의 케어와 치료에서 다른 직원들에게 역할모델이 되기도 한다. 그들은 환자와 가족욕구의 사정에서 임상적 유능함을 보여준다.

자문가로서 사례관리자들은 기관운영 및 제도, 정책과 절차, 그리고 케어와 실천의 표준에 대한 임상 지식과 경험이 풍부하기 때문에, 의사, 간호사, 그리고 다른 사례관리자들과 다학문적 팀의 성원들에게 자문을 제공한다. 그들은 다학문적 팀의 성원들이 어려움에 부딪칠 때 자문을 통하여 임상 및 행정적 문제를 해결하는 데 도움을 주고 때로는 외부기관의 전화자문을 하기도 한다.

조정자로서 사례관리자들은 대상자의 케어활동을 조정하고 촉진하고 검사와 절차를 마치는데 하루의 상당시간을 소비한다. 그들은 또한 검사와 절차가 빠른 시간 안에 진행되게 한다. 이런 기능은 환자가 병원에 머물러야 하는 전체기간을 줄이고 사례관리대상자 케어활동에서 지연을 줄이는데 중요하다. 보건의료팀의 성원들과의 협력 아래 그들은 사례관리대상자들이 병원체계를 통하여 안전하고 순조롭게 이동하도록 돕는다.

케어(care)관리자로서 사례관리자들은 바람직한 성과를 달성하는데 요구되는 자원이용의 통제를 통하여 사례관리대상자의 케어관리자로서 기능한다. 그들은 다학문적 팀의 일원으로서 행동하여 모든 사례관리대상자의 케어활동이 팀 구성원 각자에 의해 수행되는 것을 보증한다. 그들의 주요 책임의 하나는 양질의 케어가 제공될 수 있도록 사례관리대상자의 케어과정에 직접 수퍼비전을 제공하는 것이다.

사례관리자의 교육자로서의 역할은 사례관리대상자와 가족에 대해 그리고 직원에 대해 수행된다. 사례관리대상자와 가족을 교육하고 정해진 시간 내에 욕구가 충족될 수 있도록 돕는 것인데, 예를 들어 모든 보건의료 욕구에 대해서 병원에 입원하고 있는 동안 정해진 시간 내에 충족될 수 있도록 한다. 그들이 직접 사례관리대상자를 가르치거나 간호사 내지 다른 팀 구성원들이 교육을 수행하는 방식을 지도·감독한다. 사례관리자는 대상자와 가족에 대한 교육자료를 개발하고 운영하는데 관여한다. 사례관리자는 경험이 부족한 직원을 교육하고 지도한다. 그들은 사례관리와 관련된 보수교육을 실시하며 그들의 직원교육 활동은 부서별로 이루어지거나 다른 부서와 협력하여 추진된다(배창진 외, 2003 재인용).

중개자로서 사례관리자는 필요한 검사와 절차가 제시간에 완수되게 해야 하며, 그들은 보건의료팀 사례관리대상자와 가족과의 가능한 최상의 치료계획을 협상한다. 사례관리자는 또한 가정간호를 포함한 가정방문서비스와 같이 병원퇴원 이후에 사례관리대상자의 지지를 위해 필요한 지역사회서비스를 연결하기 위해 보건의료기관과 협상한다.

옹호자로서 사례관리자들의 중요한 책임 중의 하나가 환자의 가족을 옹호하는 일이다. 사례관리자들은 사례관리대상자와 가족 그리고 보건의료팀 사이를 연계하는 역할을 맡는다. 입원과 동시에 사례관리자는 가족과 사례관리대상자의 원만한 관계를 통하여 신뢰를 구축하고 라포를 형성하여 케어계획의 실행을 촉진하도록 돕는다. 그들은 사례관리대상자와 가족에게 케어계획 검사와 절차, 그리고 상태를 계속적으로 알려서, 케어가 옹호되고, 협상되고, 동의되고, 촉진되도록 조정한다. 사례관리자는 모든 입원기간에 걸쳐 개최되는 사례회의와 보건의료팀 모임, 지역사회서비스 기관들과 협상에서도 사례관리대상자를 옹호한다.

성과관리자로서 사례관리대상자 케어의 질과 성과의 점검 및 평가는 사례관리자의 역할 중에서도 중요하다. 그 이유는 점검과 평가가 사례관리의 질 향상에 연결되어 사례관리대상자와 조직이 가졌던 목표가 달성되었는가를 평가하기 때문이다. 사례관리자는 팀이 필요로 하면 다학문적 팀 구성원들과 케어에 대한 성과를 의논하게 된다.

조사연구자의 역할에서 사례관리자는 기관중심 연구위원회 실행위원으로 참여할 수 있으며, 그들은 또한 보조금 및 연구비 제안서를 작성하고, 연구자료를 수집하고, 사례관리대상자의 케어에 대한 활동을 평가한다.

위험관리자로서 사례관리자는 케어활동에 가까이 있거나 관여하기 때문에 법적 위험이 고려되는 사례관리대상자에 대한 케어에서 위험관리를 해야 한다. 사례관리대상자의 인권과 권리가 신장되고 강조되면 될수록 이런 문제가 많이 발생할 수 있다.

변화매개자로서 사례관리자는 변화를 매개하는데 있어 중요한 역할을 한다. 또한 새로운 사례관리모델을 실행하는 동안에 기관이 갖게 될 가장 유용한 변화매개자이다. 사례관리자는 사례관리가 변천 중이거나 변화 후에 모든 직원에게 사례관리에서의 역할모델과 전문가로서 행동한다. 변화매개자는 사례관리에 있어 풍부한 지식이 필요하다. 훈련 시에 사례관리자는 변화에 대한 저항과 저항하는 사람들을 다루도록 준비된다. 저항에 부딪힐 때. 직원에 대한 그들의 멘토링, 가르치는 접근 등은 직원이 문제를 극복할 수 있게 만든다. 그런 상황에 대한 그들의 전문적이고 성숙한 접근은 직원이 변화를 확실히 지지할 수 있게 만든다.

전인적 케어제공자로서 사례관리자는 사례관리대상자를 전인적 존재인 하나의 체계로 이해한다. 사례관리대상자가 병원에 입원하게 된 주된 이유와 질환과 함께 어떤 실재 혹은 잠재적인 보건문제에 대하여 대상자와 가족을 사정한다. 사례관리대상자는 또한 신체적, 심리적, 그리고 영적 욕구를 확인하고 이들 욕구들이 다학문적 케어계획에서 통합되도록 한다.

상담치료자로서 사례관리자의 역할에서 또 다른 특징은 사례관리대상자와 가족에 대한 상담과 지지를 하는 것이다. 사례관리자는 사례관리대상자의 정서적 영적 욕구에 주목하고 정서적 지지를 제공하고 질병에 대해 그들이 극복할 수 있도록 상담한다.

이러한 내용을 고려해 볼 때 사례관리자는 사례관리대상자를 대상으로 상담, 옹호, 치료 등과 같은 실천적인 역할과 실천적인 역할을 지원하는 중개자, 조정자 등의 역할을 수행하여야 한다(배창진 외, 2003).

한편 목슬레이는 사례관리자에 대한 실무 원칙을 6가지로 제시하고 있다 (Moxley, 1989).

① 사례관리자는 대상자의 수준에서 일한다.
② 사례관리자는 체계의 관점을 유지한다.
③ 사례관리자는 행정적 과정과 기술을 이용한다.
④ 사례관리자는 임상적 과정과 기술을 이용한다.
⑤ 사례관리자는 책임성을 기반으로 활동한다.
⑥ 사례관리자는 서비스 전달의 통합을 달성하기 위해 노력한다.

7 사례관리의 과정

사례관리의 과정과 단계에 대하여 학자에 따라 다양하게 구분되고 있다 (이준상 외, 2002). 루이스(Lewis)는 사례관리의 과정에 대하여 ① 사례발견, ② 사정, ③ 케어계획, ④ 점검과 재사정의 4단계로 구분하고 있다(Lewis, 1997; 배창진 외, 2003). 로스만(Rothman)은 사례관리의 과정을 ① 기관접촉, ② 접수, ③ 사정, ④ 목표수립, ⑤ 개입계획 및 자원분류, ⑥ 클라이언트와 연결, ⑦ 점검 및 재사정, ⑧ 평가와 종결로 나누어 제시하였다(Rothman, 1991; 김성천 외 2000 재인용). 시라사와(白澤)는 사례관리의 과정을 ① 접수, ② 사정, ③ 사례 목표의 설정과 케어 계획의 작성, ④ 케어 계획의 실시, ⑤ 클라이언트 및 케어 제공 상황에 대한 감시 ⑥ 재사정, ⑦ 종결로 구분하였다(白澤政和, 1998; 조추용 외, 2000). 목슬레이(1989)는 사정, 계획, 개입, 점검, 평과과정으로 사례관리의 과정을 구분하고 있다. 이근홍(2001)은 단계별 사례관리 과정을 접수, 사정, 기획, 조정, 점검, 평가의 6단계로 구분하고 있다. 이와 같은 단계별 과정을 본 장에서는 접수, 사정, 기획, 개입 및 자원조직화, 점검 및 재사정, 종결 및 평가로 나누어 정리하면 다음과 같다(배창진, 2003; Rothman, 1991; 김성천 외 2000).

1) 접수

접수는 사례관리대상자의 문제와 욕구, 그리고 처한 상황을 밝혀내는 것을 말한다. 또한 접수는 프로그램에서 가장 적절한 사례를 발견하고 사전 적격심사를 통해 사례관리대상자를 확인한 후 서비스를 제공할 것을 약속하고 계약하는 과정이다.

접수단계에서는 다양한 차원의 정보를 수집하는 과정이며, 서비스를 받을 자격을 심사하고 사례관리대상자에게 제공되는 서비스의 내용과 한계에 관한 정보가 제공된다. 대상자의 가족사항, 신상정보, 심리적, 신체적, 환경적, 경제적 영역 등 다양한 영역의 자료를 수집할 수 있어야 한다. 접수를 효율적으로 실시하기 위하여 면접에 대한 표준화된 양식을 활용하는 것이 바람직하다.

2) 사정

사정이란 수집된 자료를 분석하고 의미를 부여함으로써 사례관리대상자의 문제와 욕구의 내용과 수준, 강점과 자원 등을 파악하고 사정하는 과정이다. 접근방법은 사례관리대상자 욕구와 능력의 사정, 지원체계에 대한 능력의 사정, 지원체계에 대한 사정 등이 있다.

사정방법으로는 자료수집을 효과적으로 하기 위하여 가계도, 생태도, 성격유형 검사, 지능검사, 진단검사 등 각종 심리검사를 활용하기도 한다. 사정내용은 사례관리대상자의 특성에 따라 달라진다. 사정에 포함되는 내용은 신체적·정신적인 건강상황, 일상생활 동작능력, 심리·사회적 기능, 경제상황, 주거상황, 자조능력, 이용하고 있는 서비스나 자원 등이다. 사례관리대상자 능력의 사정은 장점, 잠재능력, 문제해결 능력이나 자원에 대해 파악하는 것이다. 사정은 기관 내부적으로만 수행되는 것이 아니며, 필요한 경우에는 사례관리대상자에 대해 다른 기관에 의뢰하거나 이용하던 다른 기관의 사정 자료를 요구할 수도 있다.

3) 기획

이 과정은 사정에 기초하여 종합적인 개입목표를 수립하는 것을 말하며, 장기목표, 단기목표로 나누어서 설정하는 것이 일반적이다. 즉, 기획은 사례관리의 목적을 달성하기 위해 클라이언트에 대한 목표를 설정하고 적절한 해결방안을 모색하기 위한 개별적인 보호체계를 수립하는 과정이다(배창진 외, 2003). 기획은 목표의 공식화, 해결 가능한 목표의 우선순위 설정, 목표를 성취할 방법의 선택, 시간활용을 확인하고 사례관리대상자의 변화를 평가하는 단계가 진행되는데 목표는 클라이언트의 문제 및 욕구와 상호관련되어야 한다.

4) 개입 및 자원조직화

개입 및 자원조직화 단계는 실천목표를 달성하기 위한 상담과 치료를 포함하는 치료계획과 실질적인 원조를 위해 자원과 외부기관에 사례관리대상자를 연결시키는 일 등을 포함하는 포괄적인 서비스 실천전략을 말한다. 개입 및 자원조직화는 활용 가능한 자원의 양과 질, 연결정도에 따라 달라진다. 자원조직화와 연계, 조정은 사례관리에서 적절한 서비스를 적소에 배치하는 과정이며 개입의 연속성을 보장하는 중요한 내용이다. 또한 지역사회 자원을 분류하고 조직화함으로써 효과적으로 클라이언트를 원조할 수 있는 것이다. 자원은 공급주체에 따라 공식적, 비공식적 자원으로 분류할 수 있으며, 인적자원과 물적 자원으로 분류할 수 있다(류상열, 2000).

5) 점검 및 재사정

점검은 사례관리대상자에게 제공되는 계획된 서비스와 자원이 적절하게 잘 실행되고 이루어지고 있는지 확인하고 감독하는 과정이다. 이 과정을 통해서 사례관리대상자의 변화를 살펴보게 된다. 재사정은 점검의 기능과 역할이 중복된다고 할 수 있는데, 사례관리대상자의 상황변화 또는 설정된 목표달성 등에 따른 목표수정과 서비스계획의 수정여부를 결정하는 과정으로서 재사정의 결과는 새로운 목표수립으로 피드백 되어 새로운 서비스계획의 수립, 새로운 자원의 연결과 배치에 영향을 미치게 된다.

6) 종결 및 평가

종결은 사례의 목표가 달성되었거나 사회복지대상자에게 더 이상의 서비스를 제공할 수 없게 되었을 때 서비스를 중단하는 단계이다. 하지만 종결은 더 이상 서비스가 필요 없는 상황이 되어 중단하는 것이 보통이지만 클라이언트의 사망, 케어매니저의 이직, 기관의 폐쇄 등 다양한 요인에 의해서 이루어질 수 있다. 만약 목표가 달성되지 않은 상태에서 종결을 해야 하는 상황이라면 서비스가 지속될 수 있도록 해야 한다. 서비스의 종결은 사례관리대상자에게 새로운 독립의 기회를 제공한다.

점검이 정해진 활동이 계획된 방법으로 잘 이루어지고 있는지의 여부를 살펴보는 것이라면, 평가는 이러한 사례관리의 과정과 활동이 이득이 되는 바람직한 결과를 산출하는가를 살펴보는 것이라 할 수 있다. 평가단계는 사례관리자에 의해 실시되는 서비스 계획, 활동들이 가치가 있느냐 없느냐를 측정하기 위해 이용되는 과정이다. 즉, 다음에 해야 할 사례에 대해 결정할 수 있도록 안내하는 단계로서 정보제공의 기능을 하며 사례관리대상자가 사례관리 과정에서 얻어지는 바람직한 변화가 있는지 살펴보는 것이다.

제3부

사회복지실천모델과 개입수준

제10장

사회복지실천모델

1 심리사회모델

1) 주요내용 및 특성

사회복지실천에서 심리사회모델은 1930년대 초에 발달하였으며, 해밀톤(Hamilton), 한킨스(Hankins), 리치몬드(Richmond) 등에 의해 발전되었다. 특히 리치몬드(Richmond)는 프로이드(Freud)의 이론을 적용하며 수정, 보완하여 사회복지실천모델로서 확고한 위치를 확보하게 되었다. 심리사회모델 접근의 시작은 '케이스워크'를 과학적 방법으로 창시한 메리 리치몬드(Mary Richmond)의 영향이 크다고 할 수 있다.

이 접근방법은 1920년대, 1930년대의 사회경제적 상황, 퍼스낼리티 이론, 사회화이론 등의 성장에서 크게 영향을 받아 왔다. 심리사회모델(psycho-social model)은 정신요법이나 카운슬링의 '심리적' 관점과는 달리 '심리사회적' 관점을 갖는다는 점에 그 특징이 있다. 이것은 심리학이나 사회학의 통합을 의미하는 것이 아니라, 인간을 생리적·심리적으로 뿐 아니라 인간을 둘러싼 사회경제적인 상황을 포함한 포괄적 시각을 '심리사회적'으로 표현하고 있는 것이다.

심리사회모델은 정신분석학에 기초한 자아심리학 이론이 적용되면서 개인의 자아기능을 유지, 강화하는 치료형태를 발전시키게 되었다. 특히 이 모델은 진단의 중요성을 강조하고 있으며, 자아심리학뿐만 아니라, 정신분석학, 문화인류학 등 다양한 이론에 기초하고 있다. 특히 1950년대 사회학적 조사가 다양한 방면에서 이루어지면서 심리학에서도 사회적 상호작용에 대한 연구가 다양하게 이루어지게 되었다. 여기에서 문화인류학은 성격발달과 형성에 있어서 문화의 영향을 이해하는 데 많은 도움을 주었으며 문화적 요인, 사회계층 등의 관련성에 대하여 상당한 연구가 제시되었다.

심리사회모델에서는 인간이 성장하고 학습하는 적응 능력이 있다는 것을 인정하고 있다. 인간은 주체성을 지닌 자주적인 존재이기는 하지만 동시에 환경의 영향을 받아 상황의 지배 아래에서 생활하게 된다. 따라서 클라이언트의 문제 해결이나 행동의 변화를 초래하고자 한다면 심리와 사회적 상황을 함께 유의해야 한다. 따라서 심리사회이론은 인간의 수용과 자기결정권의 가치를 존중하며, 사회적 자원의 결핍이 개인의 문제에 미치는 영향력을 중시한다. 그러므로 클라이언트의 성격체계 내에서 변화할 수 있는 능력이 있으며, 다양한 상황의 관련 체계들과도 상호작용하고 있다는 것을 설명한다(황성하, 2003). 이 모델에서의 클라이언트에 대한 긍정적이고 수용적인 태도는 클라이언트의 변화와 적응을 가져오게 된다.

2) 사회복지실천 적용

심리사회모델에서 사회복지사에게는 클라이언트에 대한 존중과 수용 그리고 상호간의 관계가 중요한 성공여부를 결정하는 요인이 될 수 있다(Woods and Robinson, 1996:566). 또한 이 모델에서는 사회복지사와 클라이언트가 협력적 관계를 형성하며, 치료에서는 클라이언트의 고통을 경감시키고 역기능을 감소시키는 것을 목적으로 하고 있다. 심리사회적 접근에서는 사회복지사가 클라이언트의 생활단계(life-stage)를 조사하며 가족생활 주기(family life cycle)에 대한 조사도 이루어진다. 이러한 클라이언트의 상황에 대한 조사를 통하여 클라이언트가 문제에 대처하고 변화할 수 있도록 돕는다.

심리사회모델에서는 클라이언트의 과거 경험이 현재의 심리적 사회적 기능에 영향을 미친다고 본다. 따라서 클라이언트의 과거와 그리고 현재의 경험과 관련한 내적 갈등을 이해하고 통찰함으로써 클라이언트가 성장하도록 할 수 있다고 본다(황성하, 2003).

심리사회모델에서의 심리사회적 조사에서 얻은 사항들을 분석하며 진단하고 있다. 리치몬드(Richmond)는 치료과정에서 직접치료와 환경을 바꾸는 간접치료로 구분하여 설명하고 있다. 심리사회모델은 자원을 창조하고 발견하고 제공하는 역할을 하거나, 클라이언트와 다른 사람들 사이에서 중재자로서 역할을 한다. 그러나 기관이나 지역사회, 또는 정치적 수준 같은 환경적인 작업에 대해서는 강조점이 덜 주어지고 있다는 관점도 있으며, 너무 좁게 정신분석적이고 다른 다양한 목표집단 욕구와 강점에 불충분하게 반응한다는 견해도 있다.

사회복지사는 클라이언트가 필요한 자원을 얻을 수 있도록 지원하는 역할, 환경의 변화를 가져 올 수 있도록 중재하는 역할, 상담하는 역할을 하게 되는데, 즉 사회복지사는 클라이언트의 상황에 맞추어 다양한 개입을 하므로 자원의 제공자, 중재자, 상담자, 옹호자, 사례관리자 등의 다양한 역할을 하는 것이다.

2 기능주의모델

1) 주요내용 및 특성

사회복지실천에서 기능주의모델은 프로이드(Freud)의 정신분석이론에서 많은 영향을 받았다고 할 수 있다. 특히 프로이드(Freud)의 제자인 랭크(Rank)는 정신분석이론을 응용하여 미국 펜실베니아 사회복지대학 교수들과 사회복지실천에 응용함으로 기능주의모델을 발전시켰다.

이 기능주의모델은 심리사회모델과는 다르게 치료보다는 성장에 초점을 맞추고 있으며 과정을 중시하고 있다. 랭크(Rank)에 의하면 사회복지사가 클라이언트와의 치료과정에서 접하는 행동, 생각을 분석하기보다 경험하라는 것을 권고하고 있다(1932). 즉 서로의 상호적인 지원관계를 강조하고 있다. 또한 펜실베니아 사회복지대학의 교수인 태프트(Taft)는 '기능주의' 모델에 대한 개념들을 정리하며 기관에서의 기능에 대하여 제시하고 있다. 이들 기능주의이론가들은 철학, 문학, 교육학, 과학, 심리학 등 다양한 영역에서도 기능주의이론을 정립하고 있으며, 특히 스몰리(Smalley)는 사회복지실천에서 적용될 수 있는 다섯 가지 원칙으로서, 진단, 관계와 변화과정, 시간의 이용, 기관의 기능, 구조의 의식적 사용을 제시하고 있다(1967).

기능주의모델에서는 인간이 성장과 변화를 통하여 자신의 생활을 개선할 수 있다라는 관점을 가지고 있다. 즉 이 모델에서는 인간의 의지(will)를 강조하는데 인간은 자신의 환경을 목적에 맞게 변화시킬 수 있으며 자신의 능력도 변화시킬 수 있다는 관점을 가지고 있다.

기능주의모델은 인간의 본성과 고유성에 대하여 설명하고 있다. 인간은 기본적으로 선하다는 관점을 가지고 있으며, 인간의 자기결정에 대한 개념을 설명하고 있다. 인간은 다른 사람과 공통적인 특징이 있지만 또 다른 고유한 특징도 가지고 있다고 보고 있다. 고유한 특징인 개인차는 유전적인 이유도 있지만, 환경과의 상호작용을 통해 변화되고 있다는 것이다. 그러므로 이 모델에서는 치료보다는 성장에 대해 중요시하며 클라이언트의 힘을 스스로 발휘하여 변화하는 데에 사회복지사가 참여하여 지원하는 것을 강조하고 있다.

2) 사회복지실천 적용

기능주의모델에서는 사회복지사가 인간발달에 관한 지식, 인간의 발달과정, 그리고 인간의 성장과정에서 나타나는 여러 가지 문제들에 대하여 알아야 한다는 것을 지적하고 있다. 또한 이 모델에서는 사회복지기관의 기능을 활용하고 있으며, 사회복지사는 기관의 목적을 성취하고 실현되는 것에 대해서도 관심을 기울여야 한다. 클라이언트는 사회복지사에 의하여 기관을 이용하는 방법을 발견하며 지원을 받게 된다. 기능주의모델에서는 사회복지실천과정을 통하여 클라이언트의 변화를 추구하며 적절한 기회와 선택을 제공하고 성장하도록 돕고 있다. 사회복지사는 클라이언트의 선택과 성장을 위한 능력을 키우는 관계과정에 참여하는 것이다.

이 모델에서는 사회복지실천에서 클라이언트나 가족에 대한 치료의 어떠한 형태가 아니라 사회복지서비스를 관리하고 돕는 과정이라고 보고 있다. 사회복지사와 클라이언트의 상호작용과정은 시간의 경과에 따라 초기과정, 중기과정, 종결과정 등의 단계로 나누어 설명할 수 있다(Smally, 1967).

기능주의모델은 사회복지실천과정에서 기관의 기능에 대하여 중요시하는

데, 클라이언트가 기관의 구조를 구성하고 있는 여러 가지 요소를 잘 이용하도록 지원하는 지식과 기술을 강조하고 있으며, 클라이언트가 현재 경험하고 있는 상황들에 대한 원조를 중시하고 있다.

3 인간중심모델

1) 주요내용 및 특성

인간중심모델은 사회복지사와 클라이언트의 관계를 중요시하고 있는 모델이며, 실존주의에서 많은 영향을 받았다. 이 모델은 비지시적치료모델, 클라이언트중심모델, 인간중심모델 등으로 불려지고 있고, 현재에도 클라이언트 중심모델(Client-Centered Model)이나 인간중심모델 등으로 쓰여지고 있다. 또한 인간의 성장과 변화에 대해 인본주의적 관점을 가진 모델로서 사회복지사의 공감적 이해, 무조건적인 긍정적 관심과 진실성을 바탕으로 한 사회복지사와 클라이언트간의 관계를 중시하는 모델이다. 즉, 사회복지사의 태도 속에 공감적 이해, 무조건적인 긍정적 관심, 진실성 등이 있다면 클라이언트에게 성장적인 변화가 일어날 것이라고 본다.

인간중심모델은 1940년대에 오하이오 주립대학의 로저스(Rogers)에 의하여 발전되었다. 로저스(Rogers)는 정식분석 이론과 기능주의이론을 포함하여 다양한 치료방법으로 인간중심의 접근치료를 전개시켰다. 인간중심모델은 인간이 자아실현의 동기를 가지고 있으며, 이 동기를 통하여 자신의 능력을 발전시킨다고 하고 있다. 로저스는 이 모델 형성 초기부터 실천가의 태도와 성격특성을 강조했으며 치료과정의 결과를 결정하는 요소로 실천가와 클라이언트 간의 관계의 질을 강조했다. 결국 그는 실천가와 클라이언트가 가지는 관계의 질을 치료에 필요한 이론이나 기법보다 더 중요한 요소로 파악했다. 로저스는 인간의 본성을 선하다고 보고 있으며 인간의 존엄과 자아실현을 강조하고 있었다. 그러므로 사회복지사와 클라이언트의 태도 및 감정을 중요시하며, 치료자가 치료하는 동안 제안이나 해석을 하지 않아야 한다고 했다(황성하, 2003).

인간중심모델에서 'if-then'이라는 가설(假設)을 가지고 미드(Meador)와 로저스(Rogers)는 설명하고 있는데, 사회복지사는 진실하게 클라이언트를 지원하며 성장할 수 있도록 돕는 역할을 담당한다(1979). 이 모델에서는 클라이언트의 성장잠재력을 강조하며 사회복지사의 긍정적 존중과 같은 태도가 클라이언트의 성장 변화를 나타나게 한다고 하고 있다.

인간중심모델에서는 자기개념을 강조하고 있으며, 인간은 타인으로부터의 긍정적 존중에 대한 욕구를 가지고 있고, 그러한 욕구의 좌절과 성취의 경험으로부터 자기존중감이 생기게 된다고 설명한다. 따라서 자기개념은 인간의 특징과 능력에 대한 지각, 타인과 환경에 대한 지각, 경험과 대상에 대한 지각, 긍정적 혹은 부정적으로 지각되는 목표 등의 요소들로 구성된다고 한다. 또한 이 모델은 사회복지사의 진실성과 긍정적 존중, 감정이입의 태도를 강조하고 있다. 클라이언트가 충분히 자신의 능력을 발휘할 수 있도록 돕기 위해서는 이러한 치료자의 자세로서 클라이언트를 수용하며 배려하고 존중해야 한다는 것을 강조하고 있다.

2) 사회복지실천 적용

인간중심모델은 사회복지사가 클라이언트에 맞추어 지원하는 역할을 강조하고 있다. 특히 자아실현의 능력을 클라이언트가 가지고 있으며 자신의 상황을 인식하도록 도와주는 것으로, 클라이언트의 태도와 감정을 중요시한다. 인간의 성장과 변화에 대해 인본주의적 관점을 가진 모델로서 사회복지사의 공감적 이해, 무조건적인 긍정적 관심과 진실성을 바탕으로 한 사회복지사와 클라이언트간의 관계를 중시하는 모델이다.

따라서 사회복지실천 과정은 사회복지사와 클라이언트의 관계에서 클라이언트가 자신을 발견하여 자발적이고 자신의 의사를 표현하는 분위기를 만들며, 클라이언트의 성장을 도울 수 있는 상황에 중심을 둔다. 이 모델에서는 클라이언트에게 책임을 두고 있으며 사회복지사는 문제의 해결이나 행동변화를 추구하는 것이 아니라 클라이언트의 잠재력을 발견할 수 있도록 지원하는 것이다(황성하, 2003).

사회복지사는 여기서 클라이언트가 자신의 목표를 명료화하는 능력을 지녔음을 신뢰하고 이를 촉진하는 역할을 할 뿐, 사회복지사가 클라이언트를 위해 구체적인 목표를 선택하지는 않는다. 인간중심모델은 클라이언트의 존중과 가치를 인정하며 실천하기 때문에 사회복지의 기본 주요원리와 잘 일치하며 사회복지사와 클라이언트의 인간관계의 중요성을 사회복지실천에서 강조하고 있다.

4 위기개입모델

1) 주요내용 및 특성

사회복지실천에서 위기개입모델은 인간이 경험하는 위기에 대한 스트레스 대처, 병리적 위기 등에 관한 임상조사 등에 영향을 받아 1940년대 미국의 정신의학자인 린데만(Lindemann)과 카프랜(Caplan) 등에 의해 발전되었다. 인간은 생활환경 속에서 위기에 처하게 되며, 직면한 위기에 의해 부적응과 스트레스가 발생하게 된다. 그러한 위기에서 인간은 자신이 문제를 해결하기 어려운 상황에 도달하여 도움을 필요로 하게 되는 것이다. 위기개입이론은 가족위기에 관한 연구뿐만 아니라 인간의 스트레스에 대한 생리적 반응의 연구에서도 많은 영향을 받았으며, 에릭슨(Erickson)의 발달이론에서도 위기에 대한 인간의 성장발달과의 관계를 설명하고 있다.

위기란 계속된 균형상태에서 급격한 변화에 의하여 문제해결이나 대처를 할 수 없는 상태로서, 스트레스를 유발하여 인간의 신체적, 정서적인 문제를 가져오게 된다. 위기개입이란 위기로 인한 불균형 상태를 회복하기 위하여 일정한 원조 수단을 개인, 가족, 집단 그리고 지역사회 등에 적용하는 과정을 말한다. 즉, 위기개입은 인간이 생활 속에서 위기에 처했을 때 돕기 위한 지원을 하는 과정이며, 인간의 불균형 상태를 회복하기 위하여 일정한 원조수단을 개인, 가족 및 집단 그리고 지역사회 등에 적용하는 치료과정을 말한다(김기태, 1998:19).

위기개입모델에서는 클라이언트가 자신이 처한 위기 상태에서 변화할 수 있는 능력이 있다고 강조하고 있다. 이 모델은 위기 상황에 즉각적으로 단기 전문 원조를 제공하기 위한 모델로, 높은 스트레스 상황에 있는 클라이언트를 대상으로 한 개입에 매우 효과적이고 유용한 모델이다(황성하, 2003).

위기의 유형으로 발달적 위기와 상황적 위기로 구분할 수 있는데, 발달적 위기는 결혼, 출산, 은퇴 등 인간의 성장발달에서 직면하는 위기를 말하며, 상황적 위기는 실업, 재해, 교통사고 등 갑자기 발생하는 위기를 말한다. 이러한 위기는 그 자체보다는 인간에게 정신적인 장애나 부정적 반응 등을 초래하는 결과가 되기 때문에 사회복지실천에서는 중요하게 다루고 있다. 위기개입에 있어 주요한 원칙들로서는 ① 신속한 개입 ② 행동 ③ 제한된 목표 ④ 희망과 기대 ⑤ 지지 ⑥ 초점적 문제해결 ⑦ 자기상 ⑧ 자립의 8가지를 제시하고 있다(전재일 외, 2001; Puryear, 1979; 김기태, 1984).

2) 사회복지실천에의 적용

사회복지실천에서 클라이언트들은 현재 위기를 겪고 있는 경우가 많으며, 사회복지사들의 위기개입은 다양한 영역에서 활용되고 있다. 야콥손(Jacobson)은 위기개입의 방법으로 일반적 접근방법과 개별적 접근방법으로 설명하고 있는데, 전자는 전문가의 지도·감독 하에서 비전문 분야의 종사자들로 하여금 단기교육, 훈련을 받게 하여 한정된 대상이나 예방적 측면에서 기능하는 것이며, 후자는 일반적 접근방법 이외에 정신병리현상의 이해, 퍼스낼리티이론, 정신역할이론 등에 충분히 지식이 있어 일반적 접근방법으로 해결되지 않는 개인의 위기상태에 초점을 맞추어 대처하게 하는 것이다(1968).

아길레라(Aguilera)는 위기개입에 있어 구체적인 단계로서 사정, 치료개입계획, 개입, 위기해결 및 향후계획을 제시하고 있다(1998). 사정에서는 사건 및 위기에 대한 정확한 사정을 하며, 클라이언트의 현재 상태가 어떠한지를 파악한다. 치료개입계획에서는 클라이언트가 위기이전의 균형상태로 회복하기 위한 치료가 계획된다. 개입에서는 클라이언트가 위기에 대해 인지하도록 도우며, 현재 느낌을 깨닫도록 하고 대처 방법 등을 검토하게 된다. 위기해결 및 향후계획에서는 클라이언트의 불안을 감소시키는 적응대처기제를 강화시키며, 미래에 대한 계획과, 위기직면시 도움이 되는 방안 모색을 논의한다.

사회복지실천에서는 사회복지사의 위기개입에 대한 지식, 창의성 등에 의하여 다양한 기법들이 활용되고 있다. 클라이언트의 생활 속에서의 위기는 여러 가지이며 문제에 대한 반응도 개인마다 다르게 나타나기 때문에 사회복지사는 자원과 기법들을 적극적으로 활용해야 한다.

5 문제해결모델

1) 주요내용 및 특성

문제해결모델은 1950년 초에 진단주의의 경직된 결정론적 사고의 반대 입장에서 실용적이고 현재의 상황에 초점을 맞추려는 노력에서 나타났으며, 미국 시카고 대학교의 펄만(Perlman)에 의해서 발전되었다. 이 모델은 처음에 케이스워크 이론의 하나로 간주되어 왔지만, 지금은 문제해결모델로서 사회복지실천에 적용되고 있다. 펄만(Perlman)은 진단주의와 기능주의의 대립적 논쟁을 통해서 실용적이고 현재를 강조하는 문제해결모델을 발전시켰다.

메이어(Mayer)에 의하면 문제해결은 문제를 주어진 상태에서 목적한 상태로 변화시키는데 주력하는 인지활동으로 규정하고 있다(1994). 펄만(Perlman)의 문제해결모델에서는 인간의 삶 자체를 하나의 지속적 문제해결의 과정으로 간주하고 있다(Perlman, 1972:138-139; 김기태 외, 2002).

문제해결모델의 이론들에는 의사소통이론, 역할이론, 체계이론, 자아심리학, 인간의 다양성에 관한 여러 가지 개념들이 포함되어 있다. 인간은 생활에서 계속적으로 의식적·무의식적 결정을 하며 자아 기능을 수행하고 있다. 자아의 많은 기능들은 삶에 있어 피할 수 없는 문제들을 해결하고 있는 수단이며, 문제해결 수습을 위하여 여러 가지 자원을 동원하고 있다.

문제해결모델에서 클라이언트의 문제는 그들 자신이 적절한 방법으로 그들의 문제를 해결하거나 경감시키려는 동기, 능력 또는 기회가 부족하기 때문이라고 보고 있다. 또한 이 모델에서는 클라이언트가 기회부족이나 지식결여, 적절한 자원의 이용부족으로 인해 해결하기 힘든 문제에 직면하고 있다는 것을 제시하며, 일부 이론가들은 이 문제해결을 위하여 문제해결 기술을 학습해야 한다고 주장하고 있다. 그러므로 문제해결모델에서는 클라이언트의 문제를 해결하기 위한 문제해결 과정을 통하여 클라이언트의 동기에 대한 지지, 자아의 기능의 강화, 문제 해결에 대한 지지 등을 하고 있다. 또한 이 모델에서는 클라이언트가 외부의 도움 없이 문제를 처리하도록 돕고 있다.

문제해결모델의 목적은 사회적 목적을 수행하는 인간 대 인간, 인간 대 과제의 상호교류 과정에서 인간의 문제해결 능력과 만족의 수준을 높이며 그 수준을 유지하는 것에 있다. 그래서 클라이언트는 자극에 대해 단순히 반응하는 것뿐만 아니라 문제를 처리하며 역동적인 사회구조 속에서 어떤 목표를 달성하고자 노력하고 있다. 즉 클라이언트 자신이 문제해결자로서 자신의 문제를 해결하는 것이다. 문제해결모델에서는 클라이언트를 지원하고 훈련하여 스스로 문제해결을 할 수 있는 능력이 있다는 것을 자각할 수 있도록 돕고 있다.

2) 사회복지실천 적용

문제해결모델은 사회복지실천에서 사회복지사가 클라이언트와 상호작용을 하며, 클라이언트의 즉각적 문제에 대한 해결책을 원조하며 훈련하고, 클라이언트가 자아기능을 강화할 수 있도록 지원하고, 원조한다. 클라이언트의 자아훈련은 어떤 문제를 해결하는 노력에서 사회적 상호작용과 역할을 하며 이루어지고 있다. 사회복지실천에서 클라이언트의 문제해결 방법이 비효율적일 때 치료가 필요하며, 치료의 목적은 문제의 해결이 아니라 클라이언트의 문제해결 능력을 회복시키는 것이다.

사회복지실천에서의 문제해결 과정은 사회복지사가 클라이언트에게 변화의 동기를 위한 방향을 제시하는 것인데 펄만(Perlman)은 문제해결의 과정을 세 가지 과정으로, 즉 클라이언트의 변화를 위한 동기의 방향을 제시해 주는 것, 클라이언트의 능력을 반복해서 발휘하도록 하는 것, 문제를 해결하는데 필요한 원조, 자원에 접근하도록 하는 것으로 설명하고 있고(Perlman, 1972:135), 모라레스(Marales)와 세퍼(Sheafor)는 문제해결 접근을, 문제확인, 해결대안, 해결우선순위, 해결시행, 문제해결 평가의 단계를 제시하였다(Marales and Sheafor, 2001: 445-446). 또한 콤프톤(Compton)과 갈라웨이(Galaway)는 문제해결 단계를 접촉단계, 계약단계, 행동단계로 명시하고 있다(Compton and Galaway, 1994).

사회복지사는 문제를 가지고 있는 사람이 어떤 장소에 찾아오게 되면, 워커는 그로 하여금 자신의 문제 해결에 관여하게 하며, 문제해결에 필요한 자원을 보완해 주는 과정을 활용한다. 사회복지실천에서의 문제해결모델은 처음부터 사회복지사와 클라이언트의 목표와 목적이 명확해야 하며, 함께 어디로 갈 것인가, 어떻게 할 것인가 하는 것을 명확히 해야 함을 강조하고 있으므로 초기단계를 중요시하고 있다(황성하, 2003).

6 인지행동모델

1) 주요내용 및 특성

사회복지실천에서 인지행동모델은 인간의 행동변화에 대한 연구를 토대로 1960년대부터 라자러스(Lazarus), 아들러(Adler), 마이켄바움(Meichenbaum), 엘리스(Ellis), 베크(Beck) 등에 의해 발전하였다. 인지에 대한 접근에서 인간의 생각이 행동을 결정짓는 중요한 요소라고 하며, 클라이언트가 느끼고 행동하는 방식과 행동, 상호작용이 인지에 의해 결정된다고 하고 있다. 즉, 인간의 사고가 정서와 행동의 결정인자라는 것을 기반으로 하고 있다. 정서, 행동 그리고 문제해결에 역기능적으로 작용하는 사고패턴을 확인하고 클라이언트가 이를 직면하여 변화하도록 클라이언트를 돕는 것이 중요하다고 믿는다.

이 모델은 학습을 통해 행동을 수정할 수 있다는 학습이론 및 행동수정이론에서도 영향을 받고 있다. 행동주의 심리학자들은 다양한 동물실험과 인간의 행동에 대한 실험을 통하여 행동은 수정될 수 있다는 것을 증명하여 왔다. 특히 Pavlov의 고전적 조건형성 이론이나, 스키너(Skinner)의 조작적 조건화 이론 등은 인지행동모델의 형성에 상당한 영향을 미쳤다.

인지행동모델은 학자에 의해 여러 가지 이름으로 일컬어지고 있는데, 멀츠비(Maultsby)의 합리행동치료, 베크(Beck)의 인지치료, 엘리스(Ellis)의 합리정서치료, 마이켄바움(Meichenbaum)의 인지행동수정 등이 있다. 이 모델에서는 인간의 생각을 중요시하며, 인간의 행동과 행동을 통제하는 사회조건의 상호작용으로 인간의 기능을 설명하고 있다. 인간은 자신의 생각과 의지에 의해 생활을 변화시키는 능력을 가지고 있으며, 내면에서 일어나는 왜곡된 인지나 비합리적 생각 등을 확인하고 수정할 수 있다고 설명하며 이 변화를 도와주는 서비스를 제공하는데 초점을 맞추고 있다. 특히 프리먼(Freeman) 등(1990)은 왜곡된 인지에 대하여 다음의 예들로 설명하고 있다(Freeman, Pretzer, Fleming and Simon, 1990 ; 전재일 외, 2001 ; 김기태 외, 2002).

① 양분론적 사고(all-or-nothing thinking) : 극단적 흑백논리의 사고
② 과도한 일반화(overgeneralzation) : 한가지 단순 경험으로 내려버리는 부정적 일반 결론
③ 비논리적 추리(arbitrary inference) : 사실과는 반대되는 근거로 내리는 부정적인 결론
④ 정서적 추론(emotional reasoning) : 본인이 상상하는 정서를 실제 상황으로 추리
⑤ 선택적 축약(selective abstraction) : 사소한 부정적 측면으로 전체적 상황을 무시
⑥ 긍정적 측면의 격하(disqualifying the positive) : 부정적인 측면으로 긍정적 측면들을 무시
⑦ 완곡한 진술(should/must/ought statements) : "…해야만 해"라는 압박감, 불만족의 표현
⑧ 극대화 및 극소화(magnification or minimization) : 사실의 과장 및 축소
⑨ 라벨링(labeling) : 구체적 행위묘사가 아닌 자신에 대한 부정적 라벨 부여
⑩ 예언하기(fortune telling) : 예측한 사건으로 사실처럼 반응
⑪ 비극화(catastrophizing) : 가능한 부정적 사건을 비극으로 간주
⑫ 독심(mind reading) : 근거없는 타인들의 마음에 대한 부정적 생각

2) 사회복지실천 적용

사회복지실천에서 인지행동모델은 사회복지사가 클라이언트가 가진 왜곡된 인지나 비합리적인 생각 등에 대하여 변화하도록 지원하고 있다. 인지행동에 대한 치료는 사회복지사와의 건전한 치료관계와 협력을 바탕으로 하고 있으며 현재의 상황을 강조하고 있다. 인지행동모델에서 치료방법으로 교육을 통해 상황을 왜곡하여 해석하는 방식을 변화시키거나 기능적인 차원에서 해석하는 방식을 배움으로써 정서의 변화를 꾀하는 동시에 관찰학습을 통해 새로운 기능적 행동 기술을 학습하고 실제 상황에 적용하도록 격려하면서 행동주의적 강화를 통해 행동의 변화를 유지시키도록 한다. 클라이언트의 일상생활 외부환경을 인정하면서도 내면의 변화를 강조하며, 클라이언트를 사회복지사와 협력하는 사람으로 보고 있다. 사회복지사는 클라이언트를 격려하며 잘못된 생각들을 수정할 수 있도록 돕는다.

사회복지실천과정에서는 인지행동모델에서 클라이언트의 문제들을 어떻게 인지행동으로 개념화하고, 사회복지사와 클라이언트의 관계를 어떻게 규정하며, 효과적인 인지행동모델을 사용할 것인가, 어떻게 치료회수를 정하여 종결할 것인가 등을 다룬다. 또한 사회복지실천에서는 인지행동모델의 다양한 치료법과 행동수정 이론을 적용하고 있다(황성하, 2003). 사회복지사는 클라이언트의 계속되는 생각들이나 이미지들에 대해 추측할 것이 아니라 클라이언트의 계속되는 생각들이나 이미지들에 대해 물음으로써 이런 생각들이나 이미지들이 어떤 의미인지 확인하고 개별 클라이언트의 의미체계를 이해하며 이들이 보다 현실적으로 변화하도록 교육한다. 치료가 진행됨에 따라 클라이언트는 보다 많은 책임을 지게 되고 사회복지사는 치료자가 아닌 자문의 역할을 수행한다. 클라이언트는 현실을 여러 가지로 왜곡할 수 있으므로 사회복지사는 클라이언트의 치료에서 협력자, 원조자, 지지자, 교육자 등의 역할을 하고 있으며, 또한 사회복지사는 그리고 클라이언트가 외부환경뿐만 아니라 감정, 행동을 변화하도록 이러한 다양한 치료법들을 활용하고 있다.

7 생태체계모델

1) 주요내용 및 특성

사회복지실천에서의 생태체계모델은 1970년대에 들어와 생태학적 접근에 관심을 가진 학자들에 의해 발전되기 시작하였다. 저메인과 거터맨(Germain and Gitterman)은 생태학 이론을 통하여 사회복지실천에서 생태체계모델을 적용하고 체계화 시키고 있다(1980).

생태학은 유기체와 유기체의 생물학적·물리적 환경 사이의 관계에 초점을 맞추고 있으며, 생태체계모델에서는 생태학뿐만 아니라 인간발달, 사회체계이론의 주요 개념들을 수용하고 있어 인간과 환경이 상호작용하는 방법을 중시하고 있다. 현재 생태체계모델은 사회복지실천에서 널리 사용되고 있으며 인간과 환경과의 여러 가지 다양성들을 분석하고 이해하는데 중요한 영역을 담당하고 있다(황성하, 2003).

생태체계모델에서는 인간의 반응과 환경 사이의 불균형 발생이나, 자원의 부족, 환경과의 부적합한 상태에서 일어나는 문제들을 분석하며 개입하고자 한다. 인간행동을 기술하고 실천에 접근하는 문제에서 저메인과 기터맨(Germain and Gitterman)은 인간이 살아가는데 생활상의 변환을 경험하면서 문제해결능력의 부족, 대인관계의 부적응, 부적절한 환경적 지지, 지나치게 요구적인 환경일 때 문제가 발생한다고 하였다(1980).

이 모델에서는 인간과 환경이 분리된 것이 아니라 상호간의 계속되는 교류를 고려해야 한다고 주장한다. 즉, 인간은 환경 속에서 반응하며, 스스로 창조하는 존재이고 인간과 환경 서로간의 상호교류를 통하여 적응해 나가는 것이다. 문제는 사람들의 생활간에 일어나는 부적응적 상호교류 때문에 발생한다. 따라서, 문제와 상호교류에 대한 클라이언트의 관점을 고려해야한다. 이 모델에서는 환경속의 인간(person-in environment)을 강조하고 있다. 인간과 환경은 분리된 것이 아니라 상호간에 지속적인 작용을 하면서 적합하게 교류하려 한다.

저메인(Germain)은 환경들과 균형을 이루려는 인간들의 적극적인 노력으로 적합성을 설명하고 있으며 인간과 환경의 상호작용 변화에 의해 적합성이 변화한다고 하였다(황성하, 2003).

생태체계모델에서는 인간을 하나의 체계로서 보고 있으며, 인간이 처한 환경을 다른 하나의 체계로서 설명하며, 인간과 환경간의 상호작용에 대하여 분석하고 있다. 이 모델은 인간과 인간의 환경이 어떻게 적응상태를 이루는가에 관심을 두고 있으므로 발생한 문제들에 대해 어느 한편으로 책임을 지우지 않고 있다(전재일 외, 2001 ; Germain and Gitterman, 1995). 또한 인간은 많은 체계와 서로 상호작용을 하고 있으며, 체계들 간에는 인간과 다른 체계와의 상호작용이 이루어지고 있고 서로 영향을 주고 있다는 것을 강조한다(황성하, 2003).

2) 사회복지실천 적용

사회복지실천에서 생태체계모델은 클라이언트가 그들 생애의 단계에서 성장에 따라 과도기적 문제와 욕구에 직면하고 있다고 가정하며, 이 욕구와 문제를 해결하고 돕기 위한 개입을 하려고 한다(황성하, 2003).

사회복지사는 클라이언트의 성장과 변화를 지지하며 클라이언트와 환경체계의 변화를 위해 개입한다. 따라서 사회복지실천현장에서 변화를 위한 노력은 환경과 클라이언트 혹은 이들간의 상호작용을 향상시키는 방향으로 나아가야 한다.

변화를 위해서는 환경에서 문제가 되는 요인을 감소시키거나, 환경에 대한 요구를 낮추어 문제를 줄이고 환경에서 클라이언트가 지원받도록 도와준다. 사회복지사는 클라이언트가 대처하고 변화하여 환경에 적응하는 방법을 터득할 수 있도록 돕는다. 또한 사회복지사는 클라이언트에게 발생한 문제들에 대해 클라이언트나 환경 어느 한쪽으로 책임을 지우지 않고, 클라이언트와 환경간의 상호작용에서 일어나고 있는 부적응과 변화에 대해 충분히 고려하며 전체 체계의 종합적인 관련에 대해 관심을 가진다. 그러나 사회복지사들로 하여금 광범위한 문제에 집중하도록 한다는 점에서, 지나치게 포괄적이라고 할 수 있으며 오히려 개인적인 소규모의 문제는 무시될 수도 있다는 견해도 있다.

생태체계모델에서는 클라이언트의 부족절한 기능을 병리적으로 보는 것이 아니라 상호작용의 역기능으로 인한 기능 수행상의 문제로 보고 있기 때문에 사회복지사는 문제 현상을 정확하게 파악하여 문제 해결에 어떤 실천 모델을 적용할 것인지 선택하여 활용할 수 있다.

8 임파워먼트모델

1) 주요내용 및 특성

사회복지실천에서 임파워먼트(empowerment)모델은 사회복지실천의 기능과 연결되어 클라이언트의 역량 강화 및 권한부여 등으로 집약된다고 할 수 있다(Browne, 1995). 사회복지실천의 중요한 목적 중 하나는 클라이언트의 사회기능수행능력 향상이라 할 수 있다. 임파워먼트라는 개념은 억압받는 일부 소수집단에 매우 유용한 개념으로 논의되고 있으나, 사회복지실천의 역사 속에서 꾸준히 함께 있어 왔던 철학이며 실천원칙이었다고 할 수 있다. 따라서 최근 논의가 활성화되고 있는 임파워먼트는 새롭게 등장한 것이 아니라 그동안 드러나지 않았던 것의 강조라고 해야 할 것이다(이정환 외, 2001). 이러한 배경에는 1970년대 이후 생태체계이론이 사회복지의 주요 실천이론 틀로서 제시되면서 인간과 환경간의 상호작용을 중시하게 된 것과 관련이 있다. 생태체계이론은 강점지향이나 해결중심 접근의 중요성을 알게 하였으며, 이것은 1970년대 중반부터 1980년대 솔로몬(Solomon), 핀더버그(Pinderhughes) 등의 학자들을 통하여 임파워먼트모델로 새롭게 등장하게 되었다.

임파워먼트(empowerment)라는 용어의 뜻은 힘이나 권위, 권한을 주는 것, 능력을 주는 것, 혹은 가능하게 하는 것 등으로 해석될 수 있으며, 비슷한 용어로 권한부여, 능력강화, 힘 실어주기로 사용되기도 한다. 일반적으로 임파워먼트라는 것은 '개인이나 집단이 상대적으로 무기력한 상태에서 힘을 가진 상태로 이동해 나가는 것'인데 학문 분야에 따라 다양한 의미로 사용되고 있다. 밀리 등에 의하면 인간과 변화에 대한 기본적인 전제와 핵심적인 개념들을 통합하여 임파워먼트모델의 특성을 다음과 같이 설명하고 있다(Miley & Dubois, 1997; 황성철, 2001 재인용).

① 임파워먼트는 자원에 대한 접근성과 자원을 효과적으로 사용하는 능력을 포함한다.
② 임파워먼트모델은 클라이언트체계가 자원과 기회에 대한 접근성이 확보되면 능력을 발휘하는 것으로 본다.
③ 인간은 스스로 임파워먼트과정에 반드시 참여해야 하며 수단, 목적, 결과는 스스로 결정한다.
④ 인식의 수준은 임파워먼트에 매우 중요하며 정보는 변화를 위해서 반드시 필요하다.
⑤ 클라이언트의 변화에 영향을 미칠 수 있다고 스스로 인식하고 능력은 생활경험에서 획득되고 강화된다.
⑥ 임파워먼트는 협동과정으로 클라이언트와 실천가는 파트너로 함께 일한다.
⑦ 임파워먼트는 개인의 능력강화와 사회경제적 발전이 동시에 이루어질 때 달성된다.

사회복지실천에서는 이 모델이 사회적, 조직적 환경에 대한 클라이언트의 통제력을 증가시키고자 하는 임상실천의 과정, 개입, 기술을 의미한다. 대표적으로 임파워먼트를 세 가지 수준으로 나누고 있는데, 거시적 수준에서의 임파워먼트는 집단적인 정치적 힘을 증대시키는 과정을 의미한다. 반면, 미시적 수준에서의 임파워먼트는 주로 개인에 초점을 둔 것으로 실제적인 구조의 변화가 없다고 할지라도 개인이 힘 혹은 통제력이 증대되었다고 느끼는 것을 말한다. 마지막으로 또 다른 한가지 수준은 이 양자의 접근간 간격을 좁히려는 시도로서, 개인에 대한 권한부여가 집단의 권한부여에 혹은 집단에 대한 권한부여가 개인의 권한부여를 어떻게 향상시킬 것인가에 초점을 두는 것이다(이종복 외, 2006).

인간은 본래 존엄하고 가치있는 존재라는 것은 어려운 상황과 역경에 처한 클라이언트라도 본래의 잠재력, 능력, 장점을 갖고 있다는 것을 의미한다. 임파워먼트모델에서는 클라이언트를 경험과 역량을 가진 원조과정의 협력자로 본다. 클라이언트는 잠재력을 가진 인간으로 또한 문제해결을 위한 자원으로 인식하며 클라이언트의 참여를 중요시하고 변화를 위한 전체과정에서 클라이언트의 자기결정권을 강조한다. 따라서 이 모델에서 클라이언트는 변화과정에 능동적으로 참여하는 협력자이며 자신이 처한 환경과 능력을 가장 잘 알고 있는 사람으로 간주한다.

2) 사회복지실천 적용

사회복지실천에서 임파워먼트모델에 입각한 실천은 클라이언트의 문제나 약점 파악에 주안하기 보다는 강점과 잔존능력을 확인하고 이를 계발하여 더욱 극대화하는 방향으로 전개되기 때문에 사회복지실천의 기본적 가치를 실현한다고 할 수 있다.

사회복지사는 역경에 처해 무력감을 갖는 클라이언트에게 힘과 용기를 불어넣어 능력감을 갖고 자신과 주변상황을 통제할 수 있을 때 클라이언트는 힘을 가지게 된다. 또한 가족, 조직, 지역사회 등의 다른 클라이언트 체계도 자체의 열망과 발전을 위해 사회적 자원과 기회에 대한 접근성을 향상시킬 때 힘을 가지게 된다고 볼 수 있다. 따라서 임파워먼트 실천은 클라이언트 개인차원에서 뿐만 아니라 조직차원에서 그리고 지역사회차원에서 힘과 자원을 획득하여 그들 주변 환경에 대해 통제성을 확보하고 역량을 강화시켜 나가는 과정으로 본다면 임파워먼트는 분명 사회복지사의 실천 활동의 본질적인 내용과도 일치한다(황성철, 2001).

임파워먼트모델은 사회복지실천의 목적과 가치에 부합되고 사회복지사의 실천 활동의 본질에 적합한 이론적 전체를 포함하는 오늘날 다양한 사회복지사의 실천현장에서 폭넓게 적용되고 있다. 사회복지사들은 미시적 실천에서 주로 개인에 초점을 둔 것으로 실제적인 구조의 변화가 없다고 할지라도 개인의 힘 혹은 통제력이 증대되었다고 느끼는 것이다(김기태 외, 2002). 그러므로 다양한 유형의 클라이언트 집단에 활용되고 또한 사회복지 조직 및 기관을 비롯하여 지역사회나 전체사회를 대상으로 집단적 힘을 증대시키는 사회복지실천현장에서도 광범위하게 사용되고 있다.

제11장

대상자별 사회복지실천

사회복지실천의 대상으로 개인을 대상으로 하는 실천, 가족을 대상으로 하는 실천, 집단을 대상으로 하는 실천, 그리고 지역사회를 대상으로 하는 실천으로 구분하고 있다.

1 개인을 대상으로 하는 실천

개인대상의 실천은 이전의 개별사회사업에서 이루어진 활동을 의미한다. 개인적으로 심리사회학적인 문제를 경험하는 클라이언트를 일 대 일로 만나 문제해결을 하는 활동이다. 클라이언트의 심리사회적인 기능을 향상시켜 주변환경에 잘 적응할 수 있도록 돕거나 개인에게 영향을 미치는 환경을 변화시키는 활동을 수행한다(백은령 외, 2008)

개인수준에서의 실천은 전통적으로 "개별사회사업(case work)"으로 잘 알려져 온 것으로 "개별지도", 또는 "개별사회사업"이라고도 한다. 개별사회사업에 있어서의 "사례(case)"는 개인과 사회환경과의 관계 양상이 각기 다르고 클라이언트의 문제에 대해서도 각 개인을 사회환경과의 관계성 속에서 개인과 가족을 단위로 하여 각기 다르게 다룬다는 것이다. 즉 개인은 사회질서나 조직, 구조 등 타인과 동일한 사회적 기반에 처하면서도 개인의 성격과 가족, 집단, 지역사회 등의 환경 면에서 각자 다른 속성을 가진다. 이러한 속성을 가진 개인과 그 개인이 가진 개별적이고 특수한 문제를 가리켜 "사례(case)"라고 한다. 따라서 "사례(case)"와 클라이언트(client)의 뜻은 다르며, 문제를 가지고 전문적인 도움을 필요로 하고 있는 사람을 클라이언트라고 한다(전재일 외, 2001).

이와 같이 사회복지사가 대상으로 하는 문제는 근본적으로 사회적 성격을 가지는 것이지만, "사회문제" 그 자체를 취급대상으로 하는 것이라기 보다는 사회문제와 관련된 관계에서 클라이언트가 갖고 있는 구체적·현실적인 생활상의 기능장애가 그 대상이 되고 있다.

개별사회사업은 "사회환경과의 조정을 필요로 하는 클라이언트의 문제를 사회적인 측면에서 다루고 이것을 각 클라이언트의 조건이나 사정에 따라 개별적으로 다루어 그 적응에 도움을 주는 일련의 과정"이라고 할 수 있다.

1) 개별사회사업의 정의

개별사회사업의 개념은 대상을 어떤 관점에서 포착하는가에 따라, 또 관점과 관계되는 이론의 발전에 따라, 강조점을 어디에 두느냐에 따라 큰 차이가 있기 때문에 일정불변의 것이 아니라는 점에 주목해야 한다. 대표적 학자들의 정의를 살펴보면 다음과 같다(전재일 외, 2001).

(1) 리치몬드(Richmond)의 정의

리치몬드(Richmond, 1922) 여사에 의하면, 개별사회사업이란 "개별적·의식적으로 개인과 그의 사회환경 간의 조정을 통하여 그 사람의 성격을 발달시키는 과정"을 말한다. 이 정의는 개별사회사업의 기본방향을 제시함과 동시에 오늘의 개별사회사업의 윤곽과 원칙을 제시한 정의로 개별사회사업 발전의 방향을 제시한 가장 대표적인 고전적 정의의 하나이다.

리치몬드(Richmond, 1971) 여사는 클라이언트에게 사용하는 방법에 대하여 이론적 보편타당성과 과학성을 채택하려고 하였다. 보다 구체적인 전문교육을 통해 개별사회사업이 이루어지도록 방향을 설정한 점은 높이 평가되고 있다. 즉 돕는 방법에 과학의 법칙을 채택하고 기술의 체계로서 발달시킬 가능성을 제시한 것인데 물론 그 당시의 여러 과학의 발전단계로 보아 무리는 있었으나 그녀의 시도는 바로 개별사회사업의 과학화와 기술화의 시발점이 되었다.

그 후 리치몬드(Richmond, 1971) 여사는 "사회진단"에서 개별사회사업 실제에 관한 지식을 체계화하고 클라이언트가 갖고 있는 문제에 대한 조사와 조직적인 접근을 시도하여 개별사회사업을 명확히 하고자 하였다. 그녀의 정의를 통하여 개별사회사업의 기본적 조건으로서 다음의 네 가지 요소를 제시하였다(전재일 외, 2001).

첫째, 개인과 그가 속한 사회환경 간의 조정이라는 것이다.

둘째, 개별적으로 행해지는 조정이라는 것이다.

셋째, 개별사회사업 과정은 결과를 전망하여 행해지는 의식적 조정이라는 것이다.

넷째, 개별사회사업의 궁극적 목표는 성격(personality)의 발달이라는 것이다.

리치몬드(Richmond) 여사의 이론은 개별사회사업에 있어서 근대적인 민주적 방법을 제시했을 뿐만 아니라 그 이후 발전에 일정한 방향을 제시한 점에서 의의가 있다.

(2) 바우어스(Bowers)의 정의

바우어스(Bowers, 1949)는 1915년부터 1947년 사이에 제시되었던 여러 학자들의 주요 정의들을 분석하고 검토하여 다음과 같이 정의하였다(전재일 외, 2001).

> "개별사회사업이란 클라이언트와 그가 속한 환경의 전체 또는 일부분에서 보다 나은 적응을 해 나가도록 개인이 가진 능력과 지역사회의 자원을 적절히 동원하기 위하여 인간관계학의 지식과 대인관계의 기술을 활용하는 예술이다."

이 정의로 요약된 그의 이론에는 다음과 같은 네 가지 요소를 찾아볼 수 있다.

첫째, 개별사회사업의 궁극적인 목표는 "클라이언트와 그의 환경과의 조정을 도모함에 있다"라고 하여 전통적인 관점을 취하고 있다.

둘째, 개별사회사업은 클라이언트의 능력(내적자원)과 지역사회의 자원을 활용하여 클라이언트의 적응을 돕는다.

셋째, 개별사회사어에서는 개별사회사업가와 클라이언트 사이에 성립하는 신뢰 관계를 의식적으로 활용하는 것을 들고 있다.

넷째, 개별사회사업가와 클라이언트의 관계는 확립될 수가 있고 또 의식적으로 활용할 수 있으며, 여기에는 인간관계에 관한 과학적 지식과 훈련에 의해 터득한 기술이 필요하다는 것으로 셋째의 내용이 잘 반영되고 있다.

이 정의는 개인과 사회환경의 조정이라는 전통적 개념에다 심리학적·정신의학적 변화에 따른 지식이나 원리를 포함하고 있다. 이것은 리치몬드 여사의 정의에 비해 전문적 대인관계의 활용을 중요시하는 등 역사적인 변화와 발전을 가미하여 개별사회사업을 총괄적으로 규정하려 한 것으로 그 의의는 매우 크다.

(3) 펄만(Perlman)의 정의

펄만(Perlman, 1957) 여사는 진단주의 학파의 입장을 취하면서도 기능주의 학파의 견해를 받아들여 기관의 기능이나 역할개념을 구사하여 새로운 개별사회사업이론을 전개하였는데, "개별사회사업이란 개인이 사회인으로서의 기능을 수행함에 있어 수반되는 갖가지 문제를 보다 효과적으로 해결하기 위해 복지기관에서 활용하는 과정"으로 정의하고 있다(전재일 외, 2001).

펄만(Perlman)은 개별사회사업은 치료과정이 아닌 문제해결과정이라는 입장을 취하고 있다. 사회복지사는 클라이언트와 더불어 문제해결과정에 참여하지만 기관의 기능에 대한 직무수행이라는 역할로서만 참여하고, 기관의 기능 수행과정에 클라이언트가 주체적으로 참여하여 문제를 해결할 수 있도록 돕는다는 것이다.

이 정의의 특징은 전통적인 개별사회사업이론에서 볼 수 있던 자아의 강화나 자아의 창조적 통합력이라는 치료개념을 떠나 사회복지사와 기관의 기능에 부합하는 도달 가능한 목표를 단계적으로 설정하여 그 목표를 향해 의도적·조직적으로 개별사회사업을 전개해 나간다는 것이다.

따라서 이 정의는 개별사회사업을 개별사회사업기관의 기능과 관련되어 있고 또 클라이언트를 사회적으로 기능 할 수 있는 존재로서 주체적 인간으로 취급한 것이 매우 특징적이며, 이와 함께 개별사회사업의 구성요소로서 4P(Person, Problem, Place, Process)를 제시한 것도 의의가 있다(전재일 외, 2001).

펄만은 "문제(problem)를 가진 사람(person)이, 사회복지기관(place)을 찾아오면 사회복지기관의 전문가는 전문적 문제해결과정(preocess)을 통해 이를 원조한다."고 설명하면서 개인과의 사회복지실천의 4P를 제시하였다. 이를 구체적으로 살펴보면 다음과 같다(권구영 외, 2008).

① 사람(person)

개인과의 사회복지실천에서 사람이란 심리, 사회적 측면에서 도움을 필요로 하는 사람을 의미한다. 명확히는 도움을 받는 과정에 참여한 클라이언트를 의미하지만 넓게는 도움을 받기 위해 찾아온 사람까지를 포함한다. 따라서 사회복지실천에서 사람, 즉 클라이언트는 도움이 필요하다는 사실을 인지하고 도움을 받기 위해 찾아온 사람, 또는 인지하지 못하고 있지만 도움이 필요한 사람, 현재 도움을 받고 있는 사람 등을 포괄하는 의미라고 할 수 있다.

② 문제(problem)

문제란, 새롭게 발생한 욕구나 충족되지 못한 욕구, 장애, 부적응 등으로 사회복지사의 전문적 조정 노력이 필요한 사람의 상황을 의미한다. 이들 각각은 독립적으로 혹은 복합적으로 발생할 수 있는데 해밀턴(Hamilton)에 의하면 문제란, 개인의 바람직한 생활에 지장을 주거나 방해가 되는 충족되지 못한 욕구나 개인의 사회적 역할 수행을 비효율적으로 만들거나 방해가 되는 긴장이라고 할 수 있다.

③ 장소(place)

문제를 가진 사람이 도움을 받기 위해 찾아오는 사회복지시설을 의미한다. 넓은 의미에서는 사회복지시설뿐 아니라 대인서비스를 하는 기관을 의미한다고도 할 수 있다.

④ 과정(process)

과정이란 사회복지사가 문제를 가진 사람과 함께 특정 장소, 즉, 사회복지기관을 기반으로 문제해결 활동을 수행하는 일련의 단계들을 의미한다. 이러한 과정은 사회복지사의 전문적 원조시식과 기술에 근거하여, 사회복지기관의 사명에 따라 수행되는 것으로, 사회복지사와 클라이언트 간 관계를 기반으로 수행된다.

이상과 같이 개별사회사업이 갖는 특성이나 기능 혹은 기술을 명확히 하기란 어려운 일이지만, 다음과 같은 요소에 의하여 좀 더 명확할 수 있다.

첫째, 개인의 가치와 존엄성을 중요시하는 이념지향성

둘째, 개인의 성격 발달이나 사회적 기능의 향상을 도모하는 목적지향성

셋째, 부적응 상태에 대한 조정을 위주로 하는 기능지향성

넷째, 활동에 필요한 전문적 지식과 기술을 요하는 방법지향성

2) 개인대상 사회복지실천의 특성

개별 클라이언트를 대상으로 직접적으로 개입하는 사회복지실천의 특성은 다음과 같다(전재일 외, 2001).

① 개별사회사업의 대상은 문제를 가진 개인과 가족이다
② 개별사회사업의 주체자는 문제에 대한 과학적 지식과 전문적 기술을 가진 전문가이다.
③ 그 방법은 대상에 따라 달라지는 개별적(case by case)인 것이다.
④ 개별사회사업은 성격의 성장, 발달과 환경에의 적응을 다루는 의식적인 노력이다.
⑤ 개별사회사업은 워커와 클라이언트 간의 인간관계를 중요시하는 협동적인 활동이다.
⑥ 개별사회사업은 과정(process)이며 예술이다.
⑦ 예방보다는 치료적 입장에서 문제해결 및 재조정을 중요시한다.

⑧ 개인과 그의 사회환경과의 상호작용을 중요시하는 개인의 내면 강화와 환경 조정을 한다.
⑨ 클라이언트의 주체성을 인정한 측면적 도움이다.
⑩ 기관의 기능을 중시한다.

2 가족을 대상으로 하는 실천

1) 가족대상 사회복지실천

가족대상 사회복지실천은 모든 가족 구성원들이 각자의 발달적·정서적 욕구를 충족하게 돕는 것이다. 또한 가족들이 보다 유능하게 자신의 역할과 기능을 배우고 활용할 수 있도록 돕는 것이다. 이러한 가족대상의 사회복지실천은 가족이 변화를 위해 준비하도록 가족 구성원 각자의 강점을 강화시켜주며 가족치료 이후에 추가적인 지원을 제공한다.

그럼으로써 가족이 효과적으로 가족의 기능을 수행하고 유지하도록 도와줄 뿐만 아니라 효과적이고 만족할 수 있는 일상생활을 지속하도록 가족의 기능 수행에 구체저인 변화를 창출하게 한다(이화여대 사회복지연구회, 2001). 가정은 인간발달에 있어서 가장 기초가 되는 사회화(Socialization) 기능을 수행하는 곳으로서 개인의 성격발달과 가족 간의 상호작용을 통한 인간관계 훈련의 장으로 매우 중요한 역할을 담당하는 곳이다.

(1) 가족개념

가족은 전통적으로 혈연 또는 혼인, 입양을 기본으로 하는 일차적인 집단을 말한다. 또 가족은 함께 살고, 함께 경제적인 협력을 하며 출산의 기능을 담당하는 사회집단으로 성관계가 허용되는 최소한의 성인 남녀와 그들에게서 태어난 자녀 또는 양자로 구성된다. 그럼으로써 가족은 서로에 대한 의무를 지니며 함께 생활한다.

가족은 인간이 발전시켜 온 사회제도 가운데 가장 오래된 역사를 가지고 있으며, 인간의 성장과 발달에 필요한 것들을 가르치는 교육과 충분히 자라나 성인이 될 수 있도록 양육하는 일차적인 집단이다.

(2) 가족의 유형

가족은 두 명의 성인이 결혼하여 자녀를 가질 때 전통적인 가족이라고 부른다. 그러나 이제는 이러한 전통적인 구분으로 가족을 표현하기에는 사회가 너무 복잡하고 다양해졌다.

가족은 자녀를 포함할 수도 있으며 그렇지 않을 수도 있다. 자녀가 없는 부부는 가족이지만 자녀가 없다.

가족은 같은 거주지에 함께 살 수도 있고 그렇지 않을 수도 있다. 가령 주말부부를 하는 부부는 일주일에 한 번씩 만나 잠깐 살고 다시 헤어진다. 남편이 멀리 배를 타고 나가는 경우는 몇 달 몇 년 만에 상봉하기도 한다. 아내와 자녀를 해외에 유학보낸 기러기 아빠는 거의 함께 살지 못한다.

가족의 자녀는 결혼생활을 통하여 탄생할 수도 있고 그렇지 않을 수도 있다. 이혼하고 재혼을 하는 경우에는 이전 배우자와의 관계에서 태어난 자녀가 있을 수 있다. 또는 자녀를 입양 한 경우에도 결혼을 통하지 않고 자녀와 함께 사는 경우이다.

2) 가족과 사회복지실천의 관계

인간은 가족을 떠나서 살 수 없으며, 가족에서 소외된 삶은 바람직한 생활양식이라 할 수 없다. 인간은 출생하면서부터 가정에 소속되며, 가족과의 관계를 통해서 성장하고 발전해 간다. 즉 인간은 가족을 통하여 타인과 관계를 형성하고 바람직한 사회행동의 규범을 학습하고 가족이라는 거울을 통하여 자아정체감을 형성하며 사회의 한 성원으로서 소속감을 갖게 되며 안정된 생활을 영위해 갈 수 있다. 하지만 현대 사회의 급격한 사회변동으로 인간은 사회적응에 대한 과도한 요구에 직면하게 되며, 물질주의, 개인주의, 가족 기능의 저하 등으로 인한 사회적 소외를 경험하게 된다. 따라서 현대인에게는 사회적응에 대한 요구, 사회적 소외와 같은 다양한 문제를 예방, 해결할 수 있는 정서적으로 안정된 가족관계 형성과 건강한 가정생활 경험을 할 필요성이 더욱 증가하게 되었다(이준우, 2003a).

최근에 이르러 많은 클라이언트의 문제들은 개별적인 접근만으로는 해결되지 못하는 경향이 증가하고 있다. 가정이 문제를 일으키는 곳이기 때문에 가정은 또한 해결책이 마련되고 수행될 수 있는 현장이기도 하다는 인식이 일반화되고 있는 것이다. 이에 따라 사회복지실천에서 클라이언트와 그 가족과의 관계는 매우 중요하게 부각되고 있다.

전통적으로 개별사회사업의 틀 속에서 다루어져 왔던 관계론, 면담론, 과정론의 많은 방식들이 사례관리라는 보다 폭넓은 관점을 갖고 있는 사회복지사에 의해 과거와는 달리 클라이언트 개인만이 아닌 가족 구성원 전반에 대한 인식 하에서 수행되고 있다. 클라이언트 개인의 문제는 곧 가족의 문제일 수 있다는 입장을 견지해 나가는 사회복지실천이 실제적인 클라이언트의 변화를 이끌어내는 데에 효과적인 것으로 평가되고 있다(백은령 외, 2008).

가족대상의 사회복지실천은 가족구성원들 간의 관계나 가족구성원 중 한 사람의 행동 또는 정서·심리상의 문제에 개입하여 문제를 해결 또는 경감시키기 위한 노력이 가족과의 실천이다. 개인을 단위로 하는 것보다 가족을 단위로 개입할 때 개입효과가 더 크다고 판단될 때, 또는 클라이언트의 문제해결을 위해서는 가족 모두의 협조와 노력이 요구된다고 판단될 때 가족과의 실천을 택하게 된다. 대개의 가족실천 모델들을 일반체계이론의 영향을 받아 가족을 하나의 역동적인 체계로 간주한다. 따라서 가족구성원 개인이 나타내는 문제의 원인을 개인적 요인에서 찾는 것이 아니라 가족구성원들 간의 상호작용 패턴, 즉 관계 양상에서 찾고자 한다. 문제의 해결도 개인적 변화에 초점을 두기보다는 가족구성원들끼리 상호작용하는 방식의 변화에 초점을 둔다(엄명용 외, 2007).

'가족중심의 실천'과 '가족대상의 실천'이라는 용어는 환경 속의 인간이라는 관점과 더 큰 사회체계의 다단계적 관점을 기반으로 한다. 가족에 대한 전문적인 지식과 사회복지실천 기반에 관한 기본 가정은 다음과 같다(전재일 외, 2001).

- 가족에 대한 직접 실천은 다양한 이론과 개입방법을 이해하고 적용해야 한다. 이론적인 틀에는 체계적, 행동적(생물·심리·사회적), 그리고 스트레스 대처 관점 등이 포함된다.
- 가족중심의 실천은 상황 속의 인간과 환경 속의 인간을 강조한다.
- 가족의 욕구나 결손뿐만 아니라 강점도 파악하여, 가족에 대한 실천이 이루어져야 한다.
- 경험상의 지식으로 실천방법을 지속적으로 개발하여 한다.
- 지식의 개발은 명제적인 지식과 과정상의 지식, 모두를 포함한다.

가족과의 실천은 주로 부부갈등, 부모·자녀 간 문제, 아동문제, 다세대 간의 갈등 등을 중재·해결하기 위해 사용된다. 현재 여러 가지 다양한 이론적 토대를 갖고 있는 가족실천 모델들이 개발되어 활용되고 있다. 대표적인 가족실천 모델로는 정신역동 모델, 대상관계 모델, 구조적 모델, 전략적 모델, 경험적 모델, 행동주의 모델, 해결중심단기치료 모델 등이 있다. 우리나라의 사회복지실천에서 가족과의 실천은 교회, 병원, 가족치료센터, 가족치료연구소, 가정복지연구소, 일부 사회복지관, 대학의 연구들 등 다양한 장소에서 실시되고 있으며 가족과의 실천에 대한 관심이 점차 확산되고 있다(엄명용 외, 2007).

3) 가족대상의 사회복지실천 접근방법

가족과의 실천의 문제영역은 부부문제 즉, 부모-자녀 관계의 문제 그리고 불편한 하위체계 영역·부모의 과보호·서투른 갈등해결 기술과 같은 가족기능상의 문제와 정신신체적인 문제 등이다. 즉 부모와 자녀 간에서 친구 선택, 음주와 마약사용, 집안일, 통행금지시간, 의사소통문제, 성적가치와 행동, 학습습관과 학점이수, 이성교제 등의 문제를 포함한다.

사회복지사들은 이러한 클라이언트를 포함한 가족대상으로 전문가로서 만성적인 질환과 주의력 결핍, 과잉행동, 행동장애 등 뿐 아니라 행동적인 경직성, 섭식장애 그리고 청소년 비행과 같은 아동, 청소년기의 장애를 조정하기 위해 도움을 주게 된다. 사회복지사들은 자녀의 학대와 유기, 사회적 고립, 위기, 가출, 빈곤문제, 위탁 등의 문제에 깊이 관여한다. 그리고 사회복지사들은 보건, 아동복지, 노인학, 학교, 재활, 고용 등을 포함한 넓고 다양한 환경에서 가족을 대상으로 사회복지실천을 하고 있다(전재일 외, 2001).

4) 가족치료

가족치료는 가족에 초점을 두는 치료방법으로 가족체계의 역기능적인 상호작용 패턴과 관계구조를 변화시킴으로써 문제 해결과 스트레스 대처를 돕고, 건강하고 기능적인 개인과 가족이 되도록 돕는 접근방법이다(전재일 외, 2001).

(1) 정신분석적 가족치료

정신분석적 가족치료의 목표는 과거의 무의식적 이미지에 대한 통찰을 통한 인성 변화와 가족원의 무의식적 구속으로부터의 자유, 그리고 현실에서 보다 건강하고 온전한 개인과 가족의 성장에 있다. 가장 일반적 추구로 인성 변화의 유형은 격리 개별화와 분화로써 묘사되며, 원가족에서의 개인의 성장과 독립심을 강조한다.

또한 정신분석적 가족치료에서는 가족성원의 증상감소와 더불어 갈등해결을 도와주며, 방어기제를 분석하고, 억압된 욕구나 충동을 노출하기보다는 방어기제를 지지하고, 의사소통을 명백히 하는데 초점을 둔다.

(2) 구조적 가족치료

구조적 가족치료에서는 가족을 하나의 기본적인 구조로 보고, 가족 안에서 일어나는 복잡한 상호작용들은 때때로 예측할 수 없는 방향으로 문제를 야기한다고 본다. 또한 가족 내에는 가족성원의 상호작용 패턴과 지속적이고, 다양한 하위체계가 있다(Nichols & Schwartz, 1995). 따라서 구조적 가족치료는 가족구조(family structure)의 중요성을 강조하고, 하위체계 간의 명확한 경계를 확립하는 활동에 주로 관여하고 있다.

구조적 가족치료는 현재의 역기능적 가족치료를 수정할 수 있는 가족 상호작용에 대한 대안적 패턴을 열어 줌으로써 행동을 변화시킨다. 그것은 가족의 구조를 새롭게 만드는 것이 아니라 잠재적 구조를 활성화시키는 것이다. 가족성원간의 새로운 상호교류 패턴이 규칙적으로 반복되면서 그 패턴은 더 기능적인 효과적인 구조로 자리잡게 된다.

(3) 경험주의적 가족치료

경험적 가족치료는 개인과 가족의 정서적인 경험과 지금 - 여기(here and now)의 경험을 강조한다. 경험적 가족치료의 목적은 무엇보다 성장이다. 그러므로 성장을 위한 증상 완화와 사회적 적응, 내면적 경험과 외면적 행동의 일치에 의한 개인의 통합력 증진, 의존성 탈피, 경험 확대 등을 통한 가족과 그 구성원의 창의력 증진과 문제해결능력 증진이 주목표이다.

(4) 의사소통 가족치료

의사소통 가족치료의 목표는 개인의 자아성취와 가족강화이다. 이를 위해서 가족 구성원들이 정서적으로 건강해지는 방법은 인간 모두의 내부에 내재되어 있는 자아성취에 대한 잠재력을 경험하는 것이라고 한다.

따라서 가족성원들은 첫째, 그들 자신과 타인에 대해 보고, 듣고, 느끼고, 생각하는 것에 대해 다른 사람 앞에서 적절하고 정직하게 말할 수 있어야 한다. 둘째, 각 개인은 그 자신의 독창성을 가지고 있기 때문에 힘의 측면에서보다 탐구와 교섭의 측면에서 의사결정이 이루어져야 한다. 셋째, 성장을 위해 서로의 차이점을 개방적으로 인식해야 한다(송정아 외, 1998).

(5) 보웬(Bowen)의 다세대 가족치료

다세대 가족체계 치료는 정신분석 원리와 실제 임상에서 영향을 받은 이론적 임상적 모델이다. 그리고 이 모델의 주요한 전제로 개인이 성숙하고 건강한 성격으로 분화하기 위해서는 먼저 개인의 가족에 대한 미해결된 정서적 애착이 긍정적으로 해결되어야 한다는 것이다.

보웬 이론에서 가족내 문제의 핵심은 불안과 정서적 융합이다. 그러므로 치료목표는 가족성원의 불안을 감소시키고 자아분화 수준을 높이는 것이다. 가족체계가 변화하려면 폐쇄된 가족유대를 개방하고 삼각관계에서 벗어나야 한다. 이로써 개인의 자율성과 성장을 위한 조건이 만들어진다. 치료시 증상들은 덜 강조되며, 문제는 사람이 아니라 체계 안에 원래부터 있는 것으로 추정된다. 개인의 변화는 다른 사람과의 관계성 변화를 통하여 이루어진다고 본다.

(6) 전략적 가족치료

전략적 치료자들은 통찰을 통한 성찰이나 이해의 변화보다는 행동의 변화를 일으키는데 관심이 더 많다. 그들은 이론보다는 치료기법에 대해 주로 기술한다. 그들은 특정한 행동의 연쇄과정을 관찰하고 변화시키는 것에 관심을 가진다. 전략적 접근의 독특성은 문제해결을 위한 새로운 전략을 고안하는 것이며, 다른 이론보다 상당히 단순하고 실용적이다.

(7) 해결중심 가족치료

해결중심 가족치료 모델은 미국 Palo Alto에 있는 정신연구소(Mental Reasearch Institute : MRI)에서 시작한 단기치료 접근법을 모태로 하고 있으며, 문제보다는 해결을 중시하는 입장이다. 그러므로 전제 가치로서 치료자와 클라이언트의 협력을 증진하고 클라이언트를 강화시키며, 치료를 더 효과적이고 즐겁게 하는 것을 지향한다.

이 치료 모델은 인간의 강점과 무한한 잠재력에 초점을 두고 자신에 대한 예언을 실현하도록 돕고, 일반적으로 치료 횟수를 15회 이내로 제한하며, 치료 간격은 1주에서 6주의 간격을 둔다. 그리고 작은 문제의 해결에 대한 변화와 성공적인 경험을 하기 시작되면 점차 보다 큰 문제 해결책을 더 쉽고 빠르게 발견할 수 있다는 가정에 기초해서, 작은 변화가 시작되면 사람들은 낙관적이고 문제 해결에 대해 자신감을 느끼며, 이러한 변화는 가족원간에 역동적으로 나타난다(Berg & Miller, 1992).

3 집단을 대상으로 하는 실천

집단대상의 실천은 사회복지실천 전문직의 기본적 가치와 윤리적 실천원리를 활용하여 개인과 집단의 목표를 달성하기 위하여 중재전략과 집단과정을 필요로 하는 것으로 전통적으로 집단사회사업(group work)이라 한다. 개인이 다양한 집단들의 한 성원이 되지 못하거나 다른 집단과 가까이 하지 못하고는 사회의 한 성원이 된다는 것은 불가능하다. 비록 집단의 주변에서 고립된 태도로 지낼 수 있다 하더라도 인간사회의 특성에 의하여 이것은 바람직하지 못하고 건전하지 못하다. 원만한 사회복지사가 되기 위해서는 집단이 개인의 생활에 미치는 영향력을 인식하는 것은 중요하다.

집단은 지역사회와 보다 큰 사회를 형성하는 공식적·비공식적 구조가 된다. 그러나 더 중요한 것은 집다니 다른 중요한 집단과 관계를 맺음으로써 어떤 수단이 된다. 가족집단, 동료집단, 그리고 학급집단에의 참가는 성원들이 사회적 행동규범을 학습하고, 만족스러운 사회적 관계를 가지고, 개인이 목표를 명확히 인식하고, 복잡한 사회체계 속에 참여함으로써 얻어지는 그 외의 여러 가지 이익을 획득할 수 있도록 돕는다. 또한 사회집단, 교회집단, 소년단, 스포츠팀, 그리고 작업집단에서 얻는 경험은 인간과 사회의 유지와 발전에 중요한 것이다.

사회복지실천의 한 방법으로서 집단사회사업은 간호사, 임상심리사, 상담원, 정신과의사, 교사, 목사 등 도움을 주는 폭넓고 다양한 전문직에서 많이 활용하고 있다.

1) 집단의 개념과 특성

사전적 의미로 집단은 여럿이 이룬 모임 또는 단체를 말한다. 사회복지학적으로 집단의 특징을 살펴보면 2인 이상의 일정한 구성원을 가지며, 성원들이 소속감이나 공통의 목적과 관심사를 가진다. 베일(Bales)은 집단을 "일대일로 대면하는 모임 속에서 상호작용하는 사람들의 집합으로, 각자가 서로를 구분하여 인지하면서 개인적인 반응을 각자에게 보인다."고 하였으며, 밀(Milees)은 "두 사람 이상으로 구성되어 있는 단위로서 어떤 목적을 위해 접촉하며 이들은 이 접촉을 의미있는 것으로 생각한다."고 하였다. 집단의 성원들은 서로 정서적인 결속이 되어 있으며 상호 의존적이다. 상호 작용이 이루어지면 성원의 기능과 역할을 규제하는 규범을 갖고 있는 인간 집합체이다(남세진 외, 1997). 하트포트(Hartfort)는 집단의 특징을 잘 설명하였는데 적어도 두 사람 이상의 개인이 모여야 하고, 서로 한 번 이상의 의미있는 만남을 가져야 하고, 공동으로 기능하기 위한 규범이 있어야 하며, 공동생활을 위한 공동의 목적을 수립해야 하고, 집단 성원간과 전체로서의 집단 결속력이 있어야 한다. 집단은 상호 접촉하고 있으며, 서로 배려하고, 의미있는 공통성을 가진다고 의식하는 개인들의 복합체로서 다음과 같은 특성을 갖고 있다.

- 집단을 구성하는 구성원들은 소속감을 느끼고 인정받고 싶어하는 욕구를 가지며 집단은 이를 충족시켜 준다.
- 최소한 2명 이상이 모이며 지속적으로 상호작용을 한다.
- 공통의 목적이나 관심사를 가지고 모인다.

- 공동으로 활동하기 위하여 자체적인 규범을 만들고 지킨다.
- '우리'라는 연대감을 형성하며 집단에 대한 정체성을 갖는다.

2) 집단사회사업의 가치

사회복지실천에 있어서 집단사회사업의 초점은 가치체계에 의해서도 영향을 받게 된다. 이 가치는 사회복지사들이 클라이언트와 함께 일하는데 이용하는 전문가의 중재방법과 기술에 영향을 미치고, 이것은 전문가의 노력에 대한 클라이언트의 반응에도 영향을 미친다.

집단에 있어서 전문가의 행동은 상황 내의 가치와 클라이언트의 가치체계, 그리고 전문가의 개인적 가치체계에 의하여 영향을 받는다. 집단을 후원하는 기관이나 단체도 집단에 대한 전문가의 자세에 영향을 미칠 수 있는 가치체계의 일부이다. 전문가와 집단은 또한 전문적인 가치에 의하여 영향을 받게 된다. 집단을 계획하기 전에 전문가는 기관의 정책, 절차 미 실천에 내포된 기관의 공식적·비공식적 가치를 잘 알아야 할 것이다.

모든 사회복지사들이 가지는 전문적 가치 이외에 집단사회사업의 중요한 가치에 대해 Konopka(1963)가 다음 다섯 가지를 인정해야 한다고 하였다(전재일 외, 2001).

① 집단 내에서 인종, 종교, 연령, 국적, 그리고 사회계층이 다른 사람들 간의 긍정적 관계와 참여
② 참여하는 민주주의 원리에 반영된 협동과 상호결정의 가치
③ 집단 내에서 개인 창의성의 중요성
④ 각 성원 혹은 전체로서의 집단에 관한 일에 관하여 사고와 감정을 표현하고, 집단의 결정과정에 관여할 권리를 가지는 것을 포함하는 참여 할 자유의 중요성
⑤ 각 성원의 독특한 관심이 표현될 만큼 집단내의 고도의 개별화의 가치

이러한 가치는 사회복지실천의 다른 면에서도 존재하지만 집단사회사업에서는 가장 중요시되고 있다. 성원들은 실천적 상황에서 나오는 가치 이외에 그들 자신의 가치를 집단에 가지고 온다. 각 개인은 독특한 가치 체계를 가지며, 모든 집단성원들에게 일반적이거나 공통적인 가치체계를 동일시하는 것은 불가능하다. 흔히 성원들은 그들 자신의 가치에 관하여 명확히 인식하지 못하거나 세심한 주의를 기울이지 않는다. 전문가의 과제의 일부는 성원들이 그들의 가치를 명확히 하도록 돕는 것이며, 그리고 각 성원들 간의 가치갈등과 전체로서의 집단 내부의 가치갈등을 확인하고 해결하는 것이다.

3) 집단의 분류

집단은 집단 성원 간의 상호작용과 정서적인 결속 정도에 따라 일차집단과 이차집단으로 나눌 수 있다. 일차집단은 직접적인 상호작용을 하면서 관계를 맺는 소규모 집단으로서 '우리'라는 결속력과 상호정체감이 강하다. 따라서 이들 집단 성원들은 매우 친밀하여 아주 자주 개인적으로 긴밀하게 접촉하며 관계를 맺는다. 대부분 가족, 친구, 소집단 등을 들 수 있다. 이에 비해 이차집단은 목적을 위해 계약적으로 만들어진 집단이다. 따라서 정서적인 결속이 약하며 공식적으로 특별한 목적의 성공을 위해 상호작용하며 집단 성원의 역할이 세분화 되어 있다.

집단의 구성방식에 따른 구분으로는 가족, 친구, 또래 등 자연발생적으로 형성되는 자연집단과 치료집단, 학급, 위원회 등 의도적으로 집단을 만드는 형성집단으로 구분한다.

집단의 크기에 따른 분류로는 소규모 집단과 대규모 집단으로 나눌 수 있다. 소규모의 크기에 대한 논란이 있을 수 있으나 일반적으로 치료집단의 경우 6~9명 내외를 소규모 집단이라고 한다.

집단의 운영 방식에 따른 분류로는 집단 성원의 입회와 퇴회가 자유로운 개방형 집단과 입회 및 퇴회가 제한되는 폐쇄형 집단이 있다. 개방형 집단은 융통성이 있으며 새로운 정보의 교류가 활발하지만 집단이 혼란스러워지며 책임감이 없어지고 리더격을 제외한 회원들의 참여도가 떨어질 경우 발전이 더딜 수 있다. 반면 폐쇄형 집단은 철저한 내부자의 찬성에 의해 신규 입회가 받아들여지므로 집단의 결속력이 높으며 사기도 높다.

그 밖에 사회복지사가 관여하는 목적에 따른 분류로는 치료집단과 과업집단의 두 범주가 있다.

(1) 치료집단

치료집단은 집단성원의 교육과 성장, 지지와 치유, 사회화, 행동변화 등의 욕구를 충족시키려는 목적을 가지며 목적에 따라 지지집단, 성장집단, 사회화집단, 교육집단, 치유집단으로 구분한다.

① 지지집단(support group)

지지집단의 목적은 집단성원들이 생활사건에 잘 대처하며 대저능력을 잘 향상시킬 수 있도록 원조하는 것이다. 한부모 가족들로 구성된 집단, 다문화가정의 외국인 배우자 집단, 암을 극복하려는 환자들의 집단, 자녀교육의 어려움을 가지고 있는 다문화가정부모 등의 지지집단들은 대부분 비슷한 문제를 경험하고 있는 사람들로 구성되어 유대감 형성이 쉽고 자기 개방이 아주 높은 편이다.

② 교육집단(educational group)

교육집단의 목적은 자신의 내면은 물론 자신이 속한 사회를 잘 이해할 수 있도록 교육의 방법을 통해 원조하는 것이다. 병원이나 학교, 교정기관 등에서 많이 활용하며 청소년의 성교육집단, 부모역할 훈련집단 등이 있으며 정보를 전달하고 교육하는 것이므로 가의형태가 많으며 성원간에 상호작용이 많지 않아 성원들 간의 자기 노출은 많지 않다.

③ 성장집단(growth group)

성장집단의 목적은 자기인식을 높이고 생각의 변화를 목적으로 한다. 퇴직준비집단이나 잠재력 개발집단 등이 있으며, 자신의 능력을 개발하기 위해 사회정서적인 건강을 중요시한다.

④ 치유집단(therapy group)

치유집단의 목적은 집단 구성원 개개인의 문제 완화와 제거 그리고 행동변화이다. 약물중독자 집단이나 금연집단 등이 있으며 자신의 문제를 해결하기 위해 집단활동을 한다. 이때 사회복지사는 권위적인 인물이나 대리인의 역할을 수행한다. 집단성원들은 처음에는 자기노출의 수준이 높지 않지만 분위기가 형성되면 조금씩 자고노출이 자유로워진다.

⑤ 사회화집단(socialization group)

사회화집단의 목적은 사회적인 관계를 잘 하지 못해 어려움을 겪는 개인에게 사회적인 기술을 알려주고 습득케 하여 사회생활에 잘 적응하고 기능할 수 있도록 하는 것이다. 과잉행동주의력 결핍아동집단이나 퇴원한 정신장애인 사교집단 등이 있으며 사회화집단은 다시 사회기술훈련집단, 자치집단, 여가집단으로 나눌 수 있다.

- 사회기술훈련집단 : 사회적인 기술이 부족하여 의사소통에 어려움을 겪는 사람들에게 사회적 기술을 가르쳐 준다.
- 자치집단 : 정신병동이나 시설 거주자들이 부당한 대우를 받을 때 자신들의 권리를 주장하기 위해 자치집단을 형성하여 토론하며 의사결정을 하는 과정에서 의사소통의 능력을 향상시키고 사회적 기술을 배운다.
- 여가집단 : 여가활동을 통하여서 치료적인 효과를 얻고자 할 때 활용되며 스카우트 활동이나 클럽 활동 등이 근원이 된다.

(2) 과업집단(task group)

과업집단은 과업의 목표 달성을 위해서 만들어진 집단이다. 성과물을 내어야 하며 명령을 수행하기 위해서 만들어졌다. 과업집단은 조직적인 문제에 대해 해결책을 찾으며 새로운 아이디어를 만들고 결정을 내린다. 사회복지사는 클라이언트의 강점과 자원을 강조하며 클라이언트에 대한 서비스의 질을 높이기 위해 노력한다. 과업집단으로는 치료협의회, 대표위원회, 발전협의회, 이사회, 고문집단 등이 있으며 개인의 성장과 발전보다는 집단의 의사를 결정하고 산출물을 만들어 내는 데 초점을 맞춘다.

4) 집단사회사업의 목적

집단사회사업은 본질적으로 성장하고, 학습하고, 치료하려는 개인에게 독특한 기회를 제공한다. 예를 들면, 집단은 집단성원이 이미 하나의 문제행동을 가지고 있을 때 교정적 목적으로 이용될 수 있다. 혹은 집단은 한 성원의 역기능이라는 잠재적인 위험이 있을 때, 예방을 위해 이용될 수 있다. 집단은 집단성원의 질적 향상을 위해 이용될 수 있다. 혹은 집단은 교육과 시민참여의 목적을 위해 활용될 수 있다.

클라인(Klein, 1972)은 집단사회사업의 일부분이고 그들의 대인관계에 있어서 그리고 그들의 환경과의 참만남에 있어서 개인을 돕는 사회복지사의 역사적 임무에 적합한 8가지의 특별한 목표를 제시하고 있다(전재일 외, 2001).

(1) 재활

재활(rehabilitation)의 과정은 사람이나 일이 이전의 능력 또는 수준으로 회복하는 것을 의미한다. 사람의 재활은 감정적 또는 정신적인 어려움이나 행동에 관한 것이라 할 수 있다. 그것은 또한 어떤 태도나 가치를 변화시키는 수단에 관한 것이라 할 수 있다.

(2) 교육훈련

교육훈련(habilitation)과정은 치료(treatment)보다는 오히려 성장과 발달을 의미한다. 교육훈련이라는 용어는 어려움을 가진 어떤 개인들이 어렸을 때 행동하는 법을 배운 적이 결코 없었을지도 모른다는 사실을 제시한다. 그래서 그들은 '재활'이라는 용어가 의미하는 것으로 회복될 수는 없다.

(3) 교정

교정(correction)의 과정은 사회법 혹은 사회적 관습에 대해 어려움을 가지고 있는 사람들과 범법자나 폭력자를 돕는 것을 의미한다.

(4) 사회화

사회화(sociallization)의 과정은 사람들이 사회적으로 기대되어지는 것을 행하는 방법 그리고 다른 사람들과 같이 살아가는 방법을 배우도록 돕는 것을 의미한다. 관련된 용어인 재사회화는 개인은 퇴보하고 다시 훈련받을 필요가 있다는 것을 말한다.

(5) 예방

예방(prevention)의 과정은 어려움이 일어나기 전에 그 어려운 문제를 미리 처리하고 사람들이 필요로 하는 환경적 영향물을 제공하는 것을 의미한다. 집단의 예방적 목적은 집단성원이 개인적 혹은 사회적 기능에 있어서의 퇴보의 위험에 직면한 상황에서 명백하다.

(6) 사회행동

사회행동(social action)을 격려하는 과정은 사람들이 대처하고 적응하는 것 이외에 그들의 환경을 변화시키는 것을 배우도록 돕는 것을 포함한다. 집단에서의 적극적인 관계를 통해, 개인은 이끌고, 따르고, 결정을 내리는데 참여하고, 그들 자신에 대해 책임을 지고 더 큰 지역사회에 대해 책임을 지는 것을 배운다.

(7) 문제해결하기

문제해결(problem solving)의 과정은 사람들이 과업을 달성하고, 결정하고, 사회문제를 해결하도록 집단을 이용하는데 도움을 주는 것을 의미한다.

(8) 사회적 가치

사회적 가치(social value)의 발달을 조장하는 과정은 개인이 생활과 관련된 실천 가능한 사회적 가치를 발달시키는 것을 돕는 것과 관계가 있다. 집단은 동시에 이들 목적 모두 혹은 이들 중의 어느 하나를 위해 이용되어질 수 있다. 집단을 위한 치료자의 목표는 그 성원의 특별한 욕구가 변할 때 바뀔 수 있다.

4 지역사회를 대상으로 하는 실천

우리 사회의 모든 구성원들은 각각 다양한 지역사회에 소속되어 지역사회와 관계를 가지면서 지역사회의 구성원으로 살아가고 있다. 다양한 영역에서 우리 삶의 터전이 되는 지역사회는 삶의 질을 향상시킬 수 있는 다양한 자원을 제공한다. 지역사회는 우리가 생각하는 방식과 행동하는 방식에 영향을 끼치기도 하고, 사회적 가치와 규범을 내재화하도록 만들기도 한다. 또한 우리가 살아나가는데 필요한 기회와 자원을 제공해 주기도 한다. 즉, 지역사회는 우리 삶의 장으로써 그리고 동시에 삶의 질을 향상시키는 수단으로써 중요한 의미를 갖는다. 그러나 동시에 지역사회는 우리 삶의 질에 부정적 영향을 끼치는 문제의 장으로서 기능하기도 한다. 즉, 지역사회가 바람직한 모습으로 구성되지 못하고 지역사회로서 기대되는 기능을 수행해 내지 못할 때, 지역사회는 우리의 삶에 부정적 영향력을 제공하는 문제의 원천이 된다(강철희 외, 2008).

따라서 지역사회가 사회사업측면에서 지역사회의 역기능을 지속적으로 약화시키고 제거해 나갈 필요가 있다. 즉, 지역복지실천 측면에서 우리가 보다 많은 관심을 갖고 수행해야 하는 과제는 바로 지역사회가 갖는 순기능을 강화하고 부정적 기능을 순기능으로 변환하는 것이라고 볼 수 있다(강철희 외, 2008).

1) 지역사회실천의 의미

우리 모두는 지역사회 범위 내에서 살아가고 일한다. 지역사회 거주자로서 우리는 사회가 제공하는 기회를 얻게 되고 또한 지역사회는 우리들의 경제적·정치적·교육적·사회적·문화적 자원으로서 기여한다.

Weick & Saleebey(1995)는 지역사회를 수동적이기 보다 능동적인 개념으로 정의하는데, 가족이 가족원들의 보호막으로서의 기능을 하는 대신 지역사회는 그 구성원을 지탱하고 보호하며, 활력을 주는 풍부한 자원이 된다고 보았다.

지역사회대상 실천의 주요 목적은 각 구성원들의 복지를 증진시키기 위한 가능한 최고의 환경을 제공하는 것이다. 지역사회대상 실천은 클라이언트가 그 변화노력의 초점이 개인이나 가족 혹은 치료지단보다 더 큰 지역사회 내에서의 사회복지활동을 묘사하는 용어이다.

지역사회대상 실천과 개인·가족·집단과의 사회복지실천 사이에는 유사점들이 있으며, 의사소통과 관계형성 기술, 집단들과의 활동시 필요한 기술, 문제해결의 기술은 서로 적용이 가능하다(Zastrow, 1992).

지역사회사업이란 지역사회의 문제를 해결하는데 있어 전문기술을 가지고 계획입안이나 운영관리의 기법을 함께 가지는 포괄적인 지역원조 기술이다. 또한 지역사회사업은 지역사회의 환경개선도 측면적인 과제로서 파악하고 있기 때문에 그 전개에 있어서 주체는 민간의 조직이나 단체만으로 한정시키기 않으며, 행정기관 등의 공공기관 과의 협동이나 연계가 중시되고 그리고 당사자를 포함한 주민참여의 촉진이 필수적인 요건이 되고 있다. 그러나 보다 효과적인 실천을 위해서는 지역사회복지사가 일반적인 지역사회와 조직에 대한 지식과 그가 활동하고 있는 특수한 지역사회와 조직에 대한 지식, 그리고 모금의 원천과 모금의 순환에 대한 지식이 필수적이다. 따라서 지역원조기술이란 지역사회의 다양한 복지에 관한 문제를 해결하는 원조기술을 말하며, 지역사회에서 발생하고 있는 다양한 복지욕구에 대해서 실태를 파악(지역진단)하고 계획을 세우고(지역계획), 원조활동을 행하는 것을 말한다(전재일 외, 2001)

2) 지역사회의 기능

지역사회는 다섯 가지의 영역 안에서 각각의 기능을 갖는다.
경제제도 영역에서는 생산, 분배, 소비의 기능을 가진다.
가족과 교육의 영역에서는 사회화의 기능을 가진다.
정치 영역에서는 사회 통제의 기능을 가지고
종교, 문화의 영역에서는 사회참여 또는 통합의 기능을 가진다.
마지막으로 사회복지의 영역에서는 상호 지지의 기능을 가진다.

3) 지역사회 실천 영역

지역사회실천은 지역사회를 실천의 단위로 한다는 점에서 다른 실천 영역과 구분된다. 실천 단위인 지역사회는 학자들에 따라서 다양하게 정의되고 있다. 그 정의들을 크게 둘로 나누어 볼 때, 하나는 지리적 조건에 의해 형성된 지역사회를 의미하고, 다른 하나는 공통된 이해와 관심으로 형성된 교회, 조합, 시민단체 등의 이익집단을 의미한다. 지역사회실천은 지역에 속한 주민들이 자신들의 사회적 기능 향상을 위해 필요한 의식개혁, 환경개선, 지역사회 조직화 등을 자발적, 주체적, 협력적으로 해 나갈 수 있도록 사회복지사가 안내자, 조력자, 조정자, 운동가, 전문가 등의 역할을 수행하는 것을 말한다. 이러한 활동들을 수행하기 위해 사회복지사는 지역사회주민들의 성향과 문화에 대한 파악, 지역사회문제 및 욕구의 파악, 지역사회주민들의 성향과 문화에 대한 파악, 지역사회문제 및 욕구의 파악, 지역사회주민의 욕구 충족에 필요한 자원들의 확인 및 발굴, 지역사회주민의 조직화, 지역사회자원의 조직화 및 조정, 필요한 경우 지역사회자원 개발 등의 활동을 한다. 지역사회실천에서 사회복지사에게 요구되는 중요한 역할은 지역 주민 스스로가 상호 협동 노력에 의해 지역사회의 문제를 해결할 수 있도록 돕는 것이다. 현재 우리나라에서 지역사회에 위치한 종합사회복지관을 중심으로 실제로 이루어지고 있는 지역사회실천 개념에는 지역사회보호 활동과 지역사회조직 활동이 혼합되어 있다고 볼 수 있다.

지역사회보호는 지역사회 내에 존재하는 후원자원을 발굴, 동원하여 지역사회 요보호 대상자들을 보호하는 활동이다. 후원자원으로는 결연 후원금이나 후원물품 등이 해당되며 지역 내 요보호 대상자들에는 소년·소녀가장, 독거노인, 빈곤한 한부모 가정, 장애인 가정 등이 포함된다. 지역사회자원과 빈곤 가정을 정기적으로 연결하여 줌으로써 요보호 지역주민의 경제적 어려움을 경감시키고, 심리적 안정을 도모하는 데 지역사회 보호의 목적이 있다.

지역사회 복지자원에 대한 정보부족과 서비스 요청에 서투른 장애인·독거노인·빈곤가정 등을 대상으로 사례관리 활동과 결합하여 지역사회 복지자원의 정보망을 형성하고 연계하는 활동, 지역사회 내 변호사 사무실과 연계하여 취약계층에 대한 법률상담서비스를 하는 경우, 지역사회 자원과 연계하여 실시되는 재가복지사업 등도 지역사회 보호에 해당한다고 볼 수 있다. 재가복지사업에서는 국민기초생활수급자나 저소득가정에 무료급식, 밑반찬 서비스, 영양식 서비스, 김장·김치 서비스, 도시락배달 서비스, 한방진료, 수지침, 물리치료, 가사지원, 차량지원, 이·미용 서비스, 주거환경개선 서비스 등이 실시된다(엄명용 외, 2008)

지역사회조직 활동은 잠재된 지역사회의 자원을 찾아내고 서로 연결함으로써 지역복지 발전을 위한 토대를 마련하고 지역주민 자신들의 조직화를 통하여 궁극적으로 지역사회의 복지향상을 도모하는 사회복지사의 활동이다. 이를 위해 사회복지사는 지역사회와 공동사업을 추진하기도 하고 지역사회주민들이 서로 모여 조직화될 수 있는 장소 및 기회를 제공하기도 한다.

4) 지역사회 실천모델

① 지역사회 개발모델

지역사회 개발모델에서는 지역사회 수준에서 다양한 사람들의 폭넓은 참여로 지역사회가 변한다고 본다. 따라서 이 모델은 민주적인 절차와 합의, 상호 지역주민간의 자발적인 협조와 토착적인 지도력 개발을 강조하고 있다.

② 사회계획 모델

사회계획 모델은 지역사회 내에서 문제가 발생했을 때 문제해결을 위한 기술적인 과정을 강조하는 모델이다. 이를 위해서 숙달되고 전문적인 계획가가 필요하며, 계획가는 정보를 수집하고 자료를 분석, 프로그램 설계, 실행하고 활성화시키는 역할을 한다.

③ 사회행동 모델

사회행동 모델은 지역사회의 문제를 해결하기 위해 민주주의와 사회정의에 따라 자원과 처우를 향상시키도록 정치적, 집단적 압력을 지배층, 통제층에 가한다. 따라서 이 모델이 성공하기 위해서는 집단을 어떻게 조직하느냐가 중요하다. 이 모델은 중요한 제도, 공공조직의 기본정책을 바꾸는 것으로 힘과 자원의 재분배를 요구한다.

제12장

가족과 사회복지실천

가족은 사회를 구성하는 기본적인 체계(system)로서 사회복지실천의 원료(materials)이며 자원(resources)이다. 또한 인간의 욕구와 사회문제를 지지해 주는 원천이다. 그러나 가족이 모든 인간의 욕구와 사회문제를 해결할 수 없으며 때로는 갈등과 폭력, 빈곤과 해체 등의 부정적 영향을 제공하는 최초의 원인과 발단이 되기도 한다. 이런 현상들은 가족의 상호작용과 역동성에 의해 개인의 성장기와 성인기에 역기능적인 부적응을 초해하는 결과가 될 수 있다. 특히 가족문제는 일세대의 영향으로 자녀세대 또는 그 이후 세대까지 전이(transference)된다는 점에서 가족 스스로 해결하지 못하는 많은 문제들에 대한 사회복지 실천 차원의 전문적인 치료적 개입이 부각되고 있다.

본 장에서는 가족의 기본적인 이해와 가족을 대상으로 실천하는 많은 가족치료이론 중에서 보편적으로 적용할 수 있는 이론들을 중심으로 살펴보고자 한다.

1 가족복지 실천의 기본 이해

1) 가족의 이해

가족의 사전적 의미는 부부, 자녀, 형제 등 혈연에 의해 맺어지며 생활을 함께하는 공동체 또는 그 성원으로 정의하고 있다(새우리말 큰사전, 1991). 가족(family)의 어원은 라틴어의 familia에 있는데, 이것은 노예나 하인을 뜻하는 famous와 유사하며 집에 속하는 모든 것을 포함하는 개념으로서 생활하는 장소로서의 집과 소속된 인간, 가족 구성원 모두를 포함한다(김혜경외, 2006). 가족은 개인의 인성형성에 강한 영향력을 미치며 사회공통의 행동특징, 문화규범을 습득시키는 사회화 과정을 담당하는 사회의 가장 기본집단(primary group)이 되며, 사회를 존속시키는 기본 단위이다. 따라서 가족은 사회를 구성하는 가장 중심적인 요소로서 혼인을 통해 맺어진 성인 남녀와 그들에게서 출생하거나 입양된 자녀로 구성되어 공통의 주거, 경제협력과 생활을 하는 사회집단이다.

2) 현대사회 가족의 특징

가족은 개인의 보호, 양육, 사회화를 위한 환경인 동시에 체계론적 관점에서는 상호의존적 하위체계, 또는 커다란 체계 내에서 상호작용을 하는 각각의 소규모 체계들의 복합체로 구성되어 있는 하나의 살아있는 유기체이다. 과거의 가족은 대가족을 이루며 그 자체가 하나의 경제적 생산단위인 동시에 소비단위로 가능했지만 오늘날의 가족형태는 급격한 변화를 가져와 다음과 같은 특성이 있다(권구영 외, 2008).

첫째, 호주 및 호적제도가 폐지되어 전통적인 가족관이 사라지게 되었고, 부모의 성 가운데 합의된 성을 선택할 수 있는 등의 제도적 변화와 함께 사실혼 가족이 증가하는 경향이 나타나고 있다.

둘째, 여성의 사회참여 및 가사를 전담하는 남성의 증가 등으로 가장으로서의 남자는 생계를 위한 경제활동을 그리고 여성은 가사를 담당한다는 성역할에 대한 고정관념이 붕괴되고 있다.

셋째, 사회의 다양화, 여성의 경제활동 참여 증가 등으로 가족의 보호 및 부양기능은 낮아지고 사회적 양육과 보호기능이 확대되면서 전통적인 가족기능이 약화되고 있다.

넷째, 가족의 규모가 핵가족 및 부부가족으로 점차 축소되고 있어 가족 구성원의 수가 적어지고 있다.

다섯째, 이혼율 증가와 전통적 가족 형태 이외의 새로운 가족형태 증가로 해체가족과 한부모가족 등이 확대되고 있다.

3) 가족복지와 사회복지실천

가족복지는 가족의 욕구와 문제를 스스로 충족시킬 수 있도록 그 잠재력을 개발하고 가족의 역할과 기능을 활성화 시키며 생활의 질적 향상을 위해 여러 가지 형태로 사회가 개입하는 것을 의미한다. 따라서 가족복지는 가족과 관련된 모든 복지정책과 복지서비스가 포함된다.

가족복지의 실천을 위해서는 가족에 대한 명확한 이해가 중요한데, 가족의 이해는 개인과의 사회복지실천에 비해 보다 가족에 초점을 두고 가족체계의 이해, 가족 구성원간 관계구조의 이해, 가족의 의사소통 이해, 가족자원의 이해 등을 사정하는 것이 필요하다(권구영 외, 2008).

2 가족치료의 기본 이해

1) 가족치료의 정의

가족치료(system family therapy)의 구체적인 방법이나 기술에 대한 보편적인 정의는 아직도 일반화 되어 있지 않다. 그것은 가족치료가 이론적으로나 실천적으로 발달과정에 있기 때문이라고 할 수 있지만 다른 한편으로는 가족치료가 어떤 특정한 전문분야만의 전문적 활동으로 한정되어 있지 않고 정신의학, 심리학, 그리고 사회복지 영역 등에서 서로 다른 접근을 하면서 아동, 청소년, 노인, 부부간의 상담을 포함한 폭넓은 분야에서 가족치료를 응용하고 있기 때문이다.

가족치료가 발달 초기에는 주로 정신질환자 가족의 역기능적 관계 유형을 변화시키기 위한 접근 방법으로 활용되어 왔으나, 점차 전반적인 가족문제의 해결을 위한 분야로 확대되고 있다. 1950년대 후반 가족치료 분야에서는 직선적 원인론(linear causality)에 근거하여 문제나 증상을 정의하고 클라이언트의 병리와 과거사에 초점을 두는 정신역동적 접근방법에서 순환론적 원인론(circular causality)에 근거하여 가족을 하나의 체계로 보고, 개인 보다는 가족 전체에 초점을 두며, 현재(here and now)를 중시하는 체계적 가족치료로 변화되었다. 즉, 가족을 단지 성원들의 집단으로 보지 않고 가족성원, 환경 그리고 사회의 여러 자원들 사이에서 부단히 상호작용하는 유기적인 개방체계로 보았다(Bubatti & Formati, 1988). 오늘날의 가족치료는 가족구성원이 보이는 문제행동을 그 개인만의 문제로 보지 않고, 개인과 가족이라는 맥락 속에서 이해하려는 시도이며, 이미 발생된 가족문제에 대한 사후개입적 성격뿐만 아니라 현재의 가족문제와 결부되어 향후 또는 다음 세대 가족의 역기능과 부적응, 해체와 일탈 등의 문제를 경험하지 않도록 예방하는 요소도 포함된다(김영화 외, 2003). 따라서 가족치료자는 문제행동 자체보다는 문제행동을 둘러싼 가족 상호작용에 관심을 가져야 한다. 그러므로 가족치료는 개인을 둘러싼 환경 요소 중에서도 특히 가족을 치료적 매개로 사용하는 기법이다.

2) 역사적 배경

미국에서 가족치료운동이 시작하게 된 배경은 제2차 세계 대전(1939~1945년)의 여파로 전쟁으로 흩어졌던 가족들이 재결합하고, 가족 내 역할과 관계 등이 변화하면서 부부간의 불화, 이혼, 청소년의 비행, 노인문제 등이 증가하게 되었고, 가족기능의 약화에 따른 문제가 사회문제로 대두되었다. 그에 따라 여러 분야에서 가족의 기능과 역기능을 연구하고 가족의 결속력을 강화시키기 위한 노력이 활발히 전개되기 시작하면서 가족치료가 발달하게 되었다.

1930~1950년대 이전은 가족치료의 발아기로서 Piaget, Freud등의 영향으로 미국에서 자녀의 발달과 부모행동에 관한 연구가 활발해졌다. 1950년대 전까지는 정신분열증에 초점을 두고 환자와 그 가족을 연구하였으며, 가족을 보는 목적은 환자의 질병 치료에 도움을 얻기 위한 것이었다.

가족치료가 전체 가족에 대한 새로운 접근방법으로 본격 시도된 것은

1950년대 초 여러 학문의 과학적 연구업적을 배경으로 이론적 기반을 구축하면서부터이다. 이때 가족역동과 정신분열증과의 관계에 대한 연구가 많이 진행되었고, 가족을 제외시켰던 전통적인 정신분석적 개인치료에서 전환하여 가족치료가 본격적으로 시도되었다.

1960년대는 가족치료의 확대기로서 이 시기는 가족치료에 대한 관심이 매우 고조되었고, 가족치료는 정신장애의 새로운 치료방법으로 인정되기 시작하였으며 전 가족을 함께 치료하게 되었다.

1970년대는 가족치료의 정립과 혁신기로서 체계이론에 입각한 가족치료가 많은 호응을 얻었으며, 가족치료 이론과 기법이 확대되었다.

1980년대는 가족치료의 성장과 전문화기로서 다양한 가족치료접근법들이 활발하게 보급되었고, 독자적인 각 학파의 개념과 이론, 기법을 통합하려는 움직임이 일어났다.

1990년대는 가족치료의 통합기로서 오늘날 가족치료의 관계 맥락에서 문제를 다루고 체계를 변화시키는 것을 목표로 하는 것과 일치되어 있다.

한편 우리나라는 1970년대 가족치료 이론이 처음 한국에 소개되었고, 1980년대에는 널리 보급되어 임상적으로 사용하기 시작하였으며, 1988년에는 한국가족치료학회 창설과 함께 학회, 세미나 등이 개최 되었다. 1990년대에는 대학에 과목이 개설되어 가족치료학회에서 전문가 교육과 훈련을 한 후 자격증이 부여되었다.

1997년에는 관련법률 제정으로 가정폭력상담소와 피해자 보호 시설이 설치되었으며, 1988년에는 여성위기상담전화 1366 설치로 성폭력, 가정폭력의 도움을 받을 수 있게 되었으며, 1996년 미국 단기가족치료센터 한국지부가 설치되어 해결중심치료 모델이 널리 보급되었다.

3) 가족치료의 특징

전통적인 개인치료에서는 문제의 원인을 개인에게 두고 정신내면의 과정에 보다 많은 관심을 기울여왔다. 반면, 가족치료에서는 사회맥락 속에서 의미있는 사람과의 역기능적인 상호작용의 결과로서 어떤 문제가 발생한다고 보기 때문에 개인을 둘러싼 가족이나 사회체계에 관심을 둔다.

개인치료에서는 일반적으로 개인에게 집중하여 그의 생활을 보다 만족스럽게 변화시키기 위해서 어떻게 할 것인가를 그들의 과거와 현재에서 찾으려고 노력한다. 반면 가족치료자는 환자의 가족체계를 상담대상으로 삼으며, 가족치료자는 가족체계의 구성원 모두가 변화에 참가해야 한다고 믿는다.

개인치료에서는 보편적으로 개인을 상담의 단위로 삼는데 반해, 가족치료에서는 체계의 많은 구성원이 상담의 단위가 된다. 그러나 가족치료라고 반드시 모든 가족이 다 참가해야 하는 것은 아니다. 현존하는 문제에 영향을 끼쳐서 그 과정을 바꾸는데 꼭 필요한 가족성원을 필요로 한다.

개인치료의 경우 개인이 가진 지난날의 경험에 기초한 내면의 갈등을 해결하고자 하기 때문에 자연히 많은 시간을 필요로 한다. 그러나 가족치료자는 가족과 관련된 문제의 해결을 위하여 단기치료를 추구하는 경향이 있기 때문에 최근 일어난 역기능적인 문제를 중심으로 단기간에 상담을 시도한다.

4) 가족치료 과정

가족치료자가 지향하는 이론에 따라 개입방법은 다르겠지만, 어떠한 접근방법에서도 공통적으로 이루어지는 가족치료 진행과정에 대해 생각해 볼 수 있다.

가족치료는 문제를 호소하는 한 개인의 내담 및 전화를 통해 이루어지며,

이것을 시작으로 치료자는 치료에 누구를 참여시킬 것인가, 어떤 형태의 치료 계약을 할 것인가, 가족성원의 특수한 요구에 어떻게 대응할 것인가, 어떤 이론적 모델로 접근할 것인가 등 전체 치료과정을 구조화하는 것이 필요하다.

치료과정을 구조화시키고 나면 치료에 대해 느끼는 치료자의 불안이 감소되어 바람직한 치료자와 내담자 가족간 관계를 형성할 수 있을 뿐만 아니라, 치료자는 이러한 일련의 치료과정을 내담자 가족에게 인지시킴으로서 가족치료에 대한 내담자 가족의 불안을 해소하고 치료계약을 맺게 된다. 치료계약이 이루어지고 난 후에는 가족치료자에 의한 보다 적극적인 치료적 개입이 이루어지게 되며, 가족 안에서 그 성원들이 원하는 변화가 충분히 일어났다고 생각되면 치료자는 가족과 의논하여 가족치료를 종결하게 된다.

5) 가족치료의 대상

가족치료의 대상이 특별히 정해져 있는 것은 아니다. 가족은 남녀노소라고 하는 이질적인 요소들로 구성되어 있으므로, 가족 안에서는 많은 갈등들이 존재할 수밖에 없다. 따라서 아침에는 기분이 좋았다가 우연찮은 일로 저녁 기분이 좋지 않게 되는 등 평상시에 잘 기능하던 가족도 어느 순간엔가 문득 가족관계상의 어려움을 경험할 수 있다. 따라서 가족간의 갈등은 끊임없이 반복되어 일어난다. 문제는 가족들이 그러한 갈등을 얼마나 잘 다루어 나가느냐, 그렇지 못하느냐 하는데 달려있다. 일반적으로 가족 내에 어떤 문제가 생겼을 때 그들 스스로 충분히 해결할 수 있다. 그러나 누군가 외부로부터의 개입 없이는 그들 스스로의 문제를 해결하기 힘든 경우가 있는데, 이럴 때에는 가족치료의 도움을 받는 것이 효과적이다. 가족치료를 통해 도움을 받을 수 있는 문제들에는 다음과 같은 것들이 있다.

이혼 혹은 재혼 등과 같은 가족의 분리·재결합으로 인한 가족원간의 갈등, 가족원의 죽음이나 질병, 실직 등 가족의 위기상황에 대한 대처능력 약화, 알코올 및 마약 중독, 가정폭력 등으로 인한 가족 내 긴장, 결혼 및 가족생활에 대한 지속적인 불만, 성격이나 가치관의 차이, 외도, 의사소통의 부재 등으로 인한 부부불화, 등교거부, 품행장애, 주의력 결핍 등 자녀의 정서적·행동적 문제와 학교부적응, 고부갈등, 형제갈등, 친인척간 갈등 등 가족관계상의 어려움, 우울증, 정신분열증 등 정신병리적 문제를 가진 가족원으로 인한 가족 내 만성불안, 가족생활주기 전이과정에 나타나는 다양한 가족 발달적 위기, 장애아, 치매노인 등 특별한 보호가 필요한 가족원으로 인한 과중한 역할부담, 기타 각 가족원들이 호소하는 여러 가지 가족 문제들이 포함된다(한국가족치료학회).

6) 사회복지사의 역할

사회복지사는 어려움을 호소하는 내담자 가족의 역동성을 다양한 치료기법에 준하여 신속하게 파악하고, 이들 가족의 역기능적 상호작용 패턴을 강화시키는 요인이 무엇인가를 찾아 변화를 촉진시키며, 가족문제에 대한 각 가족원들의 통찰을 도와 관계상의 어려움을 극복하게 함으로써 상실된 가족기능을 회복할 수 있도록 도움을 제공하여야 한다. 따라서 사회복지사는 가족치료의 다양한 이론과 기법에 대해 전문적인 지식을 갖추어야 하며, 이를 바탕으로 실제 임상현장에서 다양한 가족문제들을 다루어보고 그에 대한 지속적인 슈퍼비전을 받는 것이 무엇보다 중요하다. 또한 개인적 성숙과 자기이해 역시 유능한 가족치료자가 되기 위해 필수적으로 요구되며, 상담자로서의 윤리적 기준을 준수해야만 한다. 가족치료와 관련하여 사회복지사의 역할을 살펴보면 다음과 같다.

첫째, 감정이입적 지지자의 역할로서 가족의 강점을 규명해서 강화하고 강점을 알림으로서 사회복지사가 가족과 동참할 수 있게 하고 변화를 향한 동기와 낙관주의를 창출 할 수 있도록 해야 한다.

둘째, 교사 또는 훈련자의 역할로서 가족 내 문제가 될 수 있는 의사소통, 부모역할 기술, 문제해결, 분노조절, 갈등해결, 가치 명료화, 금전관리, 일상생활 기술 이 결핍되어 있거나 기술 또는 지식에서 부족한 영역을 배양하도록 돕는 것이다.

셋째, 동원자의 역할로서 가족을 도울 수 있는 다양한 지역집단과 자원들에 관여하면서 이를 활성화 하고 관리할 수 있어야 한다.

넷째, 중재자의 역할로서 가족 내 스트레스와 갈등을 중재하고 더 좁은 수준에서 갈등 관계에 있는 가족 구성원 간을 중재하여야 한다.

다섯째, 옹호자의 역할로서 사회복지사는 가족문제가 보다 넓은 사회맥락에서 어떤 조건에 근거하고 있는지를 이해하는 고유한 위치에 있기 때문에 문제가족을 위해 행동을 취할 필요가 있다.

7) 가족치료기관

1960년대 이후 급속하게 이루어진 산업화 과정을 통해 한국 가족은 구조적·기능적 측면에서 다양한 변화를 경험하게 되었다. 이로 인해 우리 가족은 가정폭력 문제, 비행청소년 문제, 이혼 및 재혼문제, 노인문제 등 다양한 가족문제들에 직면하게 되었고, 이러한 가족문제로 인해 어려움을 호소하는 가족의 비율은 앞으로도 더욱 증가될 것으로 예측된다. 이런 맥락에서 볼 때, 우리나라에서도 다른 선진외국의 경우와 마찬가지로 가족문제에 대한 보다 적극적이고 전문적인 도움을 받고자 하는 가족치료에 대한 수요가 점진적으로 확대될 것으로 보인다.

그러나 이와 같이 가족치료에 대한 수요가 점차 증가하고 있음에도 불구하고 가족치료의 도움을 받을 수 있는 전문적인 가족치료기관은 많지 않은 실정이다. 우리나라에 가족치료가 소개된 지 불과 20~30년이라고 하는 짧은 역사를 갖고 있지만 가족치료에 대한 열정을 가진 여러 학자들의 끊임없는 노력으로 가족치료는 괄목할만한 학문적 성장을 이루어 온 게 사실이다. 그럼에도 불구하고 자신들의 가족문제를 드러내놓고 상담하는 것에 대한 일반인들의 인식 부족과 한국적 가족치료모델에 대한 충분한 검증이 이루어지지 않은 등의 이유로 가족치료를 받을 수 있는 기관은 다소 제한되어 있는 것이 현실이다.

현재 가족치료의 도움을 받을 수 있는 기관으로는 가족치료사 면허를 갖고 있는 개인 및 단체에 의해 운영되고 있는 가족치료센터 외에도, 신경정신과의원, 지역사회복지관, 그리고 대학부설 상담소 등이 있다

3 가족치료 이론

1) 미누친(Minuchin)의 구조적 가족치료

구조적 가족치료의 가장 큰 특징은 가족 내의 문제를 해결하기 위해서는 그 문제를 지속시켜 온 가족구조의 변화가 가족과 각 구성원들 사이의 경험적 변화를 초래한다고 가정한다(강문희 외, 2007).

미누친(Miunchin, 1974)은 어느 가족에게나 문제가 있음을 전제로 출발하여 1970년대에 가장 인기 있고 영향력 있는 치료 접근법 중의 하나로 떠올랐다.

이는 구조적 가족치료가 진단과 치료를 위한 명확한 지침을 제공하는 아주 기본적인 구조와 체계 안에서 가족을 묘사해내고 있기 때문이다. 이 접근법의 가장 큰 특징은 치료의 목적으로 가족 내의 구조적 변화를 강조하는 데 있다. 그것은 개인변화, 가족체계, 가족역동을 탁월하게 이해한 가족치료자로 하여금 가족의 재구조화를 실행하는 능동적인 대행자가 되도록 하는 것이다. 이런 재구조화된 가족역동은 가족 내의 갈등과 문제를 해결하기 위한 매우 중요한 토대가 된다고 보았으며, 가족조직의 구조가 변화하면 조직 내 가족 성원들의 위치, 역할, 기능이 변화하게 되고 그 결과 개인의 행동이 변화된다고 보았다. 이 접근법은 소년비행, 거식증 가족원이 있는 가족, 약물남용하는 가족원이 있는 가족, 사회경제수준이 낮은 가족, 부부위기 가족, 알콜중독자가 있는 가족 등에게 성공적으로 사용되어 왔다.

(1) 주요개념

구조적인 가족치료에서는 가족을 하나의 체계이며 통합된 전체로 본다. 지역사회에 속해있는 가족구성원들은 하위체계이며, 하위체계는 가족의 기본적인 구조와 상호교류 유형에 영향을 주는 것으로 보았다. 상호교류 유형을 분석하는 주요한 3개의 이론적 개념은 가족구조, 하위체계, 경계라고 할 수 있다 (Becvar & Becvar, 정혜정 외 역, 2001).

① 가족구조(family structure)

구조란 가족 성원간의 보이지 않는 일련의 기능적 요구이자 상호작용하는 방법으로서 이것은 가족 내에서 연속·반복·예측되는 가족행동을 말한다. 가족구조는 가족구성원들이 상호작용하는 조직화된 패턴으로 같은 행동이 반복될 때 가족들은 지속적 패턴 수립 및 가족원들이 언제, 어떻게, 누구하고 관계할지 결정된다.

가족구조를 이해하려면 가족 내의 관계규칙을 파악하여야 하는데, 이러한 규칙을 파악하기 위해서는 가족을 지배하는 규칙을 찾아내야 한다.

② 가족의 하위체계(subsystems)

가족체계는 하위체계로 분화되고, 하위체계를 통해 가족체계의 기능을 분배하고 수행하면서 위계질서의 규칙을 형성한다. 가족 하위체계에는 부부, 부모, 형제, 부모와 자녀 등이 있고 고유 기능과 특성이 있다.

첫째, 부부 하위체계(spouse subsystem)는 정서적 안정의 유지를 위해 상호지지와 보완을 해야 하며 상대방의 독립적 권리를 인정하는 동시에 차이점에 대해서는 적응과 조화를 통해 부부간의 역할타협과 상호보충성의 원리가 지배되어야 한다. 특히 가족체계의 핵심으로서 명확한 경계선을 이루어야 하며, 각자는 개인으로 남되 상대방의 성격·자원·유일성에 적응하면서 서로 모든 행동이 상호보충 되어야 하는데, 자녀가 있는 가족의 경우는 더욱 그렇다.

둘째, 부모 하위체계(parental subsystem)의 중요 기능은 자녀가 태어나면서부터 형성되어 자녀발달에 따른 적절한 지도, 통솔, 자녀의 사회화이다. 따라서 부모는 가족의 규칙을 정하고 부모의 권위를 적절히 사용하며 융통성 있는 규율과 통제 그리고 적절한 지지를 통해 자녀의 자율성을 존중해야 한다.

셋째, 형제 하위체계(sibling subsystem)는 자녀들 간의 협동, 경쟁심, 협상, 지지를 배우고 동료관계(peer relationship)를 배우는 체계이다. 아이들은 형제 하위체계 내에서 어떤 지위(position)를 갖게 되고 거기서 얻은 경험을 가지고 가족 밖의 세계와 접촉하게 되므로 한 개인이 형제 하위체계에서 차지하는 위치는 그의 전 생애에 중요한 의미를 부여한다.

넷째, 부모 및 자녀 하위체계는 가족구조 내에서 부모와 자녀의 불분명한 경계선, 역할, 기대, 세력, 권위로 인해 발생하는 가족구조상의 문제 등을 의미한다.

③ 경계(boundary)의 투과성

경계란 하위체계간에 선호되는 관계이자 규칙으로서 미누친(Minuchin, 1974)은 가족 내에서 경계선의 명확성은 가족기능을 평가하기 위한 유용한 척도가 된다고 하였으며, 모든 가족들은 밀착된 경계선(enmeshed boundary)과 분리된 경계선(disengaged boundary)을 양극으로 하는 연속선상의 어느 지점에 위치한다고 보았다(김영화, 이진숙, 이옥희, 2006).

첫째, 분명한 경계(clear boundary)는 하위체계 간의 이상적인 배열로 경계가 명확하고 안정되어 있으며, 융통성이 있다. 경계가 명확한 가족성원들은 서로 지지받고, 서로 돌보고, 건강하게 양육되며, 상호간에 의사소통이 증진되어 자율성을 존중한다. 또한 긍정적인 변화를 유발시키기 위해 협상과 타협이 이루어지고 부모와 자녀들은 가족체계에 속해 있으면서도 독립적이기 때문에 가족의 안정과 복지수준을 향상시킨다.

둘째, 경직된 경계(rigid boundary)는 하위체계와 가족 밖의 체계가 분리되었거나 강하게 경직된 상태로서 가족원들은 지나치게 분명하거나 서로 고립되어 불침투적인 것을 의미한다. 특히 가족성원들 간에 소외감을 가지고 있고, 자율적으로 기능하고 독립적이지만, 충성심과 소속감이 부족하고, 도움이 필요할 때 원조를 요청하는 능력이 부족하다. 의사소통에 어려움이 있고 가족의 보호적 기능을 수행하기 힘들다. 분리된 개인과 가족은 비교적 자율적이거나 고립되어 극단적으로는 역기능적이 될 수 도 있으며, 가족성원들이 희망하는 상호작용을 가족 외의 다른 체계에서 의지하게 된다.

셋째, 밀착(enmeshed) 또는 혼돈된 경계(diffused boundary)의 경우는 가족원들 사이의 경계선이 대체로 미분화되어 있고 침투가 잘 되며 유동적이다. 가족원들 사이 구분은 희미하고, 모든 일에 관여하며, 필요하지 않은 경우에도 지지 하고, 거리감이 없고, 강한 소속감 때문에 자율성이 방해 받고, 문제에 대한 자발적 대처를 방해받게 된다. 이런 가족체계의 자녀들은 부모가 그들의 시간과 정력을 자녀에게 모두 헌신하기 때문에 자녀들은 부모에게 너무 의존적으로 되어 자녀 자신의 능력을 개발하지 못하게 된다. 결과적으로 가족 간의 긴장은 고조되고 상호적응 · 변화하기 위한 자원의 부족과 고갈은 문제를 점차 악화시킬 수 있다.

④ 제휴(Alliance)

가족의 상호작용 과정으로 가족체계의 한 구성원이 다른 협력관계 또는 상반된 관계를 가지는 것을 말한다.

⑤ 권력(authority)

개개인의 가족 구성원이 상호작용 과정을 통하여 다른 사람에게 미치는 영향력을 말한다.

(2) 치료목적 및 과정

① 목적

구조적 가족치료의 목적은 가족구조를 재구조화하는 것이다. 첫째 가족체계에는 부모의 권위를 기초로 하는 세대간 차이가 있어야 한다. 둘째 부모의 연합이 있어야 한다. 이때 자녀 연합을 위해 부모가 먼저 지지적, 수용적이어야 하다. 셋째 부모로서 연합할 때 형제체계는 동료체계가 된다. 넷째 분리된 가족은 상호작용의 빈도를 증가시키고, 경직된 경계를 분명한 경계로 변화시켜야 한다. 다섯째 밀착된 가족은 개인과 하위체계의 분리를 강화해야 한다. 여섯째 부부체계는 부모체계와 구분하여 형성시켜야 한다.

② 과정

구조적 가족 치료자는 가족의 문제가 역기능적인 가족 구조로 인해 유발되고 지속된다고 믿기 때문에 치료의 초점은 가족 구조의 변형을 통해 결과적으로 가족 내의 문제를 해결하는 데 있다. 가족체계의 변화를 촉진시켜 주는 지원과정은 3단계로 이루어지는데, 첫째 지도자의 위치에서 가족과 합류한다. 둘째 그 가족의 기본구조의 도표를 그린다. 셋째 이 구조를 변형시키기 위하여 개입한다.

(3) 치료적 개입

Minuchin(1974)은 가족체계의 재구조화를 이룰 수 있는 기법을 다음과 같이 설명하였다.

① 합류(joining)

합류란 각 가족마다 특정한 분위기가 있기 때문에 그 가족의 분위기를 파악하여 동조한 것이다. 만일 그 가족이 우울해 한다면 치료자도 매우 슬픈 기색을 보이고 자신의 우울을 표현함으로써 가족들의 분위기에 동조하는 것이다.

② 실연 형성(enactive formulation)

치료자가 가족구성원들에게 실연하도록 하는 것은 좀 더 다양한 상호교류 유형을 직접 관찰할 수 있을 뿐만 아니라 자연스럽게 갈등을 해소하고, 서로 지지해주고, 동맹이나 결탁을 하고, 스트레스를 발산하는 방법이 된다. 치료자는 치료에 도움이 되는 핵심을 말하면서 좌석을 바꾸게 하여 가족들만 있는 것처럼 느끼며 행동이 일어나도록 조성한 다음 가족들의 행동을 잘 관찰한다.

③ 경계 만들기(boundary making)

역기능 가족의 역동성은 가족 내에서 지나치게 경직된 경계 또는 산만한 경계에 의해 분리된 하위체계에 의해 발전되고 유지된다. 구조적 치료자들은 가족 하위체계간의 근접(proximity)과 거리감(distance)을 증폭시킴으로써 그 경계들을 재조정한다.

밀착된 가족에 대한 치료자의 개입은 그 하위체계 사이의 경계들을 강화시키고 각 개인의 독립성을 증가시키는데 초점을 둔다. 가족구성원들은 그들 자신에 대해서 자유롭게 말하도록 강요되며, 외부의 방해 없이 대화를 끝내도록 돕는다. 분리된(disengaged) 가족들의 가족문제는 고립이며 이들은 갈등을 회피하거나 우회하는 경향이 있기 때문에 상호작용을 최소화한다. 구조적 가족치료자들은 가족 구성원들이 서로에 대한 접촉을 증가시키기 위하여 갈등회피에 도전하고 우회를 폐쇄하도록 개입한다.

④ 과제 수립(task setting)

치료자는 가족 상호교류에서 자연스럽게 발전될 수 없는 행위를 실연해보도록 하며, 가족이 행할 필요가 있는 분야를 개발시키기 위해 과제를 준다. 이는 매일 야단을 치는 대신에 유능한 교육자 역할을 하게 하여 기능적 상호교류 유형을 발전시키는 것이다. 예를 들어 하루에 한번씩 가족들에게 칭찬하는 말하기를 하도록 과제를 주는 것이다.

⑤ 증상 활용

역기능적 가족을 가장 빠르게 변화시키는 길은 현재 환자의 증상을 다루는 것이다. 증상 활용 방법에는 증상에 초점, 증상을 강화, 증상을 의도적으로 등한시, 새 증상으로 관심의 초점을 돌림, 증상에 새로운 명칭을 붙이는 것 등이 있다.

⑥ 재구성(reframing)

재구성은 부정적인 행동에도 긍정적인 암시를 부여하는 것이다. 재구성은 대인관계의 중요한 기술로써 모든 행위에는 긍정적인 면과 부정적인 면이 있기 때문에 행위를 수용하게 될 때 그 문제행동은 감소할 수 있다.

⑦ 지지, 교육, 안내

치료자는 가족원들이 상호간에 어떻게 순응해야 하는지 가르친다. 부모들이 자녀들에게 어떻게 개별적으로 반응해야 하는지, 각 가족성원들이 외부세계에 어떻게 적응하는지를 가르쳐야 한다.

⑧ 균형 깨뜨리기(unbalancing)

가족 내의 하위 체계들 간의 역기능적인 균형을 깨뜨리기 위한 기법이다.

2) 보웬(Bowen)의 체계적 가족치료

머레이 보웬(Bowen, M., 1978)의 가족치료는 가족치료에 관한 여러 접근 중에서 인간의 행동과 문제에 대해 가장 포괄적인 관점을 가진다. 그는 가족을 정서적 체계로 보고 정서적 체계로서의 가족은 세대를 초월하는 것으로 간주했다. 또한 가족원의 마음과 생각까지 깊이 보려고 하였으며 가족의 생활을 형성하고 계속하게 하는 가족상황을 보다 넓게 보려고 했다(Nichols &Schwartz, 2001).

보웬 이론의 다세대간 직선적 인과율은 직선적 인과율을 중시하는 전통적인 정신분석 영역과 순환적 인과율을 중시하는 체계이론의 절충이라고 볼 수 있다. 1950년대 초부터 영향력을 발휘한 보웬의 가족치료는 항상 방법보다는 방향에, 기법보다는 이론에 치중하였기 때문에 가족체계이론 중에서 가장 체계적이고 영향력 있는 이론으로 주목받고 있으며, 가족치료의 거장으로 평가받고 있다(성정현 외, 2004).

(1) 주요개념

보웬은 융합과 분화, 개별성과 집합성이 가족체계에서 어떻게 작용하는가에 대한 상호연관성을 8개의 개념으로 설명하고 있다(Bowen in Guerin, 1976).

① 자아분화체계의 구성(differentiation of self)

보웬는 자신과 타인을 구분하고 정서적 과정과 지적과정의 구분능력을 자아분화로 규정하고 자아분화 정도를 척도로 구분해서 0~100이라는 연속선상에서 설명하였다(Hall, C. Margret, 1991). 분화란 자극에 대하여 어느 정도로 감정을 조절할 수 있는가와 관련된 개념으로서 내적으로 자유로워지고 만족스러운 인간관계를 위해 일생동안 추구해야 하는 과제다.

- 가장 낮은 자아분화 수준(0~25) : 자아개념 발달이 미약하고 미분화된 자족자아 상태에 융합(fusion)되어 있어 긴장이나 불안, 스트레스 상황에서 사고기능이 감정기능에 의해 지배당하며 다른 사람에게 상처받기 쉽다. 가족체계에 문제가 발생하면 신체적·정신적 질병과 역기능을 유발하여 적응력이 떨어진다.
- 낮은 자아분화 수준(25~50) : 불안이 낮은 수준에서는 기능적으로 다른 사람에 대한 정서적 반응을 중심으로 한 생활을 하지만 목표를 향해 행동할 수 있다. 그러나 목표행동은 주로 보상이나 칭찬, 수용을 받기 위한 행동이다.
- 보통 자아분화 수준(50~75) : 지성과 정서가 적당하게 분화되어 자율적이며 독립적 의사결정을 하고 정서가 비교적 안정되어 있어 친밀한 관계를 유지하고 목표지향적인 활동을 한다. 때로는 역기능 현상을 보일 수 있으나 회복이 빠르다.

- 높은 자아분화 수준(75~100) : 사고와 감정의 분화 그리고 높은 수준의 독립성을 유지한다. 어릴 때부터 부모에게서 독립된 개체로 존재가 인정되고 분리되었으며 자신의 가치관과 신념이 뚜렷하다. 적절한 현실감과 이상에 대한 예민한 감각을 가지고 있어 타인의 관점을 존중하면서 타인의 반응에 크게 좌우되지 않고 자신과 타인에 대한 기대가 현실적이다.

② 삼각관계(triangles)

보웬은 가족구조 안에서 두 사람 간의 스트레스를 해결하는 방법은 가족의 다른 구성원을 두 사람의 상호작용 체계로 끌어들여 안정을 추구하는 삼각관계를 형성한다고 보았다. 예를 들면 부부갈등의 심할수록 한 자녀를 부부의 불안한 정서관계에 끌어들여서 희생양의 역할을 하게 하는 것을 의미한다. 그러나 삼각관계는 긴장완화 효과는 있지만 두 사람 사이의 문제해결을 방해한다. 가족의 분화가 낮을수록 삼각관계 형성이 빈번하고 반복적으로 발생한다.

③ 핵가족의 정서체계(nuclear family emotional system)

불안을 해결하기 위해 배우자들이 사용하는 4가지 관계형태를 말한다. 핵가족의 정서체계는 핵가족체계의 형태에 대한 개념이다. 원가족과의 관계에서 분화가 잘 되지 않는 경우 부모와 정서적으로 단절하는 반면 부부관계에서 융합을 형성하려는 경향이 있다. 결혼 이전에 분화수준이 낮을수록 배우자에 대한 융합이 강할 수 있다. 새로운 융합이 불완전할 때 다음과 같은 증상이 하나 혹은 그 이상 발생할 수 있다. 첫째 정서적 거리감으로 서로 무시하거나 갈등적 주제에 대한 논의를 피한다. 둘째 병약한 경우 한 배우자에게 신체적 혹은 정서적 역기능이 발생한다. 셋째 공공연한 부부갈등으로 극히 격렬한 논쟁을 일으킨다. 넷째 문제를 한 자녀 이상으로 투사하여 자녀를 삼각관계에 끌어들이고 증상이 나타나게 한다.

④ 가족투사과정(family projection process)

분화수준이 낮은 가정에서 미분화된 부모가 자녀를 삼각관계에 끌어들여 미분화를 자녀에게 전달하는 과정으로서 한 자녀 이상에게서 장애가 나타난다. 예를 들어 원가족으로부터 정서적으로 단절된 남편이 아내에게 냉정한 방식으로 관계하고, 아내는 남편과 거리감을 가지며 자녀에게 강도 높게 정서적 에너지를 쏟는 경우를 말한다. 대부분 투사대상이 된 자녀는 부모에게 가장 많은 애착을 지니며 자아분화 수준이 낮은 사람이 된다.

⑤ 다세대 정서 전달과정(multigenerational transmission process)

가족투사과정은 핵가족에게 한정되는 것이 아니라 확대가족, 다세대가족에게도 적용되어 정서적인 문제가 개인 및 가족까지 영향을 미칠 뿐 아니라 핵가족을 넘어서 여러 세대에까지 영향을 미친다. IP(Identified Patient=Client)는 그의 부모의 관계성의 결과이고, 또 조부모의 관계성의 결과로 수세대로 거슬러 이어지는 것으로 보았다. 보웬은 정신분열증의 발병에는 보통 3세대 이상에 걸친 다세대 전달과정을 필요로 하므로, 최소한 3세대의 상호관계성을 파악하는 것이 치료의 지름길임을 강조했다.

⑥ 정서적 단절(emotional cut off)

정서적으로 융합된 가족 내에서 구성원들이 서로 거리를 두는 극단적인 행태를 말한다. 부모와의 정서적 융합의 정도가 강할수록 그 자녀는 기본적 분화수준이 낮으며, 성인이 된 후에도 분화수준이 낮아 부모로부터 분리될 수 없는 강한 애착심을 가진다. 부모로부터 신체적으로 떨어져 사는 행동 또는 부모와 정서적으로 어떤 사항을 의논하는 것을 회피하는 행동, 자신의 긴장과 문제가 부모 탓으로 간주하는 것 등이다.

⑦ 출생순위(sibling position)

가족 내 형제 순위를 기초로 자녀들의 성격이 일관되게 발달한다고 보고, 형제 순위별 성격 특성에 대해 가족의 투사과정이나 자아분화 개념을 적용하여 설명하였다. 이 개념을 사용하여 가족의 정서적 체계에 대한 구체적 지식을 얻음으로써 어떤 자녀가 가족 내 정서적 과정에 어떻게 작용할 것인지, 그리고 자녀세대의 결혼적응 패턴과 가족생활 패턴이 어떠할지, 상담을 통해 그들의 반응을 예측할 수 있다. 만일 장남이나 장녀가 막내처럼 기능한다면 삼각관계에 속한 자녀임을 증명해 주는 것이다.

⑧ 사회적 퇴행(societal regression)

사회적 불안이 증가되면 가족의 정서적 역동성의 원칙이 사회로 확대시킨 것이다. 이는 하나의 배경이 모든 가족에게 영향을 미치는 것처럼 사회의 정서적 과정이 가족 내의 정서적 과정에 영향을 준다는 것이다. 즉 가족체계와 마찬가지로 사회도 불안이 증가하면 역기능을 나타내며, 하위집단끼리 융합하기 시작하여 폭력과 불신, 성차별주의, 편견, 비행과 범죄율 증가와 같은 역기능현상이 나타난다.

(2) 치료목표 및 과정

① 목표

가족 내 문제의 핵심은 불안과 정서적 융합으로 간주하고 일차적 치료 목표를 불안을 감소시키고 자아분화 수준의 향상을 통해 적응력을 높이는데 둔다(Daniel, V., 1990). 따라서 자아분화는 치료목표인 동시에 성장목표이기 때문에 분화되지 않은 가족자아 집합체에서 자신을 분리 독립시켜 정체감을 형성하고 가족체계의 개방, 탈삼각관계, 자기 충동적 억제, 정서적 사고와 행동에서 자율성과 성장을 획득해 나갈 수 있도록 돕는 것이 치료의 목표이다.

② 과정

보웬은 치료자의 역할을 가족이 기능하는 방법을 탐색하도록 돕는 자로서 코치라는 말을 즐겨 사용하였다(Goldenberg &Goldenberg, 장혁표 외 역, 1992).

전형적 가족치료 방법은 두 성인과 치료자로 구성된 체계로 시작한다. 증상을 가진 사람이 아동이라고 해도 근본적 문제는 가족의 정서체계에 있음을 부모들이 이해하고 수용하기를 바란다. 질책이나 해결보다는 각 성원 자신이 관계 문제에서 어떤 역할을 하는지에 초점을 두도록 한다. 이런 치료과정에서 두 성인과 치료자와의 삼각관계 상황을 지속시키면서 치료를 계속하는 것이 그의 중요한 치료기법이다.

구에린(Guerin, 1976)은 치료과정을 다음의 3단계로 설명하고 있다. 첫째 다세대 체계 맥락 안에서 현재 문제를 파악하기 위한 정확한 가계도 작성, 둘째 불안과 정서적 불안 수준을 감소시키는 중요한 가족원과의 접촉, 셋째 증상을 보이는 삼각관계와 중요한 연동적 삼각관계를 탐색하는 것이다.

(3) 치료적 기법

① 가계도

보웬은 다세대 가족체계에 관한 중요한 자료수집과 자료의 조직, 치료과정에서 관계과정과 중요한 삼각관계를 추적하기 위해 가족도표(family diagram)를 사용하였으며, 1972년부터는 가계도(genogram)로 명칭을 변경하였다. 가계도는 단순한 핵가족에 대한 간결한 도식적 설명 이상으로, 각 배우자 원가족의 정서적 형태를 제공함으로써 확대가족간의 융합 정도에 대한 정보를 주기도 한다.

② 삼각관계로부터 분화

보웬은 가능하다면 부부를 면담하여 치료자가 부부에게 합류할 때 치료적 삼각관계(the therapy triangle)가 형성된다고 보았다. 성공적인 치료를 위해서 치료자가 가족이 형성하는 삼각관계에 말려들지 않고 부부와 의미 있는 관계를 맺어야 하며, 치료자의 분화수준이 높을수록 치료자는 정서적 균형을 유지할 수 있다.

③ 관계경험

관계경험(relationship experiments)은 핵심적인 삼각관계를 구조적으로 변화키기 위한 것이다. 궁극적인 목적은 가족성원들이 체계과정을 알도록 하며, 체계과정에서 자신의 역할을 인식하도록 돕는 것이다. 이러한 관계경험은 정서적으로 가까워지기를 추구하는 사람과 냉담한 사람들을 치료하기 위해 만든 것이다.

④ 코칭

코칭(coaching)은 치료자가 내담자에게 개방적이고 직접적으로 접근하여 가족문제에 대처하도록 돕는 것으로, 가족의 정서적 과정들과 그 안에서 자신의 역할을 명확하게 알도록 돕기 위하여 질문을 하는 것을 의미한다. 코칭의 목표는 자기이해를 증진시키고, 가족원간에 더 기능적인 애정관계를 발전시키는 것이다.

⑤ 자기 입장을 취하도록 함

'당신이 게으르다'고 말하는 것과 '나는 당신이 나를 더 많이 돕기를 원 한다'라고 말하는 것의 차이이다. 나-입장(the I-position)기법은 자신의 현재 감정 상태를 표현한다.

⑥ 다양한 가족치료

보웬은 부부들에게 접근할 때 먼저 한 사람에게 관심을 두고 다음 사람에게 옮기는 방식을 취하며, 그들 간의 상호작용을 최소화한다.

⑦ 치환이야기

치환이야기(displacement stories)는 비슷한 문제를 가진 다른 가족의 예를 들어 이야기를 들려주거나, 내담자에게 치료 장면을 녹화한 비디오테이프를 보여줌으로써 내담자로 하여금 자신이 문제발생에 기여한 것을 통찰하도록 한다. 또한 영화 등의 자료를 사용하여 개인과 가족을 교육하는 것이다(Guerin, 1971).

3) 사티어(Satir)의 의사소통 가족치료

버지니아 사티어(Satir, V., 1972)의 주요관심은 심리분석에 근거를 둔 자기개념과 자아존중, 가치체계와 자기확신, 신념 및 철학을 중요시하였다. 특히 자아존중감에 관심을 갖고 개인의 인간성에 깊은 관심을 기울였다(Goldenberg & Goldenberg, 1985).

그는 가족체계 내에서 가족구성원들이 자신과 다른 가족 구성원들에 대하여 어떻게 느끼고, 어떻게 반응하는가 등 정서적 수준과 감정적 수준에 관심을 두었으며, 인간의 잠재능력에도 많은 관심을 가졌다(Bodin, 1981).

(1) 주요개념

사티어의 성장모델에서는 주요개념으로 자기존중과 자기가치, 가족규칙, 의사소통 등을 설명하고 있다(송성자, 정문자, 1994).

① 자아존중과 자아가치

자아존중이나 자아가치는 자신에게 가지는 애착, 사랑, 신뢰, 존중 같은 것이다. 사티어는 자아존중감을 인간의 기본욕구로 간주하고, 에너지 개념으로 설명하였으며, 자아존중감을 높이기 위한 치료기법을 개발하였다. 가족치료의 궁극적인 목적은 가족성원들의 자아존중감을 높이는 것이라고 볼 수 있다.

② 가족규칙

사티어는 고통의 원인을 나쁜 사람에게서 찾지 않고 나쁜 규칙에서 찾았는데, 이것은 가족성원들이 상호간에 어려움을 당하는 것은 융통성 없는 가족규칙이라 생각하기 때문이다. 치료적 접근에 있어서도 행동을 규제하고 행동의 지침이 되며 가족구성원간의 상호작용에 영향력이 큰 가족규칙을 변화매개 체계로서 접근하였다.

③ 의사소통 유형

사티어는 의사소통을 정보를 주고받는 과정으로서 언어적 · 비언어적 의사소통 과정을 중시하였다. 역기능적 의사소통은 낮은 자존감과 불균형적인 상태에서 생존유형으로 나타난다고 보고 가족 내 역기능적 의사소통 방식을 회유형, 비난형, 초 이성형, 산만형, 일치형 등으로 분류하였다(송성자, 정문자, 1994).

- 회유형(Placate) : 우리가 생존에 위협을 느낄 때 반응하는 유형 중의 하나로서 표면적으로 아주 약하고 의존적이며 무조건 순종하는 것 같지만 자신의 진정한 감정을 존중하지 않으며, 자신의 보호를 위해 욕구를 숨긴다.
- 비난형(Blame) : 비난형은 회유형과 정반대 유형으로서 자기 주장이 강하고 독선적이고 명령적이고 불일치적 의사소통을 사용하며, 지시적이다. 다른 사람들은 무시하고 오로지 자신만을 생각하는 사람이다. 자신을 방어하기 위해 다른 사람을 괴롭히고 비난하며, 자신과 상황에만 가치를 둔다.

- 초이성형(Super-reasonable) : 초이성형은 객관성과 논리성의 소유자이며, 자신과 다른 사람을 과소평가하고 상황만을 중시하여 기능적인 데 관심이 있고 대체로 자료와 논리를 중요시 한다. 특히 자신과 다른 사람의 감정을 거부하며, 어떤 감정도 내보이지 않으며 매우 정확, 이성적, 냉정, 차분, 침착, 항상 객관적, 합리적인 의사소통 패턴을 선택한다. 대인관계에서 초이성형의 사람들은 융통성이 없고 원칙 중심이고 재미가 없으며 강박적이다.
- 산만형(Irrelerant) : 초이성형의 정반대 유형으로서 버릇없는 잦은 행동으로 인해 혼란스럽고, 끊임없이 움직이며 토론주제로부터 다른 사람들의 관심을 분산시키려 한다. 생각이나 주제를 자주 바꾸고 특정주제에 집중 못하고, 자신과 다른 사람의 상황 모두를 중요하게 생각지 않는다. 난처할 때는 농담, 딴전 피우며 횡설수설, 행동은 분주하고 산만하며, 눈 깜박임, 다리 흔들기, 머리카락 만지기 등으로 내면의 약점을 숨기고 거부당함을 방어하고자 한다.
- 일치형(Congruent) : 사티어 모델의 주된 개념으로서 자신과 타인, 상황 모두를 존중하고 신뢰한다. 자신의 내적, 외적 자원들을 사용하며 대화가 개방적이며, 자신과 타인을 사랑하고, 변화에 대해 융통성을 갖고 있다.

④ 정상 가족과 역기능 가족

사티어는 정상적인 가족이라도 심한 고통에 직면하면 역기능 가족으로 발전하기 쉬우며, 역기능 가족에게 기능적 가족이 되도록 행동패턴의 변화를 도와주는 것이 가족치료라 하였다.

첫째, 정상 가족은 건강한 가족으로서 가족 규칙에 융통성, 문제의 건설적 해결, 가족 구성원들이 서로를 양육, 관심과 온정 부드러움의 경험, 감정이입적, 서로 신뢰하며 솔직하며, 가족간의 대화가 직접적이고 개별성을 인정하는 것으로 보았다.

둘째, 역기능 가족은 구성원들에게 나타나는 의사소통 유형은 언어적 메시지와 비언어적 메시지가 일치하지 않는 이중 메시지 전달, 가족 구성원들은 서로 경계하거나 적대적이며, 구성원들의 행동과 견해에 융통성이 없고, 가족체계 안에서 가족규칙이 일관성이 없을 뿐만 아니라 가족 구성원간에 힘의 구조가 수시로 변경되며, 가족 구성원에게 무관심하거나 대화가 없는 가족을 말한다.

(2) 치료목표 및 과정

① 목표

사티어의 성장 의사소통 치료는 자아존중감을 높이고 자기 인생에 대한 선택권을 스스로 갖도록 돕는 개인의 성장에 목표를 두었다(김유숙, 2002). 치료자는 개인의 자아성취와 가족 강화를 위한 치료목표를 다음과 같이 세울 수 있다. 첫째 내담자의 자존감을 높인다. 둘째 내담자 자신이 선택권자가 될 수 있도록 돕는다. 셋째 내담자가 책임감을 갖도록 돕는다. 넷째 내담자가 일치형의 사람이 되도록 돕는다.

② 과정

치료 전의 준비는 내담자와 치료자 간의 두려움을 줄이고 서로의 경험을 나눌 수 있게 한다. 그것은 내담자들을 변화시키려는 열망보다는 그들을 기꺼이 이해하고 수용하려는 자세이다. 치료자의 이해와 수용은 내담자가 자신을 더 깊이 경험하고 이해할 수 있도록 도와준다. 치료자들은 가족들의 반응에 주의를 기울여야 하며, 보나 나은 관계 구축방법을 탐색하도록 도와준다.

치료자는 적극적이어야 한다. 또한 치료자는 가족 구성원들이 비판적이지 않은 방법으로 서로 관계하는 방법을 탐색할 수 있도록 그들의 경험과 실제적인 기술들을 제공하고, 가족 구성원들의 꿈과 열망을 성취할 수 있도록 돕는다.

사티어 모델에서 치료적 진단은 가족 구성원간에 일어나고 있는 상호과정에 초점을 두고 가족규칙과 대화패턴 대처방식 뒤에 숨겨져 있는 감정과 개인의 느낌, 기대, 열망, 자아, 생명력 등을 빙산의 탐색과정을 통하여 사정 및 개입한다.

빙산탐색은 과거의 역기능적 대화패턴을 일치형의 패턴으로 바꾸게 하며 건강한 가족관계를 만들 수 있게 한다.

(3) 치료적 개입

사티어는 가족의 의사소통 유형, 항상성, 자기존중, 가족규칙 등을 중시하였으며 치료 목표의 달성을 위해 여러 가지 기법들을 활용하였다(송성자, 정문자, 1994).

① 가족재구조화(family reconstruction)

가족재구조화 과정은 내담자의 어린시절 한 부분을 선택하여 재연하고 그것을 통하여 새로운 정보로부터 자신에 대한 다른 감정과 시각을 가지도록 재구조화하여 건강한 가족과 기능적인 인간으로 형성되게 도움을 준다.

② 재정의

특정한 상황에 새로운 의미를 주는 언어사용으로 사물에 대한 의미변화는 행동변화에 가능성을 주는 것을 전제로 한다. 힘들고 어려운 상황 때문에 자포자기하려는 내담자에게 현재의 고통은 미래의 성장과 발전을 위한 밑거름이 된다는 새로운 시야를 가질 수 있도록 도우면 내담자는 긍정적인 기대감으로 희망을 갖게 된다.

③ 가족조각(family sculpture)

어느 시점을 선택하여 그 시점에서의 인간관계, 타인에 대한 느낌과 감정을 동작과 공간을 사용하여 표현하는 비언어적 기법이다. 특정시기의 어려웠던 사건을 선정하고, 정서적 가족관계에는 언어를 사용 하지 않고 신체적으로 상징화하기 위해 사람이나 대상물을 배열한다. 이 기법을 통해서 가족의 의사소통 유형이나 경계선, 규칙, 소속감, 가족체계의 융통성 정도를 파악 할 수 있다. 가족조각을 할 때에는 먼저 가족 구성원들이 어떤 대화의 유형을 갖고 있는지 찾아야 한다(김영화, 이진숙, 이옥희, 2006).

④ 원가족 도표(family of origin map)

가족의 역동성과 가족관계를 쉽게 이해하고 평가하게 한다. 가족 구성원의 성격, 자존감 정도, 의사소통 대처방식, 가족 역동성, 사회의 연계성 수준, 세대 간의 유사점과 차이점 등을 파악할 수 있다.

⑤ 원가족 학습 삼인군(learning trianggle)

학습 삼인군은 3명이 한 팀이 되어 학습과 활동을 통하여 자기성장을 도모하는 학습군을 말한다. 이 치료의 궁극적 목적은 내담자가 원가족 삼인군에서 학습한 역기능적 대처방법에 집착하는 것에서 벗어나 독자적인 개별성을 갖도록 돕는 데 있다.

⑥ 역할극

치료자는 역할 참여자들과 함께 클라이언트가 겪었던 여러 어려운 삶의 상황들을 재연하여 클라이언트에게 새로운 시각을 경험할 수 있게 한다.

⑦ 비유

비유는 주제나 생각을 유사한 다른 상황과 연결시켜 표현하는 것이다. 개인의 내적인 과정을 표출해 내는 비유적인 방법으로 빙산기법을 사용할 수 있다. 빙산기법이란 사람들 대부분의 경험은 물 위에 떠있는 빙산 아래 숨겨져 있는 내면에서 이루어지기 때문에 표면적인 경험뿐만 아니라 잠재되어 있는 내적 과정도 다루어야 한다는 것이다.

3) 해일리(Haley)의 전략적 가족치료(Strategic Family Therapy)

전략적 치료는 원래 Haley(1973)가 Milton Erickson의 관점과 개입방법을 전략적치료라고 명명한 데서 비롯되었으며 Erickson의 전략적 접근을 사용하여 제시된 문제를 해결하는 특성을 갖는다. 전략적 가족치료는 여러 가지 형태가 있지만, 기본적으로 치료자가 가족의 문제를 해결하기 위한 전략을 고안하는 데 주안점을 둔다. 가족치료자는 인간의 행동이 왜 일어났는지 에는 관심이 없으며, 단지 행동의 변화에만 관심을 가진다(Nichols, 1984). 공통적으로 이 접근들은 문제의 지속과 유지에 관하여 체계이론에 근거한 순환적인 관점을 지니며 변화를 위해서 전략적이고 계획된 목표를 가진다. 그리고 저항을 극복하고 가능한 단기에 종결하기 위해 고안된 창의적인 개입방법으로 치료를 이끌어 나간다. 또한 이 접근들은 문제 해결에 초점을 두며 개별 가족원의 정신 내적 과정에 대해 거의 고려하지 않는다.

전략적 접근은 구체적인 이론과 기법 면에서 다양하지만 공통적으로 가족의 과거사를 중요시하지 않고, 현재 상황에서 증상을 이용하는 문제 중심적이며 행동적 연쇄를 변화시키는 실용적인 면을 가진다.

(1)주요개념

전략적 가족치료자는 문제의 원인보다는 무엇이 그 문제를 지속시키는가에 관심을 갖는다. 치료자는 문제를 지속시키는 행동을 발견하고 수정하려고 노력하는데, 이것은 문제를 지속시키는 행동이 변화될 때 그 문제는 해결될 것이라고 생각하기 때문이다.
다시 말하면 이론보다는 기법에 많은 관심이 있으며, 이론은 상당히 간단하며 실제적이다.

(2) 치료목표 및 과정

① 치료 목표

기본적인 치료목적은 가족의 위계질서를 혼란시키고 불명확하게 만드는 역기능적 상호작용의 연쇄과정을 변화시켜 가족 내에 단일 위계질서를 회복시킴으로써 가족조직의 변화를 일으키고, 이를 통하여 환자의 당면문제를 해결하는 데 있다.

② 치료 과정

첫째, 문제규정단계로서 첫 면접에서부터 가족의 상호작용 연쇄과정을 관찰하여 문제를 야기하는 가족의 위계질서를 파악하며, 문제를 직접 관찰이 가능하고 해결이 가능한 구체적인 가족 위계질서의 문제로 규정한다.

둘째, 치료전략의 수립 및 개입단계로서 치료전략은 대부분 직설적 지시 또는 역설적 개입으로 구성한다.

셋째, 분리단계로서 개입을 통해 현재 문제와 가족의 역기능적인 상호작용이 변화되면 치료자는 가족체계에서 분리되어 나온다.

(3) 치료적 기법

전략적 가족치료에서는 증상을 둘러싼 가족맥락에 초점을 두고, 통찰이나 인지변화보다는 변화를 일으키는 것을 강조한다. 대표적 기법은 지시기법과 역설적 개입 등이 있다.

① 지시기법

지시는 해일리의 전략적 치료에서 핵심적 역할을 하는데, 지시를 내리는 목적은 과거와 다른 행동을 하게 하기 위해서, 내담자와 치료자와의 관계를 강화하기 위해서, 치료자의 지시에 대한 내담자의 반응을 관찰하여 원하는 변화가 생겼을 때 가족이 어떻게 반응할지 정보를 취득하는데 있다. 지시방법은 충고, 제안, 코칭 등을 부과하는 직접적지시(straightward directives)와 가족이 자신의 문제를 밝히길 부끄럽게 생각할 때 많이 사용하는 은유적 과제(metaphoric task)가 있다.

② 역설적 과제 (paradoxical task)

직접적 지시나 은유적 지시, 고된 체험기법은 가족이 치료자의 지시를 잘 이행할 수 있도록 원하면서 사용하는 것이지만 역설적 지시는 가족이 치료자의 지시에 저항하도록 하여 변화를 일으키는 기법이다. 치료자는 가족의 변화를 돕기 원한다고 하면서 동시에 그들에게 변화하지 말라고 요구함으로써 가족이 변화하도록 한다.

4) 해결중심 가족치료(Solution-Focused Family Therapy)

해결중심 가족치료 접근법은 1970년대 이후 미국의 단기가족치료센터(Brief Family Therapy Center)에서 스티브 드 셰이저(Steve de Shazer)와 인수 김버그(Insoo Kim Berg) 부부가 중심이 되어 발전시켰다(Berg & Miller, 1992). 이 치료법은 인간의 경험은 사회적 상호작용과 언어에 의해 크게 영향을 받는다고 보는 사회 구성주의 전통에서 그 뿌리를 찾을 수 있다(Gingerich, W., 1999). 이 모델은 문제의 원인을 규명하기보다는 내담자의 자원을 활용하면서 문제 해결 방법에 중점을 둠으로써 상담 목적을 달성하고, 특유의 전제 가치들과 가정들, 철학, 그리고 여러 질문기법들과 치료절차를 지니고 있는 것이 특징이다.

(1) 주요개념

해결 중심 치료는 문제보다는 해결을 중시하는 입장이다. 즉 문제의 형태와 기능보다 과정과 피드백 고리(loops) 그리고 소외되었던 문제 해결책에 초점을 둔다. 이 모델의 기본가치와 철학은 첫째 변화는 알게 모르게 지속적으로 일어나고 불가피하며 연쇄적이다. 둘째 내담자는 진정으로 변화를 원한다. 셋째 내담자는 문제 해결을 위해 필요한 것을 가지고 있고 알고 있다. 넷째 치료자 역할은 내담자가 가진 것들을 활용하여 해결을 시작하도록 돕는 것이다. 다섯째 치료자는 내담자의 목표 성취를 돕기 위하여 내담자의 자원을 신뢰하고 사용한다. 여섯째 문제의 원인이나 성질을 파악하는 것보다 해결책을 아는 것이 더 유용하다. 일곱째 내담자에게 과거에 성공했던 해결 방안을 생각하게 하면 효과가 없는 것에 집착하던 사고방식을 바꿀 수 있다. 마지막으로 내담자가 문제시하지 않는 것은 다룰 필요가 없다.

치료자가 내담자와의 관계 형성에서 내담자의 상태를 이해하고 접근하는 것이 치료 효과를 좌우한다고 하였는데 치료자와 내담자의 관계유형을 살펴보면 다음과 같다(De Shazer, 1985).

① 불평형 관계(complainant type relationship)

주로 문제 중심적으로 이야기하며, 다른 가족원을 비난하고 불평한다. 예를 들면 문제가 자신에게 있는 것이 아니라 부모, 배우자, 자녀, 고용주들에게 문제가 있다고 불평한다. 또한 자신이 해결의 실마리라고 보지 않고 다른 사람이 변화함으로써 해결된다고 생각한다.

② 방문형 관계(visitor type relation)

방문형은 일반적으로 법원, 보호관찰소, 학교, 가족에 의해 온 비자발적 내담자로서 이들은 자신의 문제를 인정하지 않고 상담받을 문제가 없다거나 또는 다른 사람에게 문제가 있다고 생각한다.

③ 고객형 관계 customer type relationship)

고객형 내담자는 문제를 시인하고 문제 해결을 위해 도움을 요청하며, 해결책을 찾거나 목표를 달성할 수 있는 능력이 자신에게 있는 것을 확인하게 된다. 상담의 중간이나 끝 부분에 치료자와 내담자가 일치된 기대를 가질 때 형성된다. 이 유형은 매우 긍정적이고 협력적인 치료관계로 되기 쉽다.

(2) 치료 목표 및 과정

① 목표

내담자와 치료자는 서로 문제 해결을 위해 만나는 관계이므로 관계의 형성과 종결을 잘 하기 위해서는 구체적이고 명확한 목표 설정이 필요하다. 치료

목표를 잘 설정하는 것은 효과적이고 성공적인 치료의 기본이 된다.

- 내담자에게 중요한 것을 목표로 정한다.
- 큰 것이 아닌 작고 간단한 행동을 목표로 정한다.
- 문제의 제거나 소멸이 아닌 성공의 긍정적 지표를 목표로 정한다.
- 목표를 최종결과가 아닌 처음의 시작이나 신호에 둔다.
- 목표를 구체적이고 측정할 수 있는 행동에 둔다.
- 내담자의 생활에서 현실적이면서 성취 가능한 것을 목표로 정한다.
- 목표달성은 힘들고 어려운 일이라고 인식한다.

② 과정

- 면접 전 질문(pre-session question)

내담가 상담을 예약한 후 현재 이곳에 오기까지 달라진 것이 무엇인지 질문한다.

- 기적질문(miracle question)

기적질문은 문제가 해결된 상황을 상상해 보고, 해결하기 원하는 것들을 구체적이고 명확하게 확인함으로써 치료 목표를 설정하는 데 도움이 된다.

- 예외 발견 질문(exception question)

성공했던 경험과 현재 잘 하고 있는 것을 발견하는 질문으로서 문제가 일어나지 않았던 때에 관한 질문을 한다. 기적질문은 치료 목표와 관련 되지만 예외를 발견하는 질문은 목표에 도달하기 위한 과정 및 방법과 관련된다.

- 척도질문(scale question)

내담자가 치료자에게 정보를 제공하고 치료자가 내담자의 변화과정을 확인하고 격려하며 강화하기 위해 척도질문이 고안되었다.

• 대처질문(coping question)

대처 및 극복질문은 내담자가 지금까지 어떤 상황 속에서 어떻게 대처해 왔는지 질문한다. 치료자는 내담자가 힘든 상황에서도 실시한 일들이 문제해결에 도움이 된 것을 칭찬, 격려하여 내담자의 능력을 확인하게 한다.

5) 정신분석적 가족치료(Psychoanalytic Family Therapy)

정신분석적 가족치료는 본능적 욕구의 무의식적 변화에 초점을 두던 것에서 점차적으로 가족의 현실과 사회적 상호작용에 더 많은 관심을 기울이는 이론적 변화를 보여 왔다(김영화, 2003). 특히 1980년대에 들어서면서 정신분석학 분야에서 대상관계이론(object relations theory)에 대한 관심이 높아졌으며, 가족치료 분야에서도 개인심리에 대하여 새로운 관심을 갖게 되면서 정신분석적 가족치료가 관심을 끌게 되었다.

이것은 가족구성원을 무의식의 제약으로부터 벗어나게 하여 과거의 무의식적 이미지보다는 현실에 기초하여 가족이 건강한 개인으로서 서로 상호작용할 수 있도록 돕는 것으로서 유기체적인 전제로서의 가족을 돕기보다는 개인이 성장하고 성숙하도록 돕는 것을 우선하였기 때문에 치료자는 누구에게 도움의 초점을 둘 것인가를 결정해야 한다. 치료자는 치료를 매우 천천히 진행하면서 먼저 가족이 치료자에 대하여 신뢰감을 가질 수 있는 분위기를 조성하려고 노력하고 이런 신뢰감을 바탕으로 문제를 해결하려고 시도하여야 한다.

클라인(Klein), 건트립(Guntrip), 페어베언(Fairbairn), 위니콧(Winnicott) 등에 의해 제기된 대상관계이론은 정신분석과 가족치료를 연결해 주는 교량역활을 하지만 정신분석 가족치료는 정신분석과 체계론적 관점의 통합이라기 보다는 절충적인 혼합으로 볼 수 있다(Nichols & Schwartz, 2004).

(1) 주요개념

프로이트(Freud)는 개인의 역동성을 이해하는 도구로 어린 시절 가족의 관계에 관심을 가졌다. 그러나 그의 관심은 가족 자체가 아니라 가족 환경이 환자의 본능적 표현을 어떻게 발전시켰는지에 있다. 예를 들어 갈등은 불안과 우울과 같은 불유쾌한 정서에 의해 표현된다. 불안은 특정한 욕구에 따라 행동하게 되면 처벌받을 것이라는 무의식적인 생각과 연합한 유쾌하지 않은 것 이다. 이와 같이 프로이트는 가족을 개인이 자신의 성격을 발달시키는 매개체로 간주하였다.

애커만(Ackerman)은 각 개인이 나타내는 행동의 역동심리과정을 가족의 역동심리 과정에 접목시키려고 하였다. 그는 각 개인의 임상적 진단과 치료를 가족의 진단과 치료라는 넓은 틀 속에서 가족을 하나의 심리적, 사회적 유기체로 파악하였다. 또한 인간은 누구나 사회, 가족으로부터 기대되는 역할에 부응하려고 노력하여 자기의 정신 내의 역동적 균형을 유지하며 내적 자아실현을 시도한다는 역할이론을 강조하였다.

맥락적 가족치료라고도 불리는 보조메니 내이기(Boszormenyi-Nagy)의 가족치료에서는 가족 내의 윤리적 책임을 강조했다. 그는 인간이 관계하는 것에는 생물학적, 역사적인 사실과 정서적, 인지적 요인을 포함한 개인 심리, 체계간의 상호 교류, 주고받는 것의 균형인 관계 윤리에 의해서 이루어진다고 보았다. 따라서 건설적인 관계는 두 사람 간의 의무에 균형을 이루고 있다고 주장했다.

(2) 치료목표

정신분석적 가족 치료자의 주된 관심대상은 개인이다. 이들이 추구하는 변화는 개체화 또는 분화라고 하는데 이것은 원가족에서 분리되어 성장하는 것을 강조한다. 따라서 치료목표는 개인을 가족에서 해방시키는 것이라고 볼 수 있다. 즉 가족성원을 무의식적 제약에서 벗어나게 하여 과거의 무의식적 이미지보다는 현실에 기초하여 가족이 건강한 개인으로서 서로 상호작용을 할 수 있도록 돕는 것이다. 그러므로 치료자가 해석을 사용하여 교육적인 반응을 보여주고 방어를 지적해 줌에 따라 가족원들은 무의식적 방어기제에 대해 점점 깨닫게 되고 그것들을 분석하고 의식적으로 통제하는 것을 배울 수 있다.

(3) 치료기법

정신분석적 가족치료는 다른 모델의 치료자들과 비교할 때 상당히 비지시적인 기법을 사용한다. 이들의 기본적인 자세는 방해를 최소화하고 불필요한 개입을 배제하면서 개인의 반응을 살피는 것이다. 정신분석학적 접근에서는 환자가 자유연상을 통해 무의식적인 것을 표면화하도록 하는 것이 가장 이상적이라고 생각하기 때문이다.

애커만(Ackerman)은 가족치료자의 최우선적인 진단과업은 가족원들 내의 감추어진 갈등을 알아내는 데 있다고 설명하였다. 그래서 가정방문을 권고하면서 가족의 상호작용 패턴, 역할 그리고 가정의 성서적 풍토에 관심을 기울여야 한다고 주장하였다.

대부분 정신분석적 가족치료에서는 처리되지 않은 가족의 비밀을 명확히 하는 것이 중요하다. 그러기 위해서 경청, 감정이입, 해석, 분석적 중립성의 유지라는 네 가지 기법을 사용한다. 이러한 기법을 통해서 치료자가 가족의 통찰이나 이해를 적극적으로 도우며, 나아가 가족이 문제에 대하여 무엇을 할 것인지를 생각하도록 촉구한다.

부록

부록 1 미국사회복지사협회 윤리강령

NASW(미국사회복지사협회 윤리강령)

출처: 한국노인복지시설협회(http://www.elder.or.kr)

전문

이 강령은 사회복지 전문직 회원의 일상적인 행동을 안내하고 사회복지사의 행동이 강령에서 암시하거나 표현한 기준에서 벗어났다고 주장될 때, 윤리상의 이슈를 판단하는 기준이 된다. 그것은 도움을 받는 사람들, 동료, 고용주, 다른 개인과 전문가 그리고 지역사회 및 전체 사회와의 전문적 관계에서 사회복지사의 윤리적 행동 기준을 나타낸다. 또한 강령은 행동이 사회복지사로서의 개인적 지위 및 정체감과 관련되는 정도에 따라, 개인의 행동을 관리하는 윤리적 행동기준을 구체화한다.

강령은 모든 사람의 권리와 기회뿐만 아니라 독특성, 존엄, 가치를 포함하는 사회복지 전문직의 기본적 가치를 기반하고 있다. 또한 사회복지 특성에 기반하여 이들 가치를 증진시키는 조건을 육성한다. 강령에 서명하고 준수할 때, 사회복지사는 윤리적 판단이 요구되는 한도와 각 상황이 요구하는 맥락 안에서 윤리적 책임을 바라보아야 한다. 사회복지사는 윤리적 판단이 요구되는 한도와 각 상황이 요구하는 맥락 안에서 윤리적 책임을 바라보아야 한다. 사회복지사는 윤리적 판단을 내려야 하고 전문적 개입 혹은 행동을 계획하는 상황에서 관련 있는 강령의 모든 원칙들을 고려해야 한다. 사회복지사가 선택하는 행동과정은 강령의 문구뿐만 아니라 강령의 정신과도 일치해야 한다.

강령 그 자체는 복잡한 전문적인 생활에서 사회복지사의 모든 행동을 규정한 규칙은 아니다. 그보다는 윤리적 함의를 갖는 상황에서 행동을 안내하는 일반적 원칙과 행동에 대한 현명한 평가를 제공한다. 강령은 행동하기 전 혹은 후에 윤리적 행동에 대한 판단을 내리는 데 기초를 제공한다. 때때로 특정한 상황에 따라 적용될 윤리적 원칙들과 적용방식이 달라진다. 그러할 경우 특정한 윤리적 원칙들을 즉각 고려할 뿐만 아니라, 전체 강령과 정신도 고려해야 한다. 윤리적 원칙의 구체적인 적용은 원칙을 고려하는 맥락 내에서 판단되어야 한다. 주어진 상황에서의 윤리적 행동은 개별 사회복지사의 판단뿐만 아니라 공정한 전문가 동료의 판단도 만족시켜야 한다.

강령은 전문적인 완전성(integrity)에 따라 실천하려는 자유와 기회를 사회복지사로부터 박탈하기 위한 도구로써 사용되어서는 안된다. 또한 침해된 사회복지사의 권리를 보호하기 위한 최대한의 조치가 없다면, 강령에 기초한 어떤 징계적 행동도 고려해서는 안된다. 사회복지사의 윤리적 행동은 명령이 아닌 개인적 헌신으로부터 나온다, 강령은 사회복지사로서 행하는 모든 것에서 윤리적으로 행동하고 윤리적이길 바라는 모든 사회복지사의 열망과 의지를 확고히 한다.

다음에 성문화된 윤리적 원칙들은 사회복지사가 전문직으로 수행하는 다양한 책임 수준, 역할, 관계에서 사회복지사를 지도해야 한다. 이들 원칙들은 윤리적 이슈에 대한 NASW결정의 기초로도 사용된다.

강령에 서명할 때, 사회복지사는 강령에 기초한 훈련규정을 지키고 강령의 실행에 협력할 것을 요구받는다. 그들은 또한 동료가 비윤리적 행동을 하지 않도록 예방하고 바로잡기 위한 적절한 조치를 취해야 한다. 마지막으로 사회복지사는 비윤리적 행동으로 부당한 혐의를 받고 있는 동료를 기꺼이 보호하고 도와야 한다.

NASW윤리강령

I. 사회복지사로서의 행동과 태도

A. 교양: 사회복지사는 사회복지사의 정체성 혹은 능력에서 높은 수준의 개인적 행동을 유지해야 한다.

1. 전문가 책임을 수행할 때를 제외하고 사회복지사의 사적인 행동은 다른 사람과 마찬가지로 개인적 문제이다.
2. 사회복지사는 불명예, 사기, 속임수 혹은 허위진술에 참여하거나 이를 용서해서는 안되고 또한 연루되지 않는다.
3. 사회복지사는 사적인 개인으로서 하는 말·행동을 사회복지 전문직 혹은 조직, 기관의 대표로서 행하는 것과 명확히 구별해야 한다.

B. 능력과 전문성 개발 : 사회복지사는 전문적 실천과 전문적 기능의 수행에서 유능해지기 위해 노력한다.

1. 사회복지사는 현재의 능력에 기초하여 고용 혹은 책임을 수용하거나 필요한 능력을 획득하기 위한 노력을 수용해야 한다.
2. 사회복지사는 전문적 자질, 교육, 경험 혹은 관계 등에 대해 허위 진술을 하지 않는다.
3. 사회복지사는 자신의 개인적 문제, 심리 사회적 고통, 물질 남용 혹은 정신건강 문제가 전문적 판단과 업무 수행을 방해하지 않도록 해야 한다. 혹은 사회복지사가 전문적인 책임을 맡고 있는 사람들의 최고이익을 위태롭게 해서는 안 된다.
4. 전문적 판단과 업무수행을 방해하는 개인적 문제, 심리 사회적 고통, 물질 남용 혹은 정신건강문제를 가진 사회복지사는 즉각 자문을 구한다. 그리고 전문적 도움을 구하고 업무량을 조절하고 실천을 중지하거나 클라이언트와 타인을 보호하기 위해 필요한 조치를 취함으로써 적절한 치료적 행동을 한다.

C. 서비스: 사회복지사는 사회복지 전문직의 서비스 의무를 중요하게 간주해야 한다.

1. 사회복지사는 개인이 맡아 수행하고 있는 서비스의 질과 정도에 궁극적인 책임을 져야 한다.
2. 사회복지사는 특정 사람 혹은 집단에 차별적이거나 비인간적인 실천을 방지하기 위해 행동해야 한다.

D. 완전성(integrity): 높은 수준의 전문적 완전성과 공평성에 따라 행동해야 한다.
  1. 사회복지사는 전문적 기능 수행에서 수행한 전문적 선택과 공정한 판단을 방해하는 영향, 압력들을 경계하고 저항해야 한다.
  2. 사회복지사는 개인적 이득을 위해 전문적 관계를 이용하지 말아야 한다.

E. 학문과 연구: 사회복지사가 참여한 연구와 조사는 학문 연구회의 지도를 받아야 한다.
  1. 조사에 참여한 사회복지사는 조사가 인간에 미치는 가능한 결과를 주의 깊게 고려해야 한다.
  2. 조사에 참여한 사회복지사는 조사 참여자들의 합의가 자발적인가 그리고 그것을 알고 있는가, 참여를 거절한 것에 대한 암묵적인 제재 혹은 박탈은 없는가, 참여자의 사생활과 권위가 적절히 고려되는가를 확인한다.
  3. 조사에 참여한 사회복지사는 보증되지 않는 신체적 혹은 정신적 불편, 고통, 피해, 위험 혹은 박탈로부터 참여자를 보호해야 한다.
  4. 서비스 혹은 사례 평가에 참여한 사회복지사는 전문적인 목적을 위해, 그것과 직접적·전문적으로 관련된 사람들과 서비스, 사례에 대해 토의해야 한다.
  5. 조사 참여자들로부터 얻은 정보는 비밀이 유지되어야 한다.
  6. 사회복지사는 학문·조사 노력의 연구를 믿고 타인의 공헌에 대해서도 신뢰해야 한다.

II. 사회복지사가 갖는 클라이언트에 대한 윤리적 책임

F. 클라이언트의 이익 우선: 사회복지사의 우선적 책임은 클라이언트에 대한 것이다.
  1. 사회복지사는 헌신, 충성, 결정, 전문적 기술과 자질을 최대한 사용하여 클라이언트를 도와야 한다.
  2. 사회복지사는 개인적 이익을 위해 클라이언트와의 관계를 이용하지 말아야 한다.
  3. 사회복지사는 인종, 피부색, 성(sex), 성적 정향, 연령, 종교, 국적, 결혼 상태, 정치적 믿음, 정신적 혹은 신체적 장애, 선호, 개인적 특징, 조건 혹은 지위에 기반한 어떤 형태의 차별에 협조, 용서하거나 이에 따라 실천하지 않는다.
  4. 사회복지사는 클라이언트 이익에 반하는 관계 혹은 약속을 피해야 한다.
  5. 사회복지사는 어떤 상황에서도 클라이언트와 성적 관계나 행동을 해서는 안 된다.
  6. 사회복지사는 클라이언트가 활용할 수 있는 서비스의 특성과 정도에 관해 정확하고 완전한 정보를 제공해야 한다.
  7. 사회복지사는 사회적 서비스와 관련된 위험, 권리, 기회, 의무들을 클라이언트에게 알려야 한다.
  8. 사회복지사는 동료·슈퍼바이저의 충고와 조언을 구해야 한다. 단, 이러한 자문들이 클라이언트에게 최상의 이익이 될 때이다.
  9. 사회복지사는 서비스가 더 이상 필요없거나 클라이언트의 욕구 혹은 이익에 봉사하지 않을 때, 전문적 관계와 클라이언트에 대한 서비스를 종결해야 한다.

10. 사회복지사는 특별한 상황에서만 재빨리 서비스를 철회해야 한다. 그 때 상황의 모든 요인들을 주의 깊게 고려하고 역효과를 최소화하기 위해 주의해야 한다.
11. 클라이언트에 대한 서비스의 종결 혹은 중단을 계획하는 사회복지사는 즉시 클라이언트에게 알리고 클라이언트 욕구와 선호에 따라, 서비스 이전·의뢰 혹은 지속을 결정해야 한다.

G. 클라이언트의 권리와 특권: 사회복지사는 클라이언트의 자기 결정을 최대한 촉진하기 위해 모든 노력을 기울여야 한다.

1. 법률적으로 무능력한 클라이언트를 위해 행동할 때, 사회복지사는 클라이언트의 이익과 권리를 보호해야 한다.
2. 클라이언트를 위해 행동하도록 법률적으로 권한을 부여받은 사람이 있을 때, 사회복지사는 항상 클라이언트의 이익을 염두에 두고 그 사람을 다뤄야 한다.
3. 사회복지사는 클라이언트의 법적 권한 혹은 시민권을 감소·위반하는 어떤 행동에도 관여해서는 안 된다.

H. 비밀보장과 사생활: 사회복지사는 클라이언트의 사생활을 존중하고 전문적 서비스 과정에서 얻은 모든 정보에 대해 비밀을 유지해야 한다.

1. 사회복지사는 강력한 전문적 이유가 있을 때에만 클라이언트의 동의 없이 클라이언트에 의해 드러난 비밀을 다른 사람과 공유해야 한다.
2. 사회복지사는 정보를 취하는 목적, 사용내용, 비밀보장의 한계를 클라이언트에게 완전하게 알려주어야 한다.
3. 사회복지사는 클라이언트와 관련된 공식적인 사회복지 기록에 대한 클라이언트의 접근을 합리적 수준에서 보장해야 한다.
4. 기록에 대한 클라이언트의 접근을 허용할 때, 사회복지사는 기록에 포함된 다른 사람의 비밀을 보호하는 데 주의를 기울여야 한다.
5. 사회복지사는 활동에 대한 제 3자의 관찰 허용, 기록, 테이프 녹음을 하기 전에 클라이언트에게 알리고 동의를 구해야 한다.

I. 비용: 비용을 정할 때, 클라이언트의 지불 능력과 제공된 서비스에 비례하며 공정하고 합리적이 되도록 한다.

1. 사회복지사는 의뢰시 어떤 대가를 받아서는 안 된다.

III. 동료에 대한 사회복지사의 윤리적 책임

J. 존중, 공평, 친절: 사회복지사는 존중, 친절, 공평, 선의로 동료를 다뤄야 한다.

1. 사회복지사는 전문적 이익과 관심을 증진시키기 위해 동료와 협력해야 한다.
2. 사회복지사는 전문적 관계 또는 업무처리과정에서 동료와 나눈 비밀을 존중해야 한다.
3. 사회복지사는 동료의 윤리적이며 유능한 전문적인 업무수행을 촉진하는 실천 조건을 만들고 유지해야 한다.

4. 사회복지사는 동료의 자격, 견해, 조사결과를 존중하며 정확하고 공정하게 기술해야 한다. 그리고 이러한 문제들에 대한 판단을 위해 적절한 통로를 사용해야 한다.
5. 전문적 실천에서 동료를 대신하거나 대치된 사회복지사는 그 동료의 평판, 성격, 이익을 고려하면서 행동해야 한다.
6. 사회복지사는 자신의 이익을 증진하거나 혹은 어떤 지위를 얻기 위해 동료와 고용주간의 논쟁을 이용하지 않는다.
7. 강력한 전문적 이유 때문에 동료와의 갈등을 해결해야 할 때, 사회복지사는 조정 혹은 중재해야 한다.
8. 사회복지 동료에게 베푸는 존중과 협력을 다른 전문직 동료들에까지 확대해야 한다.
9. 동료에 대해 고용주, 슈퍼바이저, 조언자로 기능하는 사회복지사는 지속적인 전문적 관계의 조건과 관련된 계획을 명확히 하고 정돈해야 한다.
10. 다른 스태프들의 업무 수행을 평가하고 스태프 채용의 책임을 갖는 사회복지사는 명확히 발표된 기준에 근거하여 공평하고 사려 깊게 그리고 공정한 방식으로 이러한 책임을 수행해야 한다.
11. 직원, 슈퍼바이저, 혹은 학생의 업무수행을 평가할 책임을 갖는 사회복지사는 그들과 평가를 공유해야 한다.
12. 사회복지사는 다른 사람을 이용하거나 자신의 이익을 위해, 고용주, 슈퍼바이저, 교사 혹은 자문가와 같이 권한 있는 전문적인 지위를 사용하지 않는다.
13. 개인적 문제, 심리사회적 고통, 물질 남용 혹은 정신건강 문제로 인한 동료의 결함을 직접적으로 알고 있을 때, 동료와 상의하여 치료적 조치를 취하도록 도와야 한다.

K. 동료의 클라이언트를 다룬다: 사회복지사는 전문적으로 충분히 고려하여 동료의 클라이언트와 관계할 책임을 갖는다.

1. 사회복지사는 다른 기관 혹은 동료와 적절한 의사소통 없이, 다른 기관 혹은 동료의 클라이언트에 대한 전문적 책임을 맡지 않는다.
2. 일시적인 부재 혹은 위급상황에서 동료의 클라이언트에게 서비스를 제공하는 사회복지사는 다른 클라이언트와 마찬가지의 고려를 하면서 돌봐야 한다.

IV. 고용주와 고용조직에 대한 사회복지사의 책임

L. 고용된 조직에 대한 헌신: 사회복지사는 고용된 조직에 대해 헌신한다.

1. 사회복지사는 고용된 기관의 정책, 절차, 그리고 서비스의 효율성과 효과성을 향상시키기 위해 일해야 한다.
2. 사회복지사는 인사 기준을 위반하고 클라이언트를 위한 전문적 행동에 제약 혹은 처벌을 가해서 NASW로부터 공식적 제재를 받고 있는 조직에 학생을 현장(field) 배치하거나 고용을 수락하지 않는다.

3. 사회복지사는 고용된 조직의 업무 배치, 고용 정책, 실천에서의 차별을 제거하고 방지하기위해 활동한다.
4. 빈틈없이 꼼꼼하게, 그리고 사회복지사가 의도한 목적을 위해 고용된 조직의 자원을 사용해야 한다.

V. 사회복지 전문직에 대한 사회복지사의 윤리적 책임

M. 전문직의 완전성을 유지: 사회복지사는 전문직의 가치, 윤리, 지식, 사명을 지키고 향상시켜야 한다.
1. 사회복지사는 전문직의 위엄과 정직성을 보호하고 증진시켜야 하며 전문직에 대한 비판과 토의에 책임을 갖고 적극적으로 임한다.
2. 사회복지사는 다른 회원의 비윤리적 행위에 대해 적절한 통로를 통해 조치를 취해야 한다.
3. 사회복지사는 자격이 없고 공인되지 않은 사회복지실천을 막아야 한다.
4. 사회복지사는 자격, 능력, 서비스, 달성될 결과를 선전할 때, 거짓 진술을 하지 않는다.

N. 지역사회 서비스: 사회복지사는 일반 대중이 이용할 수 있는 사회 서비스를 만들도록 돕는다.
1. 사회복지사는 사회복지 전문직의 능력, 정직, 통일에 대한 존중을 증진시키기 위한 활동에 시간과 전문적 노력을 투여한다.
2. 사회복지사는 전문직과 관련된 사회정책의 형성, 개발, 법률제정, 실행을 지지해야 한다.

O. 지식 개발: 사회복지사는 전문적인 실천을 위한 지식을 확인하고 개발하며 완전히 활용할 책임을 가져야 한다.
1. 사회복지사는 사회복지와 관련하여 인정된 지식에 기반하여 실천해야 한다.
2. 사회복지사는 사회복지와 관련된 지식의 출현에 뒤쳐지지 않고 그것을 비판적으로 검토해야 한다.
3. 사회복지사는 사회복지의 지식기반에 기여하고 조사지식과 실천지혜를 동료와 공유해야 한다.

VI. 사회에 대한 사회복지사의 윤리적 책임

P. 전반적인 복지 증진: 사회복지사는 사회의 전반적인 복지를 증진해야 한다.
1. 사회복지사는 인종, 피부색, 성(sex), 성적 정향, 연령, 종교, 국적, 결혼 상태, 정치적 믿음, 정신적 혹은 신체적 장애, 선호, 개인적 특징, 조건 혹은 지위에 따른 개인 혹은 집단에 대한 차별을 막고 제거해야 한다.

2. 사회복지사는 모든 사람들이 자신이 요구하는 자원, 서비스, 기회에 접근할 수 있도록 보장해야 한다.
3. 사회복지사는 모든 사람들의 기회와 선택을 확대하기 위해 활동해야 한다. 불이익을 당하거나 억압된 집단과 개인에 대해 특별한 관심을 기울인다.
4. 사회복지사는 미국사회의 문화적 다양성을 존중하는 조건들을 증진시켜야 한다.
5. 사회복지사는 위기상황에서 대중들에게 적절한 전문적인 서비스를 제공해야 한다.
6. 사회복지사는 사회적 상태를 향상시키고 사회 정의를 증진시키기 위한 입법, 정책의 변화를 옹호해야 한다.
7. 사회복지사는 사회정책과 제도를 형성할 때, 대중에게 알리고 참여를 격려해야 한다.

부록 2 한국사회복지사 윤리강령

한국 사회복지사협회 윤리강령

윤리강령 제정 연혁

1973. 2. 윤리강령 초안재정 결의
1988. 3. 사회복지사 윤리강령 제정 공포
1992. 10. 제1차 사회복지사 윤리강령 개정
2001. 12. 제2차 사회복지사 윤리강령 개정

Ⅰ. 전문

사회복지사는 인본주의·평등주의 사상에 기초하여, 모든 인간의 존엄성과 가치를 존중하고 천부의 자유권과 생존권의 보장활동에 헌신한다. 특히 사회적·경제적 약자들의 편에 서서 사회정의와 평등·자유와 민주주의 가치를 실현하는데 앞장선다. 또한 도움을 필요로 하는 사람들의 사회적 지위와 기능을 향상시키기 위해 저들과 함께 일하며, 사회제도 개선과 관련된 제반 활동에 주도적으로 참여한다. 사회복지사는 개인의 주체성과 자기결정권을 보장하는 데 최선을 다하고, 어떠한 여건 에서도 개인이 부당하게 희생되는 일이 없도록 한다. 이러한 사명을 실천하기 위하여 전문적 지식과 기술을 개발하고, 사회적 가치를 실현하는 전문가로서의 능력과 품위를 유지하기 위해 노력한다. 이에 우리는 클라이언트·동료·기관 그리고, 지역사회 및 전체사회와 관련된 사회복지사의 행위와 활동을 판단·평가하며 인도하는 윤리기준을 다음과 같이 선언하고 이를 준수할 것을 다짐한다

Ⅱ. 윤리기준

1. 사회복지사의 기본적 윤리기준

1) 전문가로서의 자세

① 사회복지사는 전문가로서의 품위와 자질을 유지하고, 자신이 맡고 있는 업무에 대해 책임을 진다.

② 사회복지사는 클라이언트의 종교·인종·성·연령·국적·결혼상태·성 취향·경제적 지위·정치적 신념·정신, 신체적 장애·기타 개인적 선호, 특징, 조건, 지위를 이유로 차별 대우를 하지 않는다.
③ 사회복지사는 전문가로서 성실하고 공정하게 업무를 수행하며, 이 과정에서 어떠한 부당한 압력에도 타협하지 않는다.
④ 사회복지사는 사회정의 실현과 클라이언트의 복지 증진에 헌신하며, 이를 위한 환경 조성을 국가와 사회에 요구해야 한다.
⑤ 사회복지사는 전문적 가치와 판단에 따라 업무를 수행함에 있어, 기관 내외로부터 부당한 간섭이나 압력을 받지 않는다.
⑥ 사회복지사는 자신의 이익을 위해 사회복지 전문직의 가치와 권위를 훼손해서는 안된다.
⑦ 사회복지사는 한국사회복지사협회 등 전문가단체 활동에 적극 참여하여, 사회정의 실현과 사회 지사의 권익옹호를 위해 노력해야 한다.

2) 전문성 개발을 위한 노력

① 사회복지사는 클라이언트에게 최상의 서비스를 제공하기 위해, 지식과 기술을 개발하는데 최선 을 다하며 이를 활용하고 전파할 책임이 있다.
② 클라이언트를 대상으로 연구하는 사회복지사는 저들의 권리를 보장하기 위해, 자발적이고 고지된 동의를 얻어야 한다.
③ 연구과정에서 얻은 정보는 비밀보장의 원칙에서 다루어져야 하고, 이 과정에서 클라이언트는 신체적, 정신적 불편이나 위험·위해 등으로부터 보호되어야 한다.
④ 사회복지사는 전문성을 개발하기 위해 노력하되, 이를 이유로 서비스의 제공을 소홀히 해서는 안된다.
⑤ 사회복지사는 한국사회복지사협회 등이 실시하는 제반교육에 적극 참여하여야 한다.

3) 경제적 이득에 대한 태도

① 사회복지사는 클라이언트의 지불능력에 상관없이 서비스를 제공해야 하며, 이를 이유로 차별대우를 해서는 안 된다.
② 사회복지사는 필요한 경우에 제공된 서비스에 대해, 공정하고 합리적으로 이용료를 책정해야 한다.
③ 사회복지사는 업무와 관련하여 정당하지 않은 방법으로 경제적 이득을 취하여서는 안 된다.

2. 사회복지사의 클라이언트에 대한 윤리기준

1) 클라이언트와의 관계

① 사회복지사는 클라이언트의 권익옹호를 최우선의 가치로 삼고 행동한다.

② 사회복지사는 클라이언트에 대하여 인간으로서의 존엄성을 존중해야 하며, 전문적 기술과 능력 을 최대한 발휘한다.
③ 사회복지사는 클라이언트가 자기결정권을 최대한 행사할 수 있도록 도와야 하며, 저들의 이익을 최대한 대변해야 한다.
④ 사회복지사는 클라이언트의 사생활을 존중하고 보호하며, 직무 수행과정에서 얻은 정보에 대해 철저하게 비밀을 유지해야 한다.
⑤ 사회복지사는 클라이언트가 받는 서비스의 범위와 내용에 대해, 정확하고 충분한 정보를 제공함으로써 알 권리를 인정하고 존중해야 한다.
⑥ 사회복지사는 문서·사진·컴퓨터 파일 등의 형태로 된 클라이언트의 정보에 대해 비밀보장의 한계·정보를 얻어야 하는 목적 및 활용에 대해 구체적으로 알려야 하며, 정보 공개시에는 동의를 얻어야 한다.
⑦ 사회복지사는 개인적 이익을 위해 클라이언트와의 전문적 관계를 이용하여서는 안 된다.
⑧ 사회복지사는 어떠한 상황에서도 클라이언트와 부적절한 성적관계를 가져서는 안 된다.
⑨ 사회복지사는 사회복지 증진을 위한 환경조성에 클라이언트를 동반자로 인정하고 함께 일해야 한다.

2) 동료의 클라이언트와의 관계

① 사회복지사는 적법하고도 적절한 논의 없이 동료 혹은, 다른 기관의 클라이언트와 전문적 관계를 맺어서는 안 된다.
② 사회복지사는 긴급한 사정으로 인해 동료의 클라이언트를 맡게 된 경우, 자신의 의뢰인처럼 관심을 갖고 서비스를 제공한다.

3. 사회복지사의 동료에 대한 윤리기준

1) 동 료

① 사회복지사는 존중과 신뢰로서 동료를 대하며, 전문가로서의 지위와 인격을 훼손하는 언행을 하지 않는다.
② 사회복지사는 사회복지 전문직의 이익과 권익을 증진시키기 위해 동료와 협력해야 한다.
③ 사회복지사는 동료의 윤리적이고 전문적인 행위를 촉진시켜야 하며, 이에 반하는 경우에는 제반 법률규정이나 윤리기준에 따라 대처해야 한다.
④ 사회복지사가 전문적인 판단과 실천이 미흡하여 문제를 야기시켰을 때에는, 적절한 조치를 취하여 클라이언트의 이익을 보호해야 한다.
⑤ 사회복지사는 전문직 내 다른 구성원이 행한 비윤리적 행위에 대해, 제반 법률규정이나 윤리기준에 따라 조치를 취해야 한다.

⑥ 사회복지사는 동료 및 타 전문직 동료의 직무 가치와 내용을 인정·이해하며, 상호 간에 민주적인 직무관계를 이루도록 노력해야 한다.

2) 수퍼바이저

① 수퍼바이저는 개인적인 이익의 추구를 위해 자신의 지위를 이용해서는 안 된다.
② 수퍼바이저는 전문적 기준에 의해 공정하게 책임을 수행하며, 사회복지사·수련생 및 실습생에 대한 평가는 저들과 공유해야 한다.
③ 사회복지사는 수퍼바이저의 전문적 지도와 조언을 존중해야 하며, 수퍼바이저는 사회복지사의 전문적 업무수행을 도와야 한다.
④ 수퍼바이저는 사회복지사·수련생 및 실습생에 대해 인격적·성적으로 수치심을 주는 행위를 해서는 안 된다.

4. 사회복지사의 사회에 대한 윤리기준

① 사회복지사는 인권존중과 인간평등을 위해 헌신해야 하며, 사회적 약자를 옹호 하고 대변하는 일을 주도해야 한다.
② 사회복지사는 필요한 사회서비스를 개발하기 위한 사회정책의 수립· 발전·입법·집행에 적극적으로 참여하고 지원해야 한다.
③ 사회복지사는 사회환경을 개선하고 사회정의를 증진시키기 위한 사회정책의 수립·발전·입법·집행을 요구하고 옹호해야 한다.
④ 사회복지사는 자신이 일하는 지역사회의 문제를 이해하고, 그것을 해결하는 일에 적극적으로 참여해야 한다.

5. 사회복지사의 기관에 대한 윤리기준

① 사회복지사는 기관의 정책과 사업 목표의 달성, 서비스의 효율성과 효과성의 증진을 위해 노력함으로써, 클라이언트에게 이익이 되도록 해야 한다.
② 사회복지사는 기관의 부당한 정책이나 요구에 대하여, 전문직의 가치와 지식을 근거로 이에 대응하고 즉시 사회복지윤리위원회에 보고해야 한다.
③ 사회복지사는 소속기관 활동에 적극 참여함으로써, 기관의 성장발전을 위해 노력해야 한다.

6. 사회복지윤리위원회의 구성과 운영

① 한국사회복지사협회는 사회복지윤리위원회를 구성하여, 사회복지윤리실천의 질적인 향상을 도모하여야 한다.
② 사회복지윤리위원회는 윤리강령을 위배하거나 침해하는 행위를 접수받아, 공식적인 절차를 통해 대처하여야 한다.
③ 사회복지사는 한국사회복사협회의 윤리적 권고와 결정을 존중하여야 한다.

참고문헌

한국문헌

강문희, 박경, 강혜련, 김혜련(2007), 가족상담 및 심리치료, 도서출판 신정.

구혜영(2010), 사회복지실천기술론, 신정출판사.

권구영 외(2008), 사회복지실천론, 창지사.

권구영, 고은숙, 김용민, 박봉정, 진혜경, 최은정(2008), 사회복지실천론, 창지사.

권육상(1999), 사회복지실천론, 학문사.

김기태 외(2002), 사회복지실천론, 양서원.

김기태 외(2007), 사회복지실천론, 공동체.

김기태(1972), 일상사건의 정서적 반응에 관한 연구 : 위기이론을 중심으로, 경북대학교 대학원 석사하위논문.

김성옥(2004), 사회복지 윤리와 철학, 청목출판사

김성이(2006), 사회복지의 발달과 사상, 이화여자대학교출판부.

김성천 외(2000), 사회복지실천의 이해, 학지사.

김성천(1997), 빈곤문제해결을 위한 사회사업실천방법에 관한 연구, 한국사회복지학.

김영모(1984), 한국사회복지론, 경문사.

김영모(1991), 사회복지학, 한국복지정책연구소출판부.

김영화, 이진숙, 이옥희(2006), 성인지적 가족복지론, 양서원.

김유숙(2002), 가족치료: 이론과 실재(개정판), 학지사.

김융일, 양옥경(2000), 사회복지 수퍼비전론, 양서원.

김융일, 조흥식, 김연옥(2002), 사회복지실천론, 나남출판.

김익균 외(2006), 사회복지실천론, 교문사.

김태진(2008), 사회복지의 역사와 사상, 대구대학교출판부.

김혜경 외(2006), 가족복지론, 공동체.

김혜란, 홍선미, 공계순(2007), 사회복지실천기술론, 나남출판.
나동석, 서혜석(2008), 사회복지실천론, 학현사.
노무지, 전영진, 최원석(2009), 사회복지발달사, 청목출판사.
도광조(2008), 사회복지실천론, 양서원.
류상열(2000), 재가복지와 케어 매니지먼트, 학문사.
문인숙 외(1994), 사회사업방법론 : 통합적 접근, 보진제.
박광준(2008), 사회복지의 사상과 역사, 양서원.
박명숙(1999), 생태체계이론(Ecosystem theory)에 대한 이해와 사회사업에의 적용에 관한 연구, 사회복지리뷰, 4(1).
박석돈(2008), 사회복지개론, 양서원.
박세정, 손명희(2008), 사회복지실천론, 창지사.
배창진 외(2003), 사회복지실천론, 교육과학사.
백은령 외(2008), 사회복지실천론. 대왕사.
서미경, 김열나, 박미은(2008), 사회복지실천윤리, 양서원.
설진화(2010), 사회복지실천기술론, 양서원.
성규탁, 이기영(1991), "사회복지전문직이 지켜야 할 윤리적 원칙", 「사회복지」, 겨울, 제 111호, 한국사회복지협의회.
성정현, 여지영, 우국희, 최승희(2004), 가족복지론, 양서원.
손광훈(2009), 사회복지실천기술론, 공동체.
송성자, 정문자(1994), 경험적 가족치료: Satir의 이론과 기법, 중앙적성출판사.
송정아, 최규련(1997), 가족치료이론과 기법, 하우.
신기철 외(1991), 새우리말 큰사전(상·하), 삼성출판사.
신성자 외(2010), 사회복지실천기술론, 양서원.
신유근(1995), 현대의 기업과 사회, 경문사.
양옥경 외(2000), 사회복지실천론, 나남출판.
양정남, 최선령(2007), 사회복지실천론, 양서원.
양정남 · 최선령(2008), 사회복지실천론, 양서원.
엄명용 외(2000), 사회복지실천의 이해, 학지사.
엄명용, 김성천, 오혜경, 윤혜미(2008), 사회복지실천의 이해, 학지사.
오혜경(2007), 사회복지윤리와 철학, 창지사.
원석조(2008), 사회복지역사의 이해, 양서원.

윤현숙 외(2001), 사회복지실천기술론, 동인.
이강희, 양희택, 노희선(2006), 사회복지발달사, 양서원.
이경남 외(2008),사회복지실천론, 학지사.
이근홍(1996), 한국 재가노인의 사례관리실천모형에 관한 연구, 중앙대학교 대학원, 박사학위논문.
이근홍(1999), 케이스 매니지먼트, 대학출판사.
이근홍(2000), 정신보건에서의 케이스 매니지먼트 실천방안, 정신보건사회사업학회 춘계학술대회 자료집, 한국정신보건사회사업학회.
이미선 외(2008), 사회복지실천기술론, 창지사.
이영분 외(2001), 이화여대 사회사업학과 편, 사회복지실천론, 동인.
이장호(1996), 상담심리학, 박영사.
이정환 외(2001), 산업복지론, 대학출판사.
이종복 외(2006), 사회복지실천론, 학현사.
이준상(2004), 재가장애인에 대한 사례관리실천모형에 관한 비교 연구, 상주대학교 지역개발세미나 자료집, 상주대학교.
이준상, 전재일(2002), 사례관리론, 사회복지개발연구원.
이필한 외(2000), 사회복지실천이론의 토대, 나눔의 집.
이효선(2003), 사회복지윤리와 철학의 이해, 학지사.
임은희(2004), 사회복지실천론, 학지사.
장인협 외(1999), 사회복지학, 서울대학교출판부.
장인협(1986), 사회복지학 개론, 서울대학교 출판부.
장인협(1996), 사회사업실천방법론(上), 서울대학교 출판부.
장인협(1999), 사회복지실천론(하), 서울대학교출판부.
전재일·이성희(2001), 집단실천기술론, 대구: 사회복지개발연구원.
전재일 외(2001), 사회복지실천론, 형설출판사.
전재일 외(2002), 사회복지실천기술론, 형설출판사.
전재일(1981), 사회사업실제의 통합적 접근방법에 관한 연구, 사회복지연구.
정길홍(2001), 사회복지개론, 홍익제.
조휘일 외(2000), 사회복지실천론, 학지사.
조휘일, 이윤로(1999), 사회복지실천론, 학지사.
최송식(1995), 알코올중독 가족의 공동의존증에 대한 사정과 개입전략, 부산대학교 대학원.
최옥채(2001), 사회복지실천론, 양서원.

최일섭, 정은(2009), 현대사회복지의 이해, 공동체.
한국전문대학사회복지교육협의회(2007), 사회복지실천론, 양서원.
황성철(1995), 사례관리 실천을 위한 모형개발과 한국적 적용에 관한 연구, 한국사회복지학 27, 한국사회복지학회.
황성철(2001), 임파워먼트모델과 사회복지조직관리, 한국사회복지행정학회.
황성하 외(2003), 사회복지실천론, 교육과학사.
황철수 외(2010), 사회복지실천기술론, 양서원.
황철수(2007), 사회복지실천론, 양서원.

번역문헌

B.셰퍼 & C.호레이시(1998), 사회복지실천 기법과 지침(개정판, 2005), 나남출판.
Barry Cournoyer, 김인숙·김용석 역.(2002), 사회복지실천기술연습, 나남출판사.
Becvar, D. S. & Becvar, R. J. (1988), family therapy, Texas Tech University, 정혜정, 이형실 편역,(1997), 가족치료:체계론적 통합, 하우.
Berg, I. K. & Miller, S. D. Working with problem drinker- A solution focused approach, 해결중심적 단기가족치료, 가족치료연구모임 역(1992), 하나의학사.
focused approach. 가족치료연구모임 역.(1993). 해결중심적 단기가족치료, 하나의학사.
Goldenberg, I. & Goldenberg, H. (1980), Family therapy: An overview. Monterey, CA: Brooks/Cole Publishing Company, 장혁표, 제석봉, 김정택 역, (1992), 가족치료, 중앙적성출판사.
J.Hessen, 진교훈 역(1992), 가치론, 서광사.
Kagle, J. D.(1995), Social work records(2nd ed.). Waveland Press. 홍승혜 역(1997). 사회사업기록, 학문사.
Minuchin, S. (1974), Families & Family therapy. Cambridge, MA: CA: Sage. 김만두 역. (1993). 사례관리 실천론, 홍익제.
백택정화, 조추용·권현주 역(2000), 케어 매니지먼트의 이론과 실제, 유풍출판사.
칼 로저스, 한승호·한성역 공역(2001), 칼 로저스의 카운슬링의 이론과 실제, 학지사.
폴 테일러, 김영진 옮김(1985), 「윤리학의 기본원리」, 서광사.

해외문헌

Aguilera, D. C.(1998), Crisis Intervention: Theory and Methodology(8th ed). Mosby.

Ames, N.,(1999), Social work recording : A new look at an old issues, Journal of Social Work Education, 35, 227-237.

Ashley(1988), Case Management: The Need to Define Goals, Hospital and Community Psychiatry, Vol.39, 499-500

Bachrach(1989), Case Management: Toward a Shared Definition, Hospital and Community Psychiatry, Vol.40, 883-884.

Bartlett, H. M.(1970), The Common Base of Social Work Practice, New York: National Association of Social Workers.

Bartlett, H.(1971). Social work fields of practice. In R. Morris(Ed.)

Beck, A. T.(1972). Depression:Causes and treatment, Philadelphia: University of Pennsylvania Press.

Becvar, R. & Becvar, D. (1982), Systems theory and family therapy, Lanham: University Press of America, Inc.

Berg, I. K. & Miller, S. D.(1992). Working with problem drinker- A solution.

Biestek, F. P.(1978). The Casework Relationship. Chicago · Loyola University.

Bodin, A. (1981), The interaction view : Family therapy approaches of the mental Research Institute. In Gurman A. S. & Kniskern D. P.(Eds.). Handbook of family therapy. New York : Brunner/Mazel.

Bond, Miller, Krumweid and Ward(1988), Assertive Case Management in Three CMHCs: A controlled Study, Hospital and Community Psychiatry, Vol39(4), 411-418.

Bowen, M. (1976), Family therapy in clinical practice. New York:Gradener

Bower(1992), Case Management by Nurses, American Nurses Publishing.

Bowers, S.(1949), The Nature and Definition of Social Casework, New York : Family Service Association of America.

Brown, J. A.(1992), Handbook of Social Work Practice. Springfield Ⅲ : Charles C. Thomas.

Burbatti, Guido L. & Formati, Laura(1988), The Milan Approach to Family Therapy, New Jersey: Jason Aronson Inc.

Bush, Langford, Rosen and Gott(1990), Operation Outreach: Intensive Case Management for Severely Psychiatrically Disabled Adults, Hospital and Community Psychiatry, 647-649.

C.Levy(1973), The value Base of Social Work, Journal of education for Social Work, Jan., pp.34-42.

Caplan, G.(1964), Principles of Preventive Paychiatry, New York: Basic Books.

Cesta, Tahan and Fink(1998), The Case Manager's Survival Guide: Winning Strategies for Clinical Practice. St. Louis and Boston: Mosby.

Compton, B. R., & B. Galaway(1994), Social Work Processes(5th ed.), Belmont: Wadsworth.

Daniel V. Papero.(1990). Bowen Family System Theory (Boston and London: Allyan and Bacon.

De Shazer, S. D.(1982), Patterns of Brief family Therapy, NY:Guilford.

De Shazer, S. D.(1985), Keys to Solution in Brief Therapy, NY:Norton.

Dolgoff, R., D. Feildstein & L. Skolnik(1997), Understand Social Welfare. NY: Longman.

Eggert, Friedman and Zimmer(1990), Models of Intensive Case Management, Journal of Gerontological Social Work, Vol.15(3/4), 75-101.

Frankel and Gelman(1998), Case Management: An Introduction to Concepts and Skills, Chicago, Illinois: Lyceum Books, Inc.

Freeman, A.(1987). Cognitive therapy, In Freeman, A. and Greenwood, V. B.(eds.), Cognitive Therapy: Applications in psychiatric and medical settings, New York: Human sciences press, Inc.

Freeman, A., Pretzer, J., Fleming, B. and Simon, K. M.(1990), Clinical Applications of Cognitive Therapy, Plenum Press.

Gingerich, W. & Eisengart. S. (1999), Solution-focused brief therapy: A review of the outcome research.

Goldstein, H.(1973), Social Work Practice: A Unitary Approach, Columbia: University of South Ca-roline Press.

Gordon, William E, (1965), Knowledge and Value : Their Distinction and Relationship in Clarifying Social Work Practice, Social Work, 10(3), 32-39.

Greene and Vourlekis(1992), Social Work Case Management, New York: Aldine De Gruyter, Inc.

Greif, G(1986), The ecosystems perspective 'meets the press', Social Work 31.

Guerin P. J. (1976), Family therapy : Theory and Practice, New York:Gradener Press.

Haley, J. (1973), Uncommon therapy : The psychiatric techniques of Milton H. Erickson. New York: Norton.

Hall, C. Margret.(1991). The Bowen Family Therapy and Its Uses. Northvale and London: Jason Aronson Inc.

Hepworth, D. H., Rooney, R. H,,Rooney, G. D., Strom-Gottfried, and Larsen, J.(2006). Direct Social Work Practice : Theory and skills(7th ed.). Thomson Brooks/Cole Publishing Company.

Jacobson, G.F., Strickler, M. and Morley, W.E. (1968), Generic and Individual Approaches to Crisis Intervention, American Journal of Public Health, 58.

Johnson, L. C. and S. J. Yanca.(2001). Social Work Practice : A Generalist Approach(7th ed.). Boston : Allyn and Bacon.

Johnson, L. C.(1989), Social Work Practice(3th ed.), Massachusetts : Allyn and Bacon.

Jonson and Rubin(1983), A Case Management in Mental Health: A Social Work Domain?, Social Work, Vol.28(1), 49-54.

Kadushin, A.(1990). The social work interview: A Guide for Human Service professions (3rd ed.). New York: Columbia University Press.

Kanter(1989), Clinical Case Management: Definition, Principles, Components, Hospital and Community Psychiatry, Vol.40(4), 361-368.

Keith-Lucas, A.(1972). The Giving and Taking of Help. Chapel Hill, NC: University of North Carolina Press.

Klein, A.(1972). Effective group work. New York : Association press.

Konopka, G.(1963). Social group work. Englewood Cliffs. NJ: Prentice Hall.

Lamb(1980), Therapist-Case Managers: More than Brokers of Services, Hospital and Community Psychiatry, Vol.31, 762-764.

Levine and Fleming(1987), Issues in Case Management, Unpublished manuscript.

Loewenberg, F. M. & Dolgoff, R.,(1988), Ethical Decisions for Social Work Practice, IL: F. E. Peacock.

Loewenberg, F. M. & Dolgoff, R.,(1996), Ethical Decisions for Social Work Practice(5th ed.), Itasca, IF : F, E, Peacock.

Mattison, M.,(1997), Ethical Decision making in Social Work Practice, Paper presented at the 15th Annual Baccalaureate program Directors Conference, Philadelphia, October.

Mayer, R. E(1994). Problem Solving, Encyclopedia of Human Behavior, 3., San Diego: Academic Press, pp.599～602.

Meador, B. D. and Rogers, C(1979). Person-Centered Therapy, In Corsini, R.J.(ed.), Current Psychotherapies, (2nd ed.), Itasca, IL: Peacock.

Miley, K. O., Melia, M. & DuBios, B.(2001). Generalist social work practice: An empoering apporaoch. Needham Heights, MA: Allyn & Bacon.

Moore(1990), Social Work Practice Model of Case Management: The Case Management Grid. social Work, Vol.35(5).

Morales, A. T. and Sheafor, B. W.(2001), Social Work : A Profession of Many Faces(9th ed.), Allyn and Bacon.

Moxley(1989), The Practice of Case Management, Sage Puvlications: The International Practional Publishers.

Mullahy(1995), The Case Manager's Handbook, Gaithersburg, Maryland: An Aspen Publicaion.

Netting(1992), Case Management: Service or Symptom?, Social Work, Vol.37(2), Washington D.C.: National Association of Social Workers, Inc.

Nichols & Schwartz(1995), Family therapy : Concepts and methods(3rd ed.), Boston: Allyn and Bacon.

Nichols, M. P. & Schwartz, R. C. (2005), The Essentials of Family Tyerapy(2nd ed.), Pearson Education, Inc.

Nichols, W. C. & Everlett, C. A. (1986). Systemic family therapy: An integrative approach, NY: Guilford.

Parad, H.J.(1966), "Crisis intervention," in R. Morris(ed), Encyclopedia of social Work, 16th ed., Vol. 1, New York: National Association of Social Workers.

Parsons, R.J.(1991), "Empowerment: Purpose and Practice Principles in Social Work," Social Work with Groups, 14(2): 7~21.

Perlman, H. (1957). Social casework: A problem-solving process. Chicago, IL: University of Chicago Press.

Perlman, H. (1972). The Problem Solving Model in Social Casework, In Roberts, R,W. and Nee R.H., Theories of Social Casework, Chicago : University of Chicago Press.

Perlman, H. H.(1978). Relationship : The Heart of Helping People. Chicago : University of Chicago Press.

Pincus, A. & A. Minahan(1973), Social Work Practice: Model & Method, Itasca: F. E. Peacock.

Puryer, D.A.(1979), Helping People in Crisis, Calif.: Jossey-Bass Publishers.

Rank, O.(1932), Art and Artist : Creative Urge and Personality Development. New York: Agathon Press.

Reamer, Frederic, G. (1995), Social Work Values & Ethics, Columbia university press.

Reidenbach, R. E. & Robin, D. P.(1990), "Towards the Development of a Multidimensional Scale for Improving Evaluations of Business Ethics," Journal of Business Ethics, 9, 639-653.

Richmond, M. E. (1917). Social Diagnosis. New York: Russell Sage Foundation.

Richmond, M.(1899). Friendly Visiting among the poor. New York : MacMillian.

Richmond, M.(1922). What is social casework. Russell Sage Foundation.

Roberts, R. W., & Nee, R. H. (1970). Theories of social casework. .Chicago: University of Chicago Press.

Rothman(1991), A Model of Case Management: Toward Empirically Based Practice, Social Work, Vol.36(6), 520-528.

Rothman(1994), Practice with Highly Vulnerable Clients: Case Management and Community-Based Service. Englewood Cliffs, NJ: Prentice Hall.

Saleebey(ed.), The Strengths Perspective in Social Work Practice, New York: Longman Press. pp. 18~26

Saleebey, D.(ed)(1992, 1997), The Strengths Perspective in Social Work Practice, White Plains, New York: Longman Press.

Satir, V. (1972). Conjoint family therapy. Palo Alto, CA:Science and Behavior Books.

Secord(1987), Private Case Management for Older Persons and Their Families: Practice, Policy, Potential, Excelsior, MN: Inter Study.

Sheafor, B. W. & Horejsi, C. R.,(2006), Techniques and Guidelines for Social work Practice(7th ed.), boston, MA : Allyn & Bacon.

Shubert, M.(1971), Interviewing in Social Work Practice: An Introduction. New York: Council on Social Work Education.

Siporin, M.(1975). Introduction to Social Work Practice. new Tork: Macnillan Publishing Co., Inc.

Smalley, R. (1967). Theory for social work practice. New York, NY: Columbia University Press.

Vetere, A(1987), Gale Ecological studies of family life John Riley & Sons. New York.

Weick, A.(1992), "Building a Strength Perspective for Social Work," in D.

Weil and Karls(1985), Case Management in Human Service Practice, San Fransisco: Jossey-Bass.

Woods, M.E. and Robinson, H.(1996), Psychosocial Theory and Social Work Treatment, In Turner F.(ed.), Social Work Treatment, The Free Press, pp.555～580.

Zastorw, C. H, (1999), The Practice of Social Work(6th, ed). Pacific Grove: Brooks/Cole Publishing Company.

Zastraw, C.(1995), The Practice of Social Work(5th ed.). Brooks/Cole Publishing Company.

Zastrow, C.(1992). The Practice of Social Work(4th ed). Belmont, Calfornia: Wadworth Publishing Company.

尾崎　新·福田俊子·原田和幸 譯(2008), ケースワークの原則, 誠信書房.

新·社會福祉學習兩書編集委員會編(1997), 社會福祉援助技術各論 I -直接援助 技術, 東京: 全國社會福祉協議會.

中村優一(1980), ケースワーク, 東京: 誠信書房.

사전류

한국어사전 편찬회 편(1976),「한국어대사전」, 현문사.

The New Encyclopedia Britannica(1985), 15th, ed., Vo1. 18.

Encyclopedia of Social Work. New York: NASW press

참고사이트

한국가족치료학회 http://www.familytherapy.or.kr/

한국노인복지시설협회 http://www.elder.or.kr

한국사회복지사협회 http://www.kasw.or.kr

찾아보기

용어색인

인명색인

저자소개

이영주 : 장안대학교 사회복지학과 조교수

이예종 : 김천대학교 사회복지학과 교수

이용환 : 혜전대학교 아동복지학과 교수

이재모 : 영남대학교 지역 및 복지행정학과 교수

이준상 : 대구대학교 사회복지학과 교수

장세철 : 한서대학교 노인복지학과 교수

황성하 : 대구한의대학교 아동복지학과 교수

사회복지실천론

2010년 2월 25일 1판 1쇄 발행
2020년 9월 10일 1판 6쇄 발행

저 자 : 이영주·이예종
이용환·이재모
이준상·장세철
황성하

저자와의
협의하에
인지생략

발행자 : 한 정 주
발행처 : 교육과학사

경기도 파주시 광인사길 71
전화 (031) 955-6956~8 / 팩스 (031) 955-6037
Home-page : www.kyoyookbook.co.kr
등록 : 1970년 5월 18일 제2-73호

낙장·파본은 교환해 드립니다.
Printed in Korea.

정가 17,000 원
ISBN 978-89-254-0363-2